"法律法规简明实用版系列"丛书

中华人民共和国劳动合同法

简明实用版

法律出版社法规中心 编

北京

图书在版编目（CIP）数据

中华人民共和国劳动合同法：简明实用版／法律出版社法规中心编. -- 北京：法律出版社，2025.
（法律法规简明实用版系列）. -- ISBN 978 - 7 - 5244 - 0299 - 2

Ⅰ. D922.52

中国国家版本馆 CIP 数据核字第 2025RC0277 号

中华人民共和国劳动合同法
（简明实用版）
ZHONGHUA RENMIN GONGHEGUO
LAODONG HETONGFA（JIANMING
SHIYONGBAN）

法律出版社法规中心 编

责任编辑 李 群 王 睿
装帧设计 苏 慰

出版发行 法律出版社　　　　　　　　开本 A5
编辑统筹 法规出版分社　　　　　　　印张 9　　字数 313 千
责任校对 翁潇潇　　　　　　　　　　版本 2025 年 7 月第 1 版
责任印制 耿润瑜　　　　　　　　　　印次 2025 年 7 月第 1 次印刷
经　　销 新华书店　　　　　　　　　印刷 北京中科印刷有限公司

地址：北京市丰台区莲花池西里 7 号（100073）
网址：www. lawpress. com. cn　　　　　销售电话：010 - 83938349
投稿邮箱：info@ lawpress. com. cn　　　客服电话：010 - 83938350
举报盗版邮箱：jbwq@ lawpress. com. cn　咨询电话：010 - 63939796
版权所有·侵权必究

书号：ISBN 978 - 7 - 5244 - 0299 - 2　　　　定价：24.00 元
凡购买本社图书，如有印装错误，我社负责退换。电话：010 - 83938349

编辑出版说明

法治社会是构筑法治国家的基础,法治社会建设是实现国家治理体系和治理能力现代化的重要组成部分。法治社会建设以人民群众的切身利益为中心,需通过法律保障公民的权利义务,强调多元主体协同参与,形成共建共治共享的社会治理格局,推动政府、社会组织、市场主体、广大人民群众共同参与法治社会建设,使法律成为解决社会问题的基本工具。

为帮助广大读者便捷、高效、准确地理解和运用法律法规,我们精心策划并组织专业力量编写了"法律法规简明实用版系列"丛书。现将本丛书的编辑理念、主要特色介绍如下:

一、编辑宗旨与目标

1. **立足实用**:本丛书的核心宗旨是服务于法律实践和应用。我们摒弃繁琐的理论阐述和冗长的历史沿革,聚焦法律条文本身的核心内容及其在现实生活中的直接应用。

2. **力求简明**:针对法律文本专业性强、条文众多的特点,本丛书致力于通过精炼的提炼、清晰的编排和通俗的解读,化繁为简,使读者能够迅速把握法规的核心要义和关键条款。

3. **文本准确**:收录的法律、行政法规、部门规章及重要的司法解释均现行有效,与国家正式颁布的版本一致,确保法律文本的权威性和准确性。

4. **突出便捷**:在编排体例和内容呈现上,充分考虑读者查阅的便利性,力求让读者"找得快、看得懂、用得上"。

二、主要特色

1. 精选核心法规： 每册围绕一个特定法律领域，精选收录最常用、最核心的法律法规文本。

2. 条文精要解读： 在保持法律条文完整性的基础上，以【理解适用】的形式对重点法条进行简明扼要的解读，以【实用问答】的形式对疑难问题进行解答，旨在提示适用要点、阐明核心概念、提示常见实务问题，不做过度的学理探讨。

3. 实用参见索引： 设置【条文参见】模块，帮助读者高效地查找相关内容和理解法条之间的关联。

4. 典型案例指引： 特设【案例指引】模块，精选与条文密切相关的经典案例，在书中呈现要旨。

5. 附录实用信息： 根据需要，附录包含配套核心法规或实用流程图等实用信息，提升书籍的实用价值。

6. 版本及时更新： 密切关注立法动态，及时推出修订版或增补版，确保读者掌握最新有效的法律信息。

我们深知法律的生命在于实施。编辑出版"法律法规简明实用版系列"，正是期望能在浩繁的法律条文与具体的实践需求之间架设一座便捷、实用的桥梁。我们力求精益求精，但也深知法律解读与应用之复杂。我们诚挚欢迎广大读者在使用过程中提出宝贵的意见和建议，以便我们不断改进，更好地服务于法治实践。

法律出版社法规中心

2025 年 7 月

《中华人民共和国劳动合同法》
适用提要

《劳动合同法》于 2007 年 6 月 29 日由第十届全国人民代表大会常务委员会第二十八次会议通过,2007 年 6 月 29 日颁布,自 2008 年 1 月 1 日起施行,并于 2012 年 12 月 28 日进行了修正。《劳动合同法》作为我国协调劳动关系和保护劳动者合法权益的一部重要法律,旨在完善劳动合同制度、明确劳动合同双方当事人的权利和义务、保护劳动者的合法权益、构建和发展和谐稳定的劳动关系。《劳动合同法》的颁布施行,标志着我国的劳动合同制度纳入了依法规范、依法调整的法治轨道。

总的来看,《劳动合同法》主要内容如下:

一、立法目的及基本原则

《劳动合同法》第 1 条明确了本法的立法目的,即完善劳动合同制度,明确劳动合同双方当事人的权利和义务,保护劳动者的合法权益,构建和发展和谐稳定的劳动关系。

订立劳动合同,应当遵循合法、公平、平等自愿、协商一致、诚实信用的原则。

二、适用范围

中华人民共和国境内的企业、个体经济组织、民办非企业单位等组织(以下称用人单位)与劳动者建立劳动关系,订立、履行、变更、解除或者终止劳动合同,适用本法。

国家机关、事业单位、社会团体和与其建立劳动关系的劳动者,订立、履行、变更、解除或者终止劳动合同,依照本法执行。

事业单位与实行聘用制的工作人员订立、履行、变更、解除或者终止劳动合同,法律、行政法规或者国务院另有规定的,依照其规定;未作规定的,依照本法有关规定执行。

三、劳动合同的订立及劳动合同关系的建立

实践中,建立劳动关系与订立书面劳动合同可能同步,也可能不同步。

用人单位应自用工之日起即与劳动者建立劳动关系。用人单位与劳动者在用工前订立劳动合同的,劳动关系自用工之日起建立,所谓"用工",是指用人单位已实际使用劳动者的劳动力。已建立劳动关系,未同时订立书面劳动合同的,应当自用工之日起一个月内订立书面劳动合同。

劳动合同的法定必备条款包括:(1)用人单位的名称、住所和法定代表人或者主要负责人;(2)劳动者的姓名、住址和居民身份证或者其他有效身份证件号码;(3)劳动合同期限;(4)工作内容和工作地点;(5)工作时间和休息休假;(6)劳动报酬;(7)社会保险;(8)劳动保护、劳动条件和职业危害防护;(9)法律、法规规定应当纳入劳动合同的其他事项。劳动合同除前述规定的必备条款外,用人单位与劳动者可以约定试用期、培训、保守秘密、补充保险和福利待遇等其他事项。

劳动合同可以分为固定期限劳动合同、无固定期限劳动合同和以完成一定工作任务为期限的劳动合同。其中无固定期限劳动合同,是指用人单位与劳动者约定无确定终止时间的劳动合同。

四、试用期

劳动合同期限三个月以上不满一年的,试用期不得超过一个月;劳动合同期限一年以上不满三年的,试用期不得超过二个月;三年以上固定期限和无固定期限的劳动合同,试用期不得超过六个月。同一用人单位与同一劳动者只能约定一次试用期。以完成一定工作任务为期限的劳动合同或者劳动合同期限不满三个月的,不得约定试用期。试用期包含在劳动合同期限内。劳动合同仅约定试用期的,试用期不成立,该期限为劳动合同期限。

劳动者在试用期的工资不得低于本单位相同岗位最低档工资或者劳动合同约定工资的百分之八十,并不得低于用人单位所在地的最低工资标准。

五、劳动合同的履行与变更

用人单位与劳动者应当按照劳动合同的约定,全面履行各自的义务。用人单位应当按照劳动合同约定和国家规定,向劳动者及时足额支付劳动报酬。用人单位应当严格执行劳动定额标准,不得强迫或者变相强迫劳动者加班。用人单位安排加班的,应当按照国家有关规定向劳动者支付加班费。

用人单位与劳动者协商一致,可以变更劳动合同约定的内容。变更劳动合同,应当采用书面形式。变更后的劳动合同文本由用人单位和劳动者各执一份。

六、劳动合同的解除与终止

劳动合同的解除可以分为协商解除、劳动者解除劳动合同和用人单位解除劳动合同。

用人单位与劳动者协商一致，可以解除劳动合同。本法第38条规定了劳动者可以解除劳动合同的情形，在用人单位存在过错的情形下，劳动者行使解除权可以不履行提前三十日通知的程序性义务。用人单位解除劳动合同分为即时解雇、预告解雇和经济性裁员，预告解雇要求用人单位提前三十日以书面形式通知劳动者本人或者额外支付劳动者一个月工资后，才可以解除劳动合同。

有下列情形之一的，劳动合同终止：(1)劳动合同期满的；(2)劳动者开始依法享受基本养老保险待遇的；(3)劳动者死亡，或者被人民法院宣告死亡或者宣告失踪的；(4)用人单位被依法宣告破产的；(5)用人单位被吊销营业执照、责令关闭、撤销或者用人单位决定提前解散的；(6)法律、行政法规规定的其他情形。

七、集体合同

集体合同，是指用人单位与本单位职工根据法律、法规、规章的规定，就劳动报酬、工作时间、休息休假、劳动安全卫生、职业培训、保险福利等事项，通过集体协商签订的书面协议。

集体合同的订立程序如下：(1)集体协商。基层工会或企业职工方代表与用人单位就劳动报酬、工作时间、休息休假、劳动安全卫生、保险福利等事项进行平等协商，形成集体合同草案。(2)讨论。集体合同草案应提交职工代表大会或全体职工讨论，职工代表大会或全体职工讨论集体合同草案，应有2/3以上的职工代表或职工出席，且必须经全体职工代表半数以上或者全体职工半数以上同意，该草案方获通过。(3)签字。集体合同草案获得通过后，由集体协商双方的首席代表签字。

八、劳务派遣

劳务派遣，是指用人单位以经营方式将招用的劳动者派遣至其他用人单位，由后者直接对劳动者的劳动过程进行管理的一种用工形式。用人单位将业务发包给承包单位，但对从事该业务的承包单位劳动者的劳动过程直接进行管理的，属于劳务派遣用工。劳务派遣最大的特点是劳动力雇用和使用相分离。

劳务派遣单位的雇主义务具体包括：(1)劳务派遣单位应当与被派遣劳动者订立两年以上的固定期限劳动合同。固定期限劳动合同除了应当载明本法第17条规定的劳动合同必备条款之外，还应载明劳动者的用工单位、工作岗位、派遣期限等情况。(2)劳务派遣单位在订立劳动合同时，应当将劳务派遣协议的内容告知劳动者。(3)劳务派遣单位应当对被派遣劳动者进行岗前培训和安全生产教育培训。(4)劳务派遣单位应当按月向被派遣劳动者支付劳动报酬,不得克扣用工单位按照劳务派遣协议支付给被派遣劳动者的劳动报酬。(5)劳务派遣单位应当按照国家规定和劳务派遣协议约定,依法为被派遣劳动者缴纳社会保险费,并办理社会保险相关手续。(6)劳务派遣单位应当督促用工单位依法为被派遣劳动者提供劳动保护和劳动安全卫生条件。(7)后合同义务。劳务派遣单位与劳动者解除或终止劳动合同时,应当依法出具解除或终止劳动合同的证明,证明中载明劳动合同期限、终止或解除的日期、工作岗位以及工作年限等。(8)劳务派遣单位应当协助处理被派遣劳动者与用工单位的纠纷。(9)被派遣劳动者在用工单位因工作遭受事故伤害的,劳务派遣单位应当依法申请工伤认定,并承担工伤保险责任,但可以与用工单位约定补偿办法。

九、非全日制用工

在全日制用工的情况下,坚持"一人一职"原则;在非全日制用工的情况下,劳动者可以与一个或多个用人单位建立劳动关系,前提是后建立的劳动关系不影响先建立的劳动关系的正常运行。非全日制用工的劳动者在同一用人单位一般平均每日工作时间不超过四小时,每周工作时间累计不超过二十四小时。

目　　录

中华人民共和国劳动合同法

第一章　总则　　　　　　　　　　　　　　　　　　001
　第一条　立法目的　　　　　　　　　　　　　　　001
　第二条　适用范围　　　　　　　　　　　　　　　002
　　［用人单位的范围］　　　　　　　　　　　　　002
　　［劳动者的范围］　　　　　　　　　　　　　　003
　第三条　基本原则　　　　　　　　　　　　　　　004
　第四条　规章制度　　　　　　　　　　　　　　　004
　　［劳动规章制度的生效要件］　　　　　　　　　005
　第五条　协调劳动关系三方机制　　　　　　　　　006
　第六条　工会的主要职责　　　　　　　　　　　　006
第二章　劳动合同的订立　　　　　　　　　　　　　007
　第七条　劳动关系的建立　　　　　　　　　　　　007
　　［劳动关系建立的标志］　　　　　　　　　　　007
　第八条　用人单位的告知义务和劳动者的说明义务　008
　　［用人单位不履行如实告知义务］　　　　　　　009
　　［劳动者不履行如实说明义务］　　　　　　　　009
　第九条　用人单位不得扣押劳动者证件和要求提供担保　009
　第十条　订立书面劳动合同　　　　　　　　　　　010
　　［电子劳动合同］　　　　　　　　　　　　　　011
　第十一条　未订立书面劳动合同时劳动报酬不明确的解决　012
　第十二条　劳动合同的种类　　　　　　　　　　　012
　第十三条　固定期限劳动合同　　　　　　　　　　012
　第十四条　无固定期限劳动合同　　　　　　　　　013

　　　　[视为无固定期限劳动合同的情形]　　　　　　　　　　013

　　第十五条　以完成一定工作任务为期限的劳动合同　　014

　　第十六条　劳动合同的生效　　　　　　　　　　　　015

　　第十七条　劳动合同的内容　　　　　　　　　　　　015

　　　　[社会保险]　　　　　　　　　　　　　　　　　016

　　第十八条　劳动合同对劳动报酬和劳动条件等标准约定不明确
　　　　　　　的解决　　　　　　　　　　　　　　　　017

　　　　[劳动报酬约定不明确的处理方式及顺序]　　　　017

　　第十九条　试用期　　　　　　　　　　　　　　　　017

　　第二十条　试用期工资　　　　　　　　　　　　　　018

　　第二十一条　在试用期解除劳动合同的规定　　　　　019

　　第二十二条　服务期　　　　　　　　　　　　　　　020

　　第二十三条　保密义务和竞业限制　　　　　　　　　021

　　　　[保密事项的范围]　　　　　　　　　　　　　　021

　　　　[保密待遇]　　　　　　　　　　　　　　　　　022

　　第二十四条　竞业限制的范围和期限　　　　　　　　022

　　　　[竞业限制的分类]　　　　　　　　　　　　　　023

　　第二十五条　违约金　　　　　　　　　　　　　　　024

　　第二十六条　劳动合同的无效　　　　　　　　　　　024

　　第二十七条　劳动合同部分无效　　　　　　　　　　025

　　第二十八条　劳动合同无效后劳动报酬的支付　　　　025

　　　　[无效劳动合同报酬支付标准]　　　　　　　　　026

第三章　劳动合同的履行和变更　　　　　　　　　　　026

　　第二十九条　劳动合同的履行　　　　　　　　　　　026

　　第三十条　劳动报酬　　　　　　　　　　　　　　　027

　　　　[支付令的履行]　　　　　　　　　　　　　　　027

　　第三十一条　加班　　　　　　　　　　　　　　　　028

　　　　[加班费支付的具体标准]　　　　　　　　　　　028

　　第三十二条　劳动者拒绝违章指挥、强令冒险作业　　028

　　第三十三条　用人单位名称、法定代表人等的变更　　029

　　第三十四条　用人单位合并或者分立　　　　　　　　029

　　第三十五条　劳动合同的变更　　　　　　　　　　　030

第四章 劳动合同的解除和终止 030
  第三十六条 协商解除劳动合同 030
    [协商解除劳动合同的条件] 030
  第三十七条 劳动者提前通知解除劳动合同 031
  第三十八条 劳动者解除劳动合同 031
  第三十九条 即时解雇 032
  第四十条 预告解雇 033
    [不能胜任工作] 033
  第四十一条 经济性裁员 034
  第四十二条 用人单位不得解除劳动合同的情形 035
    [医疗期] 035
  第四十三条 工会在劳动合同解除中的监督作用 037
  第四十四条 劳动合同的终止 037
    [宣告死亡和宣告失踪] 038
    [依法享受基本养老保险待遇] 038
  第四十五条 劳动合同的逾期终止 038
  第四十六条 经济补偿 039
  第四十七条 经济补偿的计算 040
  第四十八条 违法解除或者终止劳动合同的法律后果 040
  第四十九条 社会保险关系跨地区转移接续 041
  第五十条 劳动合同解除或者终止后双方的义务 041

第五章 特别规定 042
第一节 集体合同 042
  第五十一条 集体合同的订立和内容 042
    [集体合同的订立程序] 042
  第五十二条 专项集体合同 043
  第五十三条 行业性集体合同、区域性集体合同 043
  第五十四条 集体合同的报送和生效 044
  第五十五条 集体合同中劳动报酬、劳动条件等标准的规定 045
  第五十六条 集体合同纠纷和法律救济 045
第二节 劳务派遣 046
  第五十七条 经营劳务派遣业务的条件 046

[劳务派遣] 046
第五十八条　劳务派遣单位、用工单位及劳动者的权利义务 047
第五十九条　劳务派遣协议 047
第六十条　劳务派遣单位的告知义务 048
第六十一条　跨地区派遣劳动者的劳动报酬、劳动条件 048
第六十二条　用工单位的义务 049
第六十三条　被派遣劳动者同工同酬 050
第六十四条　被派遣劳动者参加或者组织工会 050
第六十五条　劳务派遣中解除劳动合同 050
第六十六条　劳务派遣的适用岗位 051
第六十七条　用人单位不得自设劳务派遣单位 051
[不认定为劳务派遣的情形] 051
第三节　非全日制用工 052
第六十八条　非全日制用工的概念 052
第六十九条　非全日制用工的劳动合同 052
[非全日制用工和全日制用工的区别] 053
第七十条　非全日制用工不得约定试用期 053
第七十一条　非全日制用工的终止用工 053
第七十二条　非全日制用工的劳动报酬 053

第六章　监督检查 053
第七十三条　劳动合同制度的监督管理体制 053
[人力资源和社会保障部的主要职责、管辖原则] 054
第七十四条　劳动行政部门监督检查事项 054
第七十五条　监督检查措施和文明执法 055
第七十六条　其他有关主管部门的监督管理 056
第七十七条　劳动者权益的救济途径 056
[劳动者权利救济途径] 056
第七十八条　工会的监督权 057
第七十九条　对违法行为的举报 057

第七章　法律责任 058
第八十条　规章制度违法的法律责任 058
第八十一条　缺乏必备条款、不提供劳动合同文本的法律责任 058

第八十二条　不订立书面劳动合同的法律责任　　059
　　　[用人单位不订立书面劳动合同的法律责任]　　059
　　第八十三条　违法约定试用期的法律责任　　060
　　　[试用期应当遵循的规则]　　060
　　第八十四条　扣押劳动者身份证等证件的法律责任　　061
　　第八十五条　未依法支付劳动报酬、经济补偿等的法律责任　　061
　　第八十六条　订立无效劳动合同的法律责任　　062
　　第八十七条　违法解除或者终止劳动合同的法律责任　　062
　　第八十八条　侵害劳动者人身权益的法律责任　　064
　　第八十九条　不出具解除、终止书面证明的法律责任　　064
　　第九十条　劳动者的赔偿责任　　064
　　第九十一条　用人单位的连带赔偿责任　　065
　　第九十二条　劳务派遣单位、用工单位的法律责任　　066
　　第九十三条　无营业执照经营单位的法律责任　　067
　　第九十四条　个人承包经营者的连带赔偿责任　　067
　　第九十五条　不履行法定职责、违法行使职权的法律责任　　068

第八章　附则　　068
　　第九十六条　事业单位聘用制劳动合同的法律适用　　068
　　第九十七条　过渡性条款　　068
　　第九十八条　施行时间　　069

附录一　配套核心法规　　070
一、综合　　070
中华人民共和国劳动法(2018.12.29修正)　　070
中华人民共和国劳动合同法实施条例(2008.9.18)　　084
事业单位人事管理条例(2014.4.25)　　089
二、集体合同、劳务派遣　　094
集体合同规定(2004.1.20)　　094
劳务派遣暂行规定(2014.1.24)　　102
劳务派遣行政许可实施办法(2013.6.20)　　106
三、工时、休假　　112
国务院关于职工工作时间的规定(1995.3.25修订)　　112

职工带薪年休假条例(2007.12.14) 113
企业职工带薪年休假实施办法(2008.9.18) 114
全国年节及纪念日放假办法(2024.11.10 修订) 117

四、薪酬 118
保障农民工工资支付条例(2019.12.30) 118
最低工资规定(2004.1.20) 127
工资支付暂行规定(1994.12.6) 131
最高人民法院关于审理拒不支付劳动报酬刑事案件适用法律若干问题的解释(2013.1.16) 134

五、工会 136
中华人民共和国工会法(节录)(2021.12.24 修正) 136
最高人民法院关于在民事审判工作中适用《中华人民共和国工会法》若干问题的解释(2020.12.29 修正) 137

六、劳动保护 139
劳动保障监察条例(2004.11.1) 139
女职工劳动保护特别规定(2012.4.28) 145

七、社会福利与社会保障 148
中华人民共和国社会保险法(2018.12.29 修正) 148
工伤保险条例(2010.12.20 修订) 162
工伤认定办法(2010.12.31) 175
失业保险条例(1999.1.22) 178
失业保险金申领发放办法(2024.6.14 修订) 182

八、劳动争议纠纷 186
中华人民共和国劳动争议调解仲裁法(2007.12.29) 186
企业劳动争议协商调解规定(2011.11.30) 205
劳动人事争议仲裁办案规则(2017.5.8) 210
劳动人事争议仲裁组织规则(2017.5.8) 222
最高人民法院关于审理劳动争议案件适用法律问题的解释(一)(2020.12.29) 227

附录二 典型案例 236
新就业形态劳动者权益保障典型案例 236

劳动人事争议典型案例(第四批) 242
依法惩治恶意欠薪犯罪典型案例 248

附录三　实用模板 254
劳动合同(通用) 254
劳动合同(劳务派遣) 260
劳动合同争议起诉状(参考文本) 266
劳动争议处理流程图 270

附录四　电子增补法规①
一、综合
劳动部关于贯彻执行《中华人民共和国劳动法》若干问题的意见(1995.8.4)
二、劳动保护
中华人民共和国安全生产法(2021.6.10 修正)
中华人民共和国职业病防治法(2018.12.29 修正)
生产安全事故报告和调查处理条例(2007.4.9)
工作场所职业卫生管理规定(2020.12.31)
职业病诊断与鉴定管理办法(2021.1.4)
人力资源社会保障部关于实施《劳动保障监察条例》若干规定(2022.1.7 修订)
三、劳动报酬
国有企业科技人才薪酬分配指引(2022.11.9)
四、就业
中华人民共和国就业促进法(2015.4.24)
残疾人就业条例(2007.2.25)
就业服务与就业管理规定(2022.1.7)
人才市场管理规定(2019.12.31)
五、社会保险
住房公积金管理条例(2019.3.24 修订)
社会保险经办条例(2023.8.16)

---

① 因篇幅所限,此部分文件请扫描封底二维码,在线阅读。

社会保险费征缴暂行条例(2019.3.24修订)
城镇职工基本医疗保险业务管理规定(2000.1.5)
企业职工生育保险试行办法(1994.12.14)

六、工时、休假

全国人民代表大会常务委员会关于实施渐进式延迟法定退休年龄的决定
　　(2024.9.13)
实施弹性退休制度暂行办法(2024.12.31)

中华人民共和国劳动合同法

（2007年6月29日第十届全国人民代表大会常务委员会第二十八次会议通过　根据2012年12月28日第十一届全国人民代表大会常务委员会第三十次会议《关于修改〈中华人民共和国劳动合同法〉的决定》修正）

目　　录

第一章　总　　则
第二章　劳动合同的订立
第三章　劳动合同的履行和变更
第四章　劳动合同的解除和终止
第五章　特别规定
　第一节　集体合同
　第二节　劳务派遣
　第三节　非全日制用工
第六章　监督检查
第七章　法律责任
第八章　附　　则

第一章　总　　则

第一条　【立法目的】*

为了完善劳动合同制度，明确劳动合同双方当事人的权利和义务，保护劳动者的合法权益，构建和发展和谐稳定的劳动关系，制定本法。

---

*　条文主旨为编者所加，下同。

> **条文参见**
>
> 《劳动法》第1条

第二条 【适用范围】

中华人民共和国境内的企业、个体经济组织、民办非企业单位等组织(以下称用人单位)与劳动者建立劳动关系,订立、履行、变更、解除或者终止劳动合同,适用本法。

国家机关、事业单位、社会团体和与其建立劳动关系的劳动者,订立、履行、变更、解除或者终止劳动合同,依照本法执行。

> **理解适用**

[劳动关系]

劳动法意义上的劳动关系,是指劳动力所有者(劳动者)与劳动力使用者(用人单位)之间,为实现劳动过程而发生的一方有偿提供劳动力,另一方将该劳动力同其生产资料相结合,从而产生的权利义务关系。

[用人单位的范围]

用人单位仅指单位雇主,不包括自然人雇主。具体包括:

1. 企业、个体经济组织、民办非企业单位。(1)企业。企业,是指从事产品生产、流通或服务性活动等实行独立经济核算的经济单位,包括各种所有制类型的企业、加工厂、农场、公司等。(2)个体经济组织。个体经济组织,是指雇工在7人以下,不具有法人资格但在工商行政部门登记注册的个体工商户。在工商行政部门登记注册的个体工商户如果不雇用工人,就不是本法所称的用人单位。(3)民办非企业单位。民办非企业单位,是指企业事业单位、社会团体和其他社会力量以及公民个人利用非国有资产举办的,从事非营利性社会服务活动的社会组织,如民办医院、民办福利院、民办学校、民办职业培训中心、民办司法鉴定所等。

2. 国家机关、事业单位、社会团体。(1)国家机关包括国家权力机关、国家行政机关、国家司法机关、国家政协机关、国家军事机关等。国家机关只有在招用工勤人员或通过劳动合同雇用劳动者时才适用本法。(2)事业单位,是指国家为了社会公益目的,由国家机关举办或者其他组织利用国有资产举办的,从事教育、科技、文化、卫生等活动的社会服务组织。(3)社会团体。我国实践中,社会团体中除工作人员有的依照《公务员法》进行管理,有的则实行劳动合同制度。因此,社会团体和与其签订劳动合同的劳动者,订立、履行、变更、解除或者终止劳动合同,依照本法执行。

[劳动者的范围]

劳动法律关系中的劳动者,是指达到法定最低就业年龄以上,具有劳动能力,为用人单位提供劳动力,并获取劳动报酬的自然人,实践中称为雇员、员工、职工。与企业、个体经济组织、民办非企业单位等组织建立劳动关系的劳动者适用本法,与国家机关、事业单位、社会团体等建立劳动关系的劳动者依照本法执行。不能适用本法的劳动者主要包括以下几类:(1)公务员以及参照《公务员法》管理的事业单位和社会团体的工作人员。(2)农业劳动者。值得注意的是,乡镇企业的职工与企业之间、进城务工的农民与具有法定雇主资格的用人单位之间的劳动关系属于劳动法调整的范畴。(3)现役军人。(4)家政服务人员。家政服务人员与雇主之间的关系在法律上称为家庭雇佣劳动关系,我国将其纳入民法调整的范畴。(5)个体工匠的学徒、帮工。个体工匠与其学徒、帮工之间的关系不属于劳动关系,其关系适用民法的相关规定。

[劳动合同法的空间效力]

本法的空间效力范围涵盖中华人民共和国主权所及的全部领域。无论主体是否具有中国国籍,只要其劳动关系发生于中国境内,双方在订立和履行劳动合同时就由本法调整,受本法约束。

实用问答

劳动关系的认定标准是什么?

答:根据《劳动和社会保障部关于确立劳动关系有关事项的通知》第1条的规定,用人单位招用劳动者未订立书面劳动合同,但同时具备下列情形的,劳动关系成立:(1)用人单位和劳动者符合法律、法规规定的主体资格;(2)用人单位依法制定的各项劳动规章制度适用于劳动者,劳动者受用人单位的劳动管理,从事用人单位安排的有报酬的劳动;(3)劳动者提供的劳动是用人单位业务的组成部分。

根据《劳动和社会保障部关于确立劳动关系有关事项的通知》第2条的规定,用人单位未与劳动者签订劳动合同,认定双方存在劳动关系时可参照下列凭证:(1)工资支付凭证或记录(职工工资发放花名册)、缴纳各项社会保险费的记录;(2)用人单位向劳动者发放的"工作证""服务证"等能够证明身份的证件;(3)劳动者填写的用人单位招工招聘"登记表""报名表"等招用记录;(4)考勤记录;(5)其他劳动者的证言等。

其中,(1)(3)(4)项的有关凭证由用人单位负举证责任。

条文参见

《劳动法》第 2 条;《劳动合同法实施条例》第 3 条

案例指引

侯某某诉上海隆茂建筑装潢有限公司劳动合同纠纷案(《最高人民法院公报》2015 年第 11 期)

裁判要旨: 一次性伤残就业补助金是在终止或解除劳动合同时,工伤职工应当享受的由用人单位支付的费用。在用人单位解除劳动合同的情形下,用人单位仍有义务向工伤职工支付一次性伤残就业补助金。

第三条 【基本原则】

订立劳动合同,应当遵循合法、公平、平等自愿、协商一致、诚实信用的原则。

依法订立的劳动合同具有约束力,用人单位与劳动者应当履行劳动合同约定的义务。

条文参见

《劳动法》第 17 条

案例指引

彭宇翔诉南京市城市建设开发(集团)有限责任公司追索劳动报酬纠纷案(最高人民法院指导案例 182 号)

裁判要旨: 用人单位规定劳动者在完成一定绩效后可以获得奖金,其无正当理由拒绝履行审批义务,符合奖励条件的劳动者主张获奖条件成就,用人单位应当按照规定发放奖金的,人民法院应予支持。

第四条 【规章制度】

用人单位应当依法建立和完善劳动规章制度,保障劳动者享有劳动权利、履行劳动义务。

用人单位在制定、修改或者决定有关劳动报酬、工作时间、休息休假、劳动安全卫生、保险福利、职工培训、劳动纪律以及劳动定额管理等直接涉及劳动者切身利益的规章制度或者重大事项时，应当经职工代表大会或者全体职工讨论，提出方案和意见，与工会或者职工代表平等协商确定。

　　在规章制度和重大事项决定实施过程中，工会或者职工认为不适当的，有权向用人单位提出，通过协商予以修改完善。

　　用人单位应当将直接涉及劳动者切身利益的规章制度和重大事项决定公示，或者告知劳动者。

理解适用

[劳动规章制度]

　　用人单位依法制定的，明确劳动条件、规范劳动关系当事人行为的各种规章、制度的总称。

[劳动规章制度的制定程序]

　　1. 职工参与的民主程序。用人单位在制定、修改或者决定有关劳动报酬、工作时间、休息休假、劳动安全卫生、保险福利、职工培训、劳动纪律以及劳动定额管理等直接涉及劳动者切身利益的规章制度或者重大事项时，应当经职工代表大会或者全体职工讨论，提出方案和意见，与工会或者职工代表平等协商确定（企业建立了工会的，与工会平等协商确定；没有建立工会的，与职工代表平等协商确定）。在规章制度和重大事项决定实施过程中，工会或者职工认为不适当的，有权向用人单位提出，通过协商予以修改完善。

　　2. 公示。劳动规章制度以全体职工为约束对象，应当为这些主体所了解。因此，用人单位应当将直接涉及劳动者切身利益的规章制度和重大事项决定公示，或者告知劳动者。公示应当采用正规、公开、可以永久或较长时间持续的方法。为便于日后履行举证责任，用人单位对公示和告知劳动者的情况应当作书面记载。

[劳动规章制度的生效要件]

　　劳动规章制度的生效要件包括两个：一是内容合法。主要是指劳动规章制度的内容不能与法律相抵触，不能损害劳动者的合法权益。二是制定程序合法。有权代表用人单位制定劳动规章制度的主体，须经过法定的职工参与民主程序，并向所有劳动者公示。

实用问答

劳动规章制度能否作为确定劳动双方权利义务的重要依据？

答：根据《最高人民法院关于审理劳动争议案件适用法律问题的解释（一）》第50条第1款的规定，用人单位根据《劳动合同法》第4条之规定，通过民主程序制定的规章制度，不违反国家法律、行政法规及政策规定，并已向劳动者公示的，可以作为确定双方权利义务的依据。全面、具体的劳动规章制度本身也可以预防和减少劳动争议的发生。

条文参见

《最高人民法院关于审理劳动争议案件适用法律问题的解释（一）》第50条

案例指引

某食品公司诉史某劳动争议案（贵州省高级人民法院、贵州省人力资源和社会保障厅联合发布十起劳动争议典型案例之九）

裁判要旨：用人单位人事管理制度或者规章制度涉及劳动者切身利益的重大事项应当经职工代表大会或者全体职工讨论，进行民主协商确定，并征求工会意见。同时，用人单位还应当将直接涉及劳动者切身利益的规章制度和重大事项予以公示，或者告知劳动者，否则该制度或者事项对劳动者不产生约束效力。此外，审查用人单位管理制度效力，还应结合劳动者工作实际进行综合认定。

第五条　【协调劳动关系三方机制】

县级以上人民政府劳动行政部门会同工会和企业方面代表，建立健全协调劳动关系三方机制，共同研究解决有关劳动关系的重大问题。

条文参见

《工会法》第34条；《劳动争议调解仲裁法》第8条

第六条　【工会的主要职责】

工会应当帮助、指导劳动者与用人单位依法订立和履行劳动合同，并与用人单位建立集体协商机制，维护劳动者的合法权益。

理解适用

[工会主要职责]

1. 维权职责。工会的维权职责及于劳动合同订立、履行、变更、解除和终止的各个环节:(1)帮助、指导劳动者签订和履行劳动合同。(2)监督用人单位解除劳动合同。(3)对劳动合同制度的实施情况进行监督检查。(4)介入劳动争议处理。

2. 与用人单位建立集体协商机制的职责。工会与用人单位建立集体协商机制的职责主要表现在工会参与制定、修改或者决定直接涉及劳动者切身利益的规章制度和重大事项。企业职工一方与企业可以就劳动报酬、工作时间、休息休假、劳动安全卫生、保险福利等事项,签订集体合同。集体合同草案应当提交职工代表大会或者全体职工讨论通过。集体合同由工会代表职工与企业签订;没有建立工会的企业,由职工推举的代表与企业签订。

条文参见

《劳动法》第7条;《工会法》第6条;《集体合同规定》第6条

第二章 劳动合同的订立

第七条 【劳动关系的建立】

用人单位自用工之日起即与劳动者建立劳动关系。用人单位应当建立职工名册备查。

理解适用

[劳动关系建立的标志]

开始用工是劳动关系建立的标志。实践中,建立劳动关系与订立书面劳动合同可能同步,也可能不同步。劳动关系的实质是劳动者将其劳动力有偿转让给用人单位使用。所谓"用工",是指用人单位已实际使用劳动者的劳动力。只要用工行为成立,无论劳动者与用人单位之间是否签订了书面劳动合同,劳动关系即已建立。

实用问答

网络主播为公司带货，双方是否存在劳动关系？

答：根据《劳动合同法》第 7 条、《关于维护新就业形态劳动者劳动保障权益的指导意见》第 18 条以及《劳动和社会保障部关于确立劳动关系有关事项的通知》的相关规定，劳动关系的核心特征为"劳动管理"，包括劳动者与用人单位之间的人格从属性、经济从属性、组织从属性等。《最高人民法院关于为稳定就业提供司法服务和保障的意见》第 7 条也对依法合理认定新就业形态劳动关系的考量因素作了明确。企业招用网络主播开展"直播带货"业务，如果企业作为经纪人与网络主播平等协商确定双方权利义务，以约定分成方式进行收益分配，双方之间的法律关系体现出平等协商特点，则不符合确立劳动关系的情形。但是，如果主播对个人包装、直播内容、演艺方式、收益分配等没有协商权，双方之间体现出较强人格、经济、组织从属性特征，符合劳动法意义上的劳动管理及从属性特征的，则倾向于认定劳动关系。

条文参见

《劳动合同法实施条例》第 7、8、33 条

案例指引

李某某诉重庆漫咖文化传播有限公司劳动合同纠纷案[广东省广州市中级人民法院(2017)粤 01 民终 10659 号民事判决书]

裁判要旨：网络主播与合作公司签订艺人独家合作协议，通过合作公司包装推荐，自行在第三方直播平台上注册，从事网络直播活动，并按合作协议获取直播收入。因合作公司没有对网络主播实施具有人身隶属性的劳动管理行为，网络主播从事的直播活动并非合作公司的业务组成部分，其基于合作协议获得的直播收入亦不是劳动法意义上的具有经济从属性的劳动报酬。因此，二者不符合劳动关系的法律特征，网络主播基于劳动关系提出的各项诉讼请求，不应当予以支持。

第八条　【用人单位的告知义务和劳动者的说明义务】

用人单位招用劳动者时，应当如实告知劳动者工作内容、工作条件、工作地点、职业危害、安全生产状况、劳动报酬，以及劳动者要求了解的

> 其他情况;用人单位有权了解劳动者与劳动合同直接相关的基本情况,劳动者应当如实说明。

理解适用

[用人单位不履行如实告知义务]

有的用人单位在招聘时存在虚报劳动报酬、工作条件,隐瞒职业危害、安全生产隐患,或者所称工作内容、工作地点与签订劳动合同时所写工作内容、工作地点不一致等情形,劳动双方发生争议时,劳动者可以依据本法第26条第1款第1项之规定,要求确认因用人单位采用了欺诈手段,致使劳动者在违背真实意思的情况下订立的劳动合同无效;给劳动者造成损害的,还可以要求用人单位承担赔偿责任。值得注意的是,这类争议需要劳动者举证,证明用人单位在招聘时违反了本条所规定的告知义务,存在欺诈行为。因此,劳动者在用人单位招聘阶段应注意保留证据。

[劳动者不履行如实说明义务]

用人单位对劳动者的知情权仅限于"与劳动合同直接相关的基本情况"这一范围之内,如劳动者的职业技能、健康状况、学历、工作经历等。与劳动者应聘职位无关的信息如劳动者的婚姻状况、家庭成员情况等属于劳动者的个人隐私,受法律保护。订立劳动合同时,劳动者对用人单位要求提供的与劳动合同直接相关的信息须如实提供;未尽如实告知义务的,依本法第26条的规定,该劳动合同应认定为无效劳动合同。根据本法第28条的规定,劳动合同被确认无效,劳动者已付出劳动的,用人单位应当向劳动者支付劳动报酬。

条文参见

《职业病防治法》第33条;《对外劳务合作管理条例》第24条;《劳务派遣暂行规定》第8条

第九条 【用人单位不得扣押劳动者证件和要求提供担保】

用人单位招用劳动者,不得扣押劳动者的居民身份证和其他证件,不得要求劳动者提供担保或者以其他名义向劳动者收取财物。

实用问答

用人单位违反《劳动合同法》第 9 条规定应如何处理？

答：《劳动合同法》第 84 条第 1、2 款中明确规定了用人单位违反该项规定的法律责任："用人单位违反本法规定，扣押劳动者居民身份证等证件的，由劳动行政部门责令限期退还劳动者本人，并依照有关法律规定给予处罚。用人单位违反本法规定，以担保或者其他名义向劳动者收取财物的，由劳动行政部门责令限期退还劳动者本人，并以每人五百元以上二千元以下的标准处以罚款；给劳动者造成损害的，应当承担赔偿责任。"

条文参见

《劳动部关于贯彻执行〈中华人民共和国劳动法〉若干问题的意见》第 24 条

第十条 【订立书面劳动合同】

建立劳动关系，应当订立书面劳动合同。

已建立劳动关系，未同时订立书面劳动合同的，应当自用工之日起一个月内订立书面劳动合同。

用人单位与劳动者在用工前订立劳动合同的，劳动关系自用工之日起建立。

理解适用

[用人单位未订立书面劳动合同的后果]

第一，用人单位自用工之日起超过 1 个月不满 1 年未与劳动者订立书面劳动合同的，应当向劳动者每月支付 2 倍的工资，直到双方补订书面劳动合同的前一日为止。第二，如果用人单位自用工之日起满 1 年未与劳动者订立书面劳动合同的，则自用工之日起满 1 个月的次日至满 1 年的前一日向劳动者每月支付 2 倍的工资，并视为自用工之日起满 1 年的当日已经与劳动者订立了无固定期限劳动合同。用人单位应立即与劳动者补订一份书面的无固定期限劳动合同。

[劳动者不履行订立书面劳动合同的后果]

第一，自用工之日起 1 个月内，用人单位书面通知劳动者订立书面劳动合同；如果劳动者不愿意订立的，用人单位应当书面通知劳动者终止劳动关系,且无须向劳动者支付经济补偿,只需向劳动者支付其在本单位实际工作时间的劳动报酬。第二,自用工之日起超过1个月不满1年,劳动者不与用人单位订立书面劳动合同的,用人单位应当书面通知劳动者终止劳动关系,并按照劳动者在本单位工作的年限,以每满1年支付1个月工资的标准向劳动者支付经济补偿。

[电子劳动合同]

根据《人力资源社会保障部办公厅关于订立电子劳动合同有关问题的函》的规定,用人单位与劳动者协商一致,可以采用电子形式订立书面劳动合同。采用电子形式订立劳动合同,应当使用符合《电子签名法》等法律法规规定的可视为书面形式的数据电文和可靠的电子签名。用人单位应保证电子劳动合同的生成、传递、储存等满足电子签名法等法律法规规定的要求,确保其完整、准确、不被篡改。符合劳动合同法规定和上述要求的电子劳动合同一经订立即具有法律效力,用人单位与劳动者应当按照电子劳动合同的约定,全面履行各自的义务。

[条文参见]

《劳动法》第16条;《职业病防治法》第33条;《劳动合同法实施条例》第5~7条;《劳动部关于贯彻执行〈中华人民共和国劳动法〉若干问题的意见》第16条

[案例指引]

1. 聂某兰诉北京林氏兄弟文化有限公司确认劳动关系案(最高人民法院指导案例179号)

裁判要旨:

(1)劳动关系适格主体以"合作经营"等为名订立协议,但协议约定的双方权利义务内容、实际履行情况等符合劳动关系认定标准,劳动者主张与用人单位存在劳动关系的,人民法院应予支持。

(2)用人单位与劳动者签订的书面协议中包含工作内容、劳动报酬、劳动合同期限等符合劳动合同法第十七条规定的劳动合同条款,劳动者以用人单位未订立书面劳动合同为由要求支付第二倍工资的,人民法院不予支持。

2. 刘某萍与南京仁创物资有限公司劳动争议纠纷案(《最高人民法院公报》2018年第7期)

裁判要旨:用人单位未与人事主管订立书面劳动合同,人事主管诉请用人单位支付因未订立书面劳动合同的2倍工资赔偿。因订立书面劳动合同系人事主管的工作职责,人事主管有义务提示用人单位与其订立书面劳动合同,人事主管如不能举证证明其曾提示用人单位与其订立书面劳动合同,则人民法院不应支持其诉讼请求。

第十一条 【未订立书面劳动合同时劳动报酬不明确的解决】

用人单位未在用工的同时订立书面劳动合同,与劳动者约定的劳动报酬不明确的,新招用的劳动者的劳动报酬按照集体合同规定的标准执行;没有集体合同或者集体合同未规定的,实行同工同酬。

理解适用

[未订立书面劳动合同时劳动报酬不明确的解决]

1. 有集体合同且集体合同有规定的。用人单位未在用工的同时订立书面劳动合同,发生劳动报酬不明确的争议时,新招用的劳动者的劳动报酬应当按照集体合同规定的标准执行。

2. 没有集体合同或者集体合同未规定的。用人单位应当依据本单位与劳动者相同岗位、付出相同劳动、取得相同业绩的其他劳动者的工资标准,向劳动者支付劳动报酬。《劳动法》第46条第1款规定,工资分配应当遵循按劳分配原则,实行同工同酬。

第十二条 【劳动合同的种类】

劳动合同分为固定期限劳动合同、无固定期限劳动合同和以完成一定工作任务为期限的劳动合同。

条文参见

《劳动法》第20条;《劳动合同法实施条例》第19条

第十三条 【固定期限劳动合同】

固定期限劳动合同,是指用人单位与劳动者约定合同终止时间的劳动合同。

用人单位与劳动者协商一致,可以订立固定期限劳动合同。

第十四条 【无固定期限劳动合同】

无固定期限劳动合同,是指用人单位与劳动者约定无确定终止时间的劳动合同。

用人单位与劳动者协商一致,可以订立无固定期限劳动合同。有下列情形之一,劳动者提出或者同意续订、订立劳动合同的,除劳动者提出订立固定期限劳动合同外,应当订立无固定期限劳动合同:

(一)劳动者在该用人单位连续工作满十年的;

(二)用人单位初次实行劳动合同制度或者国有企业改制重新订立劳动合同时,劳动者在该用人单位连续工作满十年且距法定退休年龄不足十年的;

(三)连续订立二次固定期限劳动合同,且劳动者没有本法第三十九条和第四十条第一项、第二项规定的情形,续订劳动合同的。

用人单位自用工之日起满一年不与劳动者订立书面劳动合同的,视为用人单位与劳动者已订立无固定期限劳动合同。

理解适用

[连续工作满十年]

"在同一用人单位连续工作满十年以上"是指劳动者与同一用人单位签订的劳动合同的期限不间断达到 10 年。此时劳动合同期满双方同意续订劳动合同时,只要劳动者提出签订无固定期限劳动合同的,用人单位应当与其签订无固定期限的劳动合同。连续工作满 10 年的起始时间,应当自用人单位用工之日起计算,包括《劳动合同法》施行前的工作年限。

[视为无固定期限劳动合同的情形]

按照《劳动法》的规定,建立劳动关系,应当订立书面劳动合同。因此,本条第 3 款规定,用人单位自用工之日起满 1 年不与劳动者订立书面劳动合同的,视为用人单位与劳动者已订立无固定期限劳动合同。当然,用人单位还得立即与劳动者补订书面劳动合同。

实用问答

1. 本法对于劳动者有权要求订立无固定期限劳动合同的程序条件的规定与《劳动法》的规定有何不同?

答:《劳动法》第 20 条第 2 款规定,劳动者在同一用人单位连续工作满

10年以上，当事人双方同意续延劳动合同的，如果劳动者提出订立无固定期限的劳动合同，应当订立无固定期限的劳动合同。根据本法的规定，只要满足本条第2款所规定的实体条件，劳动者提出或者同意续订、订立劳动合同的，用人单位就应当与其订立无固定期限劳动合同，当然，劳动者自己提出订立固定期限劳动合同的除外。

2. 用人单位与劳动者连续两次订立固定期限劳动合同，期满后用人单位对续订无固定期限劳动合同是否享有选择权？

答：根据本条的规定，在劳动者不存在《劳动合同法》第39条和第40条第1项、第2项规定的用人单位可以解除劳动合同的情形下，如果用人单位与劳动者订立了一次固定期限劳动合同，在订立第二次固定期限劳动合同时，应当预见到期满后存在订立无固定期限劳动合同的可能。如果劳动者在固定期限劳动合同期间遵纪守法，完成了工作任务，可以依法要求与用人单位续订无固定期限劳动合同，用人单位也应当续订，这有利于引导劳动者遵纪守法努力工作，也符合用人单位的利益。因此，在已具备《劳动合同法》第14条规定的应当订立无固定期限劳动合同条件的情况下，劳动者续订无固定期限劳动合同的权利应予保障，如果用人单位不同意续订合同，应当按照《劳动合同法》第48条规定承担法律后果。

【条文参见】

《劳动合同法实施条例》第11条；《最高人民法院关于审理劳动争议案件适用法律问题的解释（一）》第34条

第十五条 【以完成一定工作任务为期限的劳动合同】

以完成一定工作任务为期限的劳动合同，是指用人单位与劳动者约定以某项工作的完成为合同期限的劳动合同。

用人单位与劳动者协商一致，可以订立以完成一定工作任务为期限的劳动合同。

【实用问答】

以完成一定工作任务为期限的劳动合同有哪几种？

答：用人单位与劳动者在协商一致的情况下签订的以完成一定工作任务为期限的劳动合同主要包括以下几种：（1）以完成单项工作任务为期限的劳

动合同;(2)以项目承包方式完成承包任务的劳动合同;(3)因季节原因临时用工的劳动合同;(4)其他双方约定的以完成一定工作任务为期限的劳动合同。

第十六条 【劳动合同的生效】

劳动合同由用人单位与劳动者协商一致,并经用人单位与劳动者在劳动合同文本上签字或者盖章生效。

劳动合同文本由用人单位和劳动者各执一份。

理解适用

[劳动合同的成立与生效]

大多数情况下,劳动合同成立即生效。如果劳动合同中约定了合同生效的时间或条件,即附期限的劳动合同和附条件的劳动合同,则在所附期限届至或所附条件具备时,劳动合同才生效。

[劳动关系的建立]

劳动关系的建立以实际用工为标志。如果劳动合同生效,但并未实际用工,则劳动关系并未建立。劳动合同生效的意义在于约束劳动者和用人单位按照合同的约定建立劳动关系,即用人单位有向劳动者提供约定的工作岗位的义务,劳动者有向用人单位提供约定的劳动的义务。如果有一方不履行义务,则构成违约,需承担违约责任;如果因此给对方造成损失的,还应承担相应的赔偿责任。

条文参见

《劳动部关于贯彻执行〈中华人民共和国劳动法〉若干问题的意见》第16条

第十七条 【劳动合同的内容】

劳动合同应当具备以下条款:

(一)用人单位的名称、住所和法定代表人或者主要负责人;

(二)劳动者的姓名、住址和居民身份证或者其他有效身份证件号码;

（三）劳动合同期限；

（四）工作内容和工作地点；

（五）工作时间和休息休假；

（六）劳动报酬；

（七）社会保险；

（八）劳动保护、劳动条件和职业危害防护；

（九）法律、法规规定应当纳入劳动合同的其他事项。

劳动合同除前款规定的必备条款外，用人单位与劳动者可以约定试用期、培训、保守秘密、补充保险和福利待遇等其他事项。

理解适用

[社会保险]

根据《劳动法》和《社会保险法》的规定，中华人民共和国境内的用人单位和劳动者有缴纳社会保险费的义务。法定参加社会保险的险种包括基本养老保险、基本医疗保险、工伤保险、生育保险、失业保险。劳动合同中还可以约定企业年金等补充社会保险，补充保险不属于国家强制统一规定，其建立依用人单位情况而定。用人单位与劳动者在劳动合同中约定的由劳动者自己负担社会保险费的条款属于无效条款。

实用问答

用人单位的工作地点不固定时，如果发生劳动争议，如何确定管辖地？

答：实践中存在用人单位的工作地点不固定，劳动者在用人单位的非住所地履行劳动合同的情况，如销售人员、售后服务人员、存在分支机构的用人单位的员工，其所在用人单位的住所地在某个地方，但劳动合同实际履行地却在其他地方。在这种情况下，如果发生劳动争议，存在确定管辖地的问题。根据《劳动争议调解仲裁法》第21条第2款的规定，劳动争议由劳动合同履行地或者用人单位所在地的劳动争议仲裁委员会管辖。双方当事人分别向劳动合同履行地和用人单位所在地的劳动争议仲裁委员会申请仲裁的，由劳动合同履行地的劳动争议仲裁委员会管辖。

条文参见

《劳动法》第 19 条

第十八条 【劳动合同对劳动报酬和劳动条件等标准约定不明确的解决】

劳动合同对劳动报酬和劳动条件等标准约定不明确,引发争议的,用人单位与劳动者可以重新协商;协商不成的,适用集体合同规定;没有集体合同或者集体合同未规定劳动报酬的,实行同工同酬;没有集体合同或者集体合同未规定劳动条件等标准的,适用国家有关规定。

理解适用

[劳动报酬约定不明确的处理方式及顺序]

第一步,由用人单位与劳动者重新协商。第二步,用人单位与劳动者协商不成的,适用集体合同规定。劳动合同因功能有限无法涵盖劳动关系的全部内容,集体合同可以弥补劳动基准法和劳动合同的不足。第三步,没有集体合同或者集体合同未规定劳动报酬的,实行同工同酬。同工同酬,是指用人单位对于从事相同工作、付出等量劳动且取得相同劳动业绩的劳动者,应当支付同等的劳动报酬。

劳动条件约定不明确的处理方式及顺序与劳动报酬约定不明确的处理方式及顺序是一样的。

条文参见

《劳动法》第 46 条;《劳动合同法实施条例》第 11 条

第十九条 【试用期】

劳动合同期限三个月以上不满一年的,试用期不得超过一个月;劳动合同期限一年以上不满三年的,试用期不得超过二个月;三年以上固定期限和无固定期限的劳动合同,试用期不得超过六个月。

同一用人单位与同一劳动者只能约定一次试用期。

以完成一定工作任务为期限的劳动合同或者劳动合同期限不满三个月的,不得约定试用期。

> 试用期包含在劳动合同期限内。劳动合同仅约定试用期的,试用期不成立,该期限为劳动合同期限。

理解适用

[试用期及其适用注意事项]

试用期,是指包括在劳动合同期限内的,用人单位与劳动者相互了解、相互考察的期限。在此期间,用人单位可以考察劳动者是否符合录用条件,劳动者也可以考察用人单位是否符合自己的要求。试用期条款只是劳动合同的约定条款,而非法定必备条款。

适用试用期时,需注意以下事项:(1)同一用人单位与同一劳动者只能约定一次试用期。《劳动部关于〈中华人民共和国劳动法〉若干条文的说明》第21条规定,"试用期"适用于初次就业或再次就业时改变劳动岗位或工种的劳动者。《劳动部关于实行劳动合同制度若干问题的通知》中规定,用人单位对工作岗位没有发生变化的同一劳动者只能试用一次。本法在此基础上将"只能约定一次试用期"的条件放宽了。同一劳动者在同一用人单位已实行过试用期后,再次订立劳动合同的,无论劳动者的岗位变化与否,也无论劳动者与前一次已实行过试用期的就业有无时间间隔或间隔时间有多长,都不再适用试用期。(2)以完成一定工作任务为期限的劳动合同不得约定试用期。(3)不满3个月的定期劳动合同不得约定试用期。(4)非全日制用工不得约定试用期。

条文参见

《劳动法》第21条;《劳动部关于贯彻执行〈中华人民共和国劳动法〉若干问题的意见》第18、19条

第二十条 【试用期工资】

> 劳动者在试用期的工资不得低于本单位相同岗位最低档工资或者劳动合同约定工资的百分之八十,并不得低于用人单位所在地的最低工资标准。

> 理解适用

最低工资是一种保障制度,它可以保证职工在劳动过程中至少领取最低的劳动报酬,维持劳动者个人及其家庭成员的基本生活。最低工资一经确定,并非永不改变。最低工资率发布实施后,如果确定最低工资时所参考的诸多因素发生变化,如当地就业者增多、职工平均工资提高、经济发展水平加快,或者本地区职工生活费用价格指数累计变动较大时,应当适时调整本地区的最低工资。

> 条文参见

《劳动法》第48条;《劳动合同法实施条例》第15条

第二十一条 【在试用期解除劳动合同的规定】

在试用期中,除劳动者有本法第三十九条和第四十条第一项、第二项规定的情形外,用人单位不得解除劳动合同。用人单位在试用期解除劳动合同的,应当向劳动者说明理由。

> 实用问答

试用期解除劳动合同与转正后解除劳动合同在实体要件和程序要件上有什么区别?

答:(1)劳动者在试用期内解除劳动合同的,如果用人单位不存在本法第38条列举的情形,则需提前3日通知用人单位。如果因劳动者未履行提前3日的通知义务给用人单位带来经济损失,劳动者应当承担赔偿责任。但如果用人单位存在本法第38条列举的情形,则劳动者无须履行提前3日的通知义务即可解除劳动合同。(2)在试用期内,只有当劳动者存在本法第39条(即时解雇)和第40条(预告解雇)第1、2项规定的情形时,用人单位才可以解除劳动合同,并且应当向劳动者说明理由。

> 条文参见

《劳动法》第25条

第二十二条 【服务期】

用人单位为劳动者提供专项培训费用,对其进行专业技术培训的,可以与该劳动者订立协议,约定服务期。

劳动者违反服务期约定的,应当按照约定向用人单位支付违约金。违约金的数额不得超过用人单位提供的培训费用。用人单位要求劳动者支付的违约金不得超过服务期尚未履行部分所应分摊的培训费用。

用人单位与劳动者约定服务期的,不影响按照正常的工资调整机制提高劳动者在服务期期间的劳动报酬。

理解适用

[服务期年限]

服务期,是指用人单位和劳动者约定的,劳动者因获得了特殊待遇从而必须与用人单位持续劳动关系的期限。法律并未规定服务期的上限,实践中,用人单位应根据其为劳动者提供专业培训所投入的费用合理约定服务期。服务期条款是劳动合同的一部分,其效力与劳动合同相同。如果是单独签订的服务期协议,该协议的实质就是劳动合同。如果劳动合同期满,但服务期尚未到期的,劳动合同应延续至服务期期满;如果双方约定其他选择的,则从其约定。

实用问答

1. 用人单位存在哪些违法行为时,劳动者可以解除劳动合同,并且此种解除劳动合同不属于违反服务期的约定,用人单位不得要求劳动者支付违约金?

答:(1)用人单位未按照劳动合同约定提供劳动保护或者劳动条件的;(2)用人单位未及时足额支付劳动报酬的;(3)用人单位未依法为劳动者缴纳社会保险费的;(4)用人单位的规章制度违反法律、法规的规定,损害劳动者权益的;(5)用人单位因本法第26条第1款规定的情形致使劳动合同无效的;(6)用人单位以暴力、威胁或者非法限制人身自由的手段强迫劳动者劳动,或者用人单位违章指挥、强令冒险作业危及劳动者人身安全的;(7)法律、行政法规规定劳动者可以解除劳动合同的其他情形。

2. 劳动者存在哪些行为并导致用人单位与劳动者解除约定服务期的劳动合同的,劳动者应当按照劳动合同的约定向用人单位支付违约金?

答:(1)劳动者严重违反用人单位的规章制度的;(2)劳动者严重失职、

营私舞弊,给用人单位造成重大损害的;(3)劳动者同时与其他用人单位建立劳动关系,对完成本单位的工作任务造成严重影响,或者经用人单位提出,拒不改正的;(4)劳动者以欺诈、胁迫的手段或者乘人之危,使用人单位在违背真实意思的情况下订立或者变更劳动合同的;(5)劳动者被依法追究刑事责任的。

条文参见

《劳动合同法实施条例》第16、17、26条

第二十三条 【保密义务和竞业限制】

用人单位与劳动者可以在劳动合同中约定保守用人单位的商业秘密和与知识产权相关的保密事项。

对负有保密义务的劳动者,用人单位可以在劳动合同或者保密协议中与劳动者约定竞业限制条款,并约定在解除或者终止劳动合同后,在竞业限制期限内按月给予劳动者经济补偿。劳动者违反竞业限制约定的,应当按照约定向用人单位支付违约金。

理解适用

[保密条款]

保密条款,即约定劳动者对用人单位的商业秘密及与知识产权相关的保密事项负有保密义务的合同条款,包括保密事项、保密范围、保密期限、保密措施、保密待遇等内容。保密条款一般适用于劳动关系存续期间。

[保密义务人]

保密义务人是因工作而知悉用人单位商业秘密及与知识产权相关的保密事项的劳动者。

[保密事项的范围]

(1)商业秘密,是指不为公众所知悉,能为权利人带来经济利益,具有实用性并经权利人采取保密措施的技术信息和经营信息。商业秘密具体包括非专利技术和经营信息,如生产配方、工艺流程、设计图纸、管理方法、产销策略、客户名单等。(2)与知识产权相关的保密事项,是指尚未纳入知识产权法的保护范围,又不构成商业秘密,但对用人单位仍具有一定保密价值的事项(或信息)。

[保密待遇]

法律并未规定用人单位对签订了保密条款的劳动者应给予相应补偿,保密待遇由用人单位与劳动者自由约定。即使用人单位与劳动者在保密条款中没有约定保密待遇,劳动者也应保守用人单位的商业秘密。也就是说,保密条款属于约定条款,但保密义务是法定义务。如果保密条款中约定了保密待遇,但用人单位未按照约定给予劳动者保密待遇,劳动者依然需要履行保密义务,但是可以根据合同条款追究用人单位的违约责任。

条文参见

《劳动法》第22、102条;《最高人民法院关于审理劳动争议案件适用法律问题的解释(一)》第36~40条

案例指引

王山诉万得信息技术股份有限公司竞业限制纠纷案(最高人民法院指导案例190号)

裁判要旨: 人民法院在审理竞业限制纠纷案件时,审查劳动者自营或者新入职单位与原用人单位是否形成竞争关系,不应仅从依法登记的经营范围是否重合进行认定,还应当结合实际经营内容、服务对象或者产品受众、对应市场等方面是否重合进行综合判断。劳动者提供证据证明自营或者新入职单位与原用人单位的实际经营内容、服务对象或者产品受众、对应市场等不相同,主张不存在竞争关系的,人民法院应予支持。

第二十四条 【竞业限制的范围和期限】

竞业限制的人员限于用人单位的高级管理人员、高级技术人员和其他负有保密义务的人员。竞业限制的范围、地域、期限由用人单位与劳动者约定,竞业限制的约定不得违反法律、法规的规定。

在解除或者终止劳动合同后,前款规定的人员到与本单位生产或者经营同类产品、从事同类业务的有竞争关系的其他用人单位,或者自己开业生产或者经营同类产品、从事同类业务的竞业限制期限,不得超过二年。

理解适用

[竞业限制的分类]

竞业限制分为法定竞业限制和约定竞业限制。《合伙企业法》(如第32、99条)和《公司法》(如第181条)中规定的"竞业禁止"义务属于法定义务,而《劳动法》中规定的"竞业限制"义务并非法定义务,即劳动者的竞业限制义务以约定为前提,因此竞业限制条款不适用于所有劳动者。

[竞业限制条款的适用主体范围]

本条将竞业限制条款的适用主体范围限于用人单位的高级管理人员、高级技术人员和其他负有保密义务的人员。按照《公司法》第265条中的界定,高级管理人员是指公司的经理、副经理、财务负责人,上市公司董事会秘书和公司章程规定的其他人员。

[劳动者违反竞业限制约定的法律责任]

劳动者违反竞业限制约定,如果竞业限制协议中约定了违约金,用人单位可以要求劳动者支付违约金;如果竞业限制协议中没有约定违约金,用人单位可以依据本法第90条的规定要求劳动者承担损害赔偿责任。

条文参见

《公司法》第181、188条;《最高人民法院关于审理劳动争议案件适用法律问题的解释(一)》第36~40条

案例指引

某公司与李某竞业限制纠纷案(最高人民法院发布劳动争议典型案例之三)

裁判要旨: 劳动合同法规定竞业限制制度的主要目的在于保护用人单位的商业秘密和与知识产权相关的保密事项,规制不正当竞争,而非限制人才在企业间的正常流动。实践中,竞业限制条款存在适用主体泛化等滥用现象。部分用人单位不区分劳动者是否属于掌握本单位商业秘密、与知识产权相关保密事项的人员,无差别地与劳动者签订竞业限制协议,并约定高额违约金。劳动者往往囿于用人单位的优势地位,无法拒绝签订竞业限制协议。不负有保密义务的劳动者离职后进入有竞争关系的新用人单位,原用人单位要求劳动者承担高额违约金,侵害了劳动者的合法权益。本案中,人民法院认定不负有保密义务的劳动者即使签订了竞业限制协议,也无需承担竞业限

制义务。审判实践中,人民法院不仅要审理新用人单位与原用人单位之间是否存在竞争关系,更要审理劳动者是否属于应当承担竞业限制义务的人员,旗帜鲜明否定侵害劳动者自主择业权的违法竞业限制行为,畅通劳动力资源的社会性流动渠道。

第二十五条 【违约金】

除本法第二十二条和第二十三条规定的情形外,用人单位不得与劳动者约定由劳动者承担违约金。

第二十六条 【劳动合同的无效】

下列劳动合同无效或者部分无效:
(一)以欺诈、胁迫的手段或者乘人之危,使对方在违背真实意思的情况下订立或者变更劳动合同的;
(二)用人单位免除自己的法定责任、排除劳动者权利的;
(三)违反法律、行政法规强制性规定的。
对劳动合同的无效或者部分无效有争议的,由劳动争议仲裁机构或者人民法院确认。

理解适用

[欺诈、胁迫、乘人之危]

欺诈,是指一方当事人故意捏造虚假情况或故意隐瞒真实情况,使对方作出错误意思表示从而订立劳动合同的行为。用人单位和劳动者违反《劳动合同法》第8条规定的告知义务,即构成欺诈。比如,劳动者一方伪造学历、用人单位一方虚报高工资待遇等。

胁迫,是指一方当事人以某种现实或将来的危害为要挟,迫使对方作出违背真实意思表示的行为。

乘人之危,是指一方当事人趁对方当事人处于危难之际,迫使对方作出不真实意思表示的行为。一方或双方基于不真实意思表示订立的劳动合同无效或部分无效。

[法律、行政法规强制性规定]

本条中的"法律、行政法规强制性规定"是指国家制定的关于劳动者最基本劳动条件的法律法规,包括最低工资、工作时间、劳动安全与卫生法律法规等。

> 实用问答

无效劳动合同的法律后果是什么?

答:根据《劳动法》第18条第2款的规定,无效的劳动合同,从订立的时候起,就没有法律约束力。确认劳动合同部分无效的,如果不影响其余部分的效力,其余部分仍然有效。

> 条文参见

《劳动法》第18条;《劳动部关于〈中华人民共和国劳动法〉若干条文的说明》第18条;《劳动部关于贯彻执行〈中华人民共和国劳动法〉若干问题的意见》第27条

> 案例指引

上海冠龙阀门机械有限公司诉唐某某劳动合同纠纷案(《最高人民法院公报》2012年第9期)

裁判要旨:用人单位在招聘时对应聘者学历有明确要求,而应聘者提供虚假学历证明并与用人单位签订劳动合同的,属于《劳动合同法》第26条规定的以欺诈手段订立劳动合同应属无效的情形,用人单位可以根据《劳动合同法》第39条的规定解除该劳动合同。

第二十七条 【劳动合同部分无效】

劳动合同部分无效,不影响其他部分效力的,其他部分仍然有效。

第二十八条 【劳动合同无效后劳动报酬的支付】

劳动合同被确认无效,劳动者已付出劳动的,用人单位应当向劳动者支付劳动报酬。劳动报酬的数额,参照本单位相同或者相近岗位劳动者的劳动报酬确定。

理解适用

[无效劳动合同报酬支付标准]

劳动合同被确认部分无效或全部无效后,只要劳动者为用人单位提供了劳动,无论其对劳动合同的无效是否存在过错,用人单位都必须对其已付出的劳动给予劳动报酬。如果劳动合同中关于劳动报酬的条款是有效的,用人单位应按照合同的约定向劳动者支付报酬;如果劳动合同中没有约定劳动报酬条款、劳动报酬条款无效或者劳动合同整体无效,用人单位应按照用人单位的同期、同工种、同岗位的工资标准支付劳动报酬;如果用人单位没有可以直接参照的标准,可以参照其他单位同期、相类似工种、相类似岗位的工资标准向劳动者支付劳动报酬。

实用问答

劳动合同被确认无效后,后续的劳动关系如何处理?

答:根据本法第38条第1款第5项的规定,用人单位以欺诈、胁迫的手段或者乘人之危,使劳动者在违背真实意思的情况下订立或者变更劳动合同,致使劳动合同无效的,劳动者可以解除劳动合同(此种情况下可以即时通知用人单位,而无须提前30日通知)。同样,根据本法第39条第5项的规定,劳动者以欺诈、胁迫的手段或者乘人之危,使用人单位在违背真实意思的情况下订立或者变更劳动合同,致使劳动合同无效的,用人单位可以解除劳动合同。

条文参见

《最高人民法院关于审理劳动争议案件适用法律问题的解释(一)》第41条

第三章 劳动合同的履行和变更

第二十九条 【劳动合同的履行】

用人单位与劳动者应当按照劳动合同的约定,全面履行各自的义务。

第三十条 【劳动报酬】

用人单位应当按照劳动合同约定和国家规定,向劳动者及时足额支付劳动报酬。

用人单位拖欠或者未足额支付劳动报酬的,劳动者可以依法向当地人民法院申请支付令,人民法院应当依法发出支付令。

理解适用

[支付令的申请与受理]

劳动者应当向有管辖权的基层人民法院申请支付令。劳动者在支付令申请书中应当写明请求给付劳动报酬的具体数额以及所依据的事实、证据,如劳动合同文本等。劳动者提出申请后,法院应当在5日内通知其是否受理。法院受理申请后,对劳动者提供的事实、证据进行审查,对工资债权债务关系明确、合法的,应当在受理之日起15日内向用人单位发出支付令;人民法院认为申请不成立的,裁定驳回申请,该裁定不得上诉。

[支付令的履行]

用人单位应当自收到支付令之日起15日内向劳动者支付所拖欠的工资,或者向人民法院提出书面异议。用人单位在收到支付令之日起15日内不提出书面异议又不支付所拖欠的工资的,劳动者可以向人民法院申请强制执行。人民法院收到用人单位提出的书面异议后,应当裁定终结督促程序,支付令自行失效。如果劳动者因用人单位拖欠或未足额支付劳动者工资而申请支付令,在人民法院终结督促程序后,劳动者应当先向劳动争议仲裁委员会申请仲裁;如果用人单位和劳动者对支付拖欠劳动报酬达成调解协议,劳动者因用人单位在协议约定的期限内不支付拖欠的劳动报酬而申请支付令,在人民法院终结督促程序后,劳动者可以持调解协议书直接向人民法院提起诉讼。

条文参见

《最高人民法院关于审理劳动争议案件适用法律问题的解释(一)》第13条

第三十一条 【加班】

用人单位应当严格执行劳动定额标准，不得强迫或者变相强迫劳动者加班。用人单位安排加班的，应当按照国家有关规定向劳动者支付加班费。

理解适用

［加班费支付的具体标准］

用人单位在工作日安排劳动者延长工作时间的，支付不低于工资的150%的工资报酬；用人单位在休息日安排劳动者工作又不能安排补休的，支付不低于工资的200%的工资报酬；用人单位在法定休假日安排劳动者工作的，支付不低于工资的300%的工资报酬。

实用问答

劳动者主张加班费，谁承担举证责任？

答：根据《最高人民法院关于审理劳动争议案件适用法律问题的解释（一）》第42条的规定，劳动者主张加班费的，应当就加班事实的存在承担举证责任。但劳动者有证据证明用人单位掌握加班事实存在的证据，用人单位不提供的，由用人单位承担不利后果。

条文参见

《劳动法》第36～45条；《最高人民法院关于审理劳动争议案件适用法律问题的解释（一）》第42条

第三十二条 【劳动者拒绝违章指挥、强令冒险作业】

劳动者拒绝用人单位管理人员违章指挥、强令冒险作业的，不视为违反劳动合同。

劳动者对危害生命安全和身体健康的劳动条件，有权对用人单位提出批评、检举和控告。

条文参见

《劳动法》第56条;《安全生产法》第54条

第三十三条 【用人单位名称、法定代表人等的变更】

用人单位变更名称、法定代表人、主要负责人或者投资人等事项,不影响劳动合同的履行。

第三十四条 【用人单位合并或者分立】

用人单位发生合并或者分立等情况,原劳动合同继续有效,劳动合同由承继其权利和义务的用人单位继续履行。

理解适用

[用人单位合并或分立等后劳动合同的变更]

用人单位变更名称、法定代表人、主要负责人或者投资人等事项,发生合并或者分立等情况,变更后的用人单位应继续履行劳动合同。变更后的用人单位可以依据实际情况与原用人单位的劳动者遵循平等自愿、协商一致的原则变更、解除或重新签订劳动合同。在此情况下,重新签订劳动合同视为原劳动合同的变更,用人单位变更劳动合同,劳动者不能要求经济补偿。如果双方就劳动合同的变更或解除未能协商一致,则应继续履行原劳动合同。

如果劳动合同订立时所依据的客观情况发生重大变化,致使劳动合同无法继续履行,则变更后的用人单位可以与劳动者协商变更劳动合同;如果双方未能就变更劳动合同达成一致,则用人单位可以提前30日以书面形式通知劳动者本人或者额外支付劳动者1个月工资后解除劳动合同。

实用问答

用人单位发生合并或分立的,劳动者的工作年限如何计算?

答:《劳动合同法实施条例》第10条规定,劳动者非因本人原因从原用人单位被安排到新用人单位工作的,劳动者在原用人单位的工作年限合并计算为新用人单位的工作年限。原用人单位已经向劳动者支付经济补偿的,新用人单位在依法解除、终止劳动合同计算支付经济补偿的工作年限时,不再计算劳动者在原用人单位的工作年限。根据《最高人民法院关于审理劳动争议案件适用法律问题的解释（一）》第46条的规定，因用人单位合并、分立等原因导致劳动者工作调动，如果原用人单位未支付经济补偿，劳动者依据《劳动合同法》第38条的规定与新用人单位解除劳动合同，或者新用人单位向劳动者提出解除、终止劳动合同，在计算支付经济补偿或赔偿金的工作年限时，劳动者请求把在原用人单位的工作年限合并计算为新用人单位工作年限的，人民法院应予支持。

第三十五条 【劳动合同的变更】

用人单位与劳动者协商一致，可以变更劳动合同约定的内容。变更劳动合同，应当采用书面形式。

变更后的劳动合同文本由用人单位和劳动者各执一份。

实用问答

劳动合同口头变更是否有效？

答：《最高人民法院关于审理劳动争议案件适用法律问题的解释（一）》第43条规定："用人单位与劳动者协商一致变更劳动合同，虽未采用书面形式，但已经实际履行了口头变更的劳动合同超过一个月，变更后的劳动合同内容不违反法律、行政法规且不违背公序良俗，当事人以未采用书面形式为由主张劳动合同变更无效的，人民法院不予支持。"其明确肯定了劳动合同口头变更形式的有效性，同时规定必须通过当事人的实际履行行为来体现双方就劳动合同变更达成了合意。

第四章　劳动合同的解除和终止

第三十六条 【协商解除劳动合同】

用人单位与劳动者协商一致，可以解除劳动合同。

理解适用

[协商解除劳动合同的条件]

劳动者可以通过与用人单位协商解除劳动合同，前提是劳动者与用人单位就解除劳动合同以及解除后的相关事项达成一致,且协商是基于平等、自愿的原则。协商解除没有实体性条件。如果解除劳动合同的提议由劳动者提出,则用人单位无须向劳动者支付经济补偿金;如果解除劳动合同的提议由用人单位提出,则用人单位需依法向劳动者支付经济补偿金。

条文参见

《劳动合同法实施条例》第18条

案例指引

张某杰诉上海敬豪劳务服务有限公司等劳动合同纠纷案(《最高人民法院公报》2017年第5期)

裁判要旨: 从事接触职业病危害的作业的劳动者未进行离岗前职业健康检查的,用人单位不得解除或终止与其订立的劳动合同。即使用人单位与劳动者已协商一致解除劳动合同,解除协议也应认定无效。

第三十七条 【劳动者提前通知解除劳动合同】

劳动者提前三十日以书面形式通知用人单位,可以解除劳动合同。劳动者在试用期内提前三日通知用人单位,可以解除劳动合同。

条文参见

《劳动合同法实施条例》第18条

第三十八条 【劳动者解除劳动合同】

用人单位有下列情形之一的,劳动者可以解除劳动合同:
(一)未按照劳动合同约定提供劳动保护或者劳动条件的;
(二)未及时足额支付劳动报酬的;
(三)未依法为劳动者缴纳社会保险费的;
(四)用人单位的规章制度违反法律、法规的规定,损害劳动者权益的;
(五)因本法第二十六条第一款规定的情形致使劳动合同无效的;
(六)法律、行政法规规定劳动者可以解除劳动合同的其他情形。

用人单位以暴力、威胁或者非法限制人身自由的手段强迫劳动者劳动的，或者用人单位违章指挥、强令冒险作业危及劳动者人身安全的，劳动者可以立即解除劳动合同，不需事先告知用人单位。

条文参见

《劳动合同法实施条例》第 18、26 条;《最高人民法院关于审理劳动争议案件适用法律问题的解释(一)》第 45、46 条

第三十九条 【即时解雇】

劳动者有下列情形之一的，用人单位可以解除劳动合同：
（一）在试用期间被证明不符合录用条件的；
（二）严重违反用人单位的规章制度的；
（三）严重失职，营私舞弊，给用人单位造成重大损害的；
（四）劳动者同时与其他用人单位建立劳动关系，对完成本单位的工作任务造成严重影响，或者经用人单位提出，拒不改正的；
（五）因本法第二十六条第一款第一项规定的情形致使劳动合同无效的；
（六）被依法追究刑事责任的。

条文参见

《劳动法》第 25 条;《劳动合同法实施条例》第 19 条;《最高人民法院关于审理劳动争议案件适用法律问题的解释(一)》第 47 条

案例指引

郑某诉霍尼韦尔自动化控制(中国)有限公司劳动合同纠纷案(最高人民法院指导案例 181 号)

裁判要旨：用人单位的管理人员对被性骚扰员工的投诉，应采取合理措施进行处置。管理人员未采取合理措施或者存在纵容性骚扰行为、干扰对性骚扰行为调查等情形，用人单位以管理人员未尽岗位职责、严重违反规章制度为由解除劳动合同，管理人员主张解除劳动合同违法的，人民法院不予支持。

第四十条 【预告解雇】

有下列情形之一的，用人单位提前三十日以书面形式通知劳动者本人或者额外支付劳动者一个月工资后，可以解除劳动合同：

（一）劳动者患病或者非因工负伤，在规定的医疗期满后不能从事原工作，也不能从事由用人单位另行安排的工作的；

（二）劳动者不能胜任工作，经过培训或者调整工作岗位，仍不能胜任工作的；

（三）劳动合同订立时所依据的客观情况发生重大变化，致使劳动合同无法履行，经用人单位与劳动者协商，未能就变更劳动合同内容达成协议。

理解适用

[不能胜任工作]

本条中规定的"不能胜任工作"，是指不能按要求完成劳动合同中约定的任务或者同工种、同岗位人员的工作量。但用人单位不得故意提高定额标准，使劳动者无法完成。判断劳动者"不能胜任工作"的主要依据是用人单位的劳动规章制度和劳动定额标准，同工种、同岗位劳动者的工作量也可以作为参照。

实用问答

1.《劳动合同法》第40条第1项中的医疗期应如何确定？

答：根据《企业职工患病或非因工负伤医疗期规定》和《劳动部关于贯彻〈企业职工患病或非因工负伤医疗期规定〉的通知》的规定，企业职工患病或非因工负伤，需要停止工作医疗时，根据本人实际参加工作的年限和在本单位工作年限长短，给予3个月到24个月的医疗期。根据《劳动部关于贯彻执行〈中华人民共和国劳动法〉若干问题的意见》第76条的规定，对于某些患特殊疾病（如癌症、精神病、瘫痪等）的职工，在24个月内尚不能痊愈的，经企业和当地劳动部门批准，可以适当延长医疗期。

2. 职工医疗期满后仍不能从事原工作也不能从事由单位另行安排的工作的，除解除劳动合同外，还可以如何处理？

答：根据《劳动部关于贯彻执行〈中华人民共和国劳动法〉若干问题的意见》，在规定的医疗期满后，劳动者能从事原工作的，可以继续履行劳动合同;医疗期满后仍不能从事原工作也不能从事由单位另行安排的工作的,由劳动鉴定委员会参照工伤与职业病致残程度鉴定标准进行劳动能力鉴定。被鉴定为1至4级的,应当退出劳动岗位,解除劳动关系,办理因病或非因工负伤退休退职手续,享受相应的退休退职待遇;被鉴定为5至10级的,用人单位可以解除劳动合同,并按规定支付经济补偿金和医疗补助费。

条文参见

《劳动法》第26条;《劳动合同法实施条例》第19、20条;《劳务派遣暂行规定》第12条;《最高人民法院关于审理劳动争议案件适用法律问题的解释(一)》第47条

第四十一条【经济性裁员】

有下列情形之一,需要裁减人员二十人以上或者裁减不足二十人但占企业职工总数百分之十以上的,用人单位提前三十日向工会或者全体职工说明情况,听取工会或者职工的意见后,裁减人员方案经向劳动行政部门报告,可以裁减人员:

(一)依照企业破产法规定进行重整的;

(二)生产经营发生严重困难的;

(三)企业转产、重大技术革新或者经营方式调整,经变更劳动合同后,仍需裁减人员的;

(四)其他因劳动合同订立时所依据的客观经济情况发生重大变化,致使劳动合同无法履行的。

裁减人员时,应当优先留用下列人员:

(一)与本单位订立较长期限的固定期限劳动合同的;

(二)与本单位订立无固定期限劳动合同的;

(三)家庭无其他就业人员,有需要扶养的老人或者未成年人的。

用人单位依照本条第一款规定裁减人员,在六个月内重新招用人员的,应当通知被裁减的人员,并在同等条件下优先招用被裁减的人员。

实用问答

经济性裁员的程序是什么?

答:根据《企业经济性裁减人员规定》第4条的规定,用人单位确需裁减

人员,应按下列程序进行:(1)提前30日向工会或者全体职工说明情况,并提供有关生产经营状况的资料;(2)提出裁减人员方案,内容包括:被裁减人员名单,裁减时间及实施步骤,符合法律、法规规定和集体合同约定的被裁减人员经济补偿办法;(3)将裁减人员方案征求工会或者全体职工的意见,并对方案进行修改和完善;(4)向当地劳动行政部门报告裁减人员方案以及工会或者全体职工的意见,并听取劳动行政部门的意见;(5)由用人单位正式公布裁减人员方案,与被裁减人员办理解除劳动合同手续,按照有关规定向被裁减人员本人支付经济补偿金,出具裁减人员证明书。

条文参见

《劳动法》第27条;《劳务派遣暂行规定》第12条

第四十二条 【用人单位不得解除劳动合同的情形】

劳动者有下列情形之一的,用人单位不得依照本法第四十条、第四十一条的规定解除劳动合同:

(一)从事接触职业病危害作业的劳动者未进行离岗前职业健康检查,或者疑似职业病病人在诊断或者医学观察期间的;

(二)在本单位患职业病或者因工负伤并被确认丧失或者部分丧失劳动能力的;

(三)患病或者非因工负伤,在规定的医疗期内的;

(四)女职工在孕期、产期、哺乳期的;

(五)在本单位连续工作满十五年,且距法定退休年龄不足五年的;

(六)法律、行政法规规定的其他情形。

理解适用

[医疗期]

根据《企业职工患病或非因工负伤医疗期规定》的规定,所谓医疗期,是指企业职工因患病或非因工负伤停止工作治病休息不得解除劳动合同的时限。医疗期一般为3个月到24个月,以劳动者本人实际参加工作年限和在本单位工作年限为标准计算具体的医疗期。具体标准如下:(1)实际工作年限10年以下的,在本单位工作年限5年以下的为3个月;5年以上的为6个月。(2)实际工作年限10年以上的,在本单位工作年限5年以下的为6个月;5年以上10年以下的为9个月;10年以上15年以下的为12个月;15年以上20年以下的为18个月;20年以上的为24个月。

实用问答

1. 对从事接触职业病危害的作业的劳动者,用人单位在订立劳动合同时应注意什么?

答:根据《职业病防治法》第35、55条的规定,对从事接触职业病危害的作业的劳动者,用人单位应当按照国务院卫生行政部门的规定组织上岗前、在岗期间和离岗时的职业健康检查,并将检查结果书面告知劳动者。对未进行离岗前职业健康检查的劳动者不得解除或者终止与其订立的劳动合同。用人单位应当及时安排对疑似职业病病人进行诊断;在疑似职业病病人诊断或者医学观察期间,不得解除或者终止与其订立的劳动合同。

2. 女职工的产假天数如何计算?

答:根据国务院2012年公布的《女职工劳动保护特别规定》第7条的规定,女职工生育享受98天产假,其中产前可以休假15天;难产的,增加产假15天;生育多胞胎的,每多生育1个婴儿,增加产假15天。女职工怀孕未满4个月流产的,享受15天产假;怀孕满4个月流产的,享受42天产假。在上述期间内,用人单位不得解除劳动合同。

条文参见

《劳动法》第29条;《劳务派遣暂行规定》第13条

案例指引

包某某诉上海申美饮料食品有限公司劳动合同纠纷案(《最高人民法院公报》2016年第12期)

裁判要旨:劳动者仍在原工作场所、工作岗位工作,劳动合同主体由原用人单位变更为新用人单位的,应当认定属于"劳动者非因本人原因从原用人单位被安排到新用人单位工作",工作年限应当连续计算。劳动者用人单位发生变动,对于如何界定是否因劳动者本人原因,不应将举证责任简单地归于新用人单位,而应从该变动的原因着手,查清是哪一方主动引起了此次变动。劳务派遣公司亦不应成为工作年限连续计算的阻却因素。

第四十三条 【工会在劳动合同解除中的监督作用】

用人单位单方解除劳动合同,应当事先将理由通知工会。用人单位违反法律、行政法规规定或者劳动合同约定的,工会有权要求用人单位纠正。用人单位应当研究工会的意见,并将处理结果书面通知工会。

实用问答

建立了工会组织的用人单位解除劳动合同时未事先通知工会,可否认为用人单位违法解除劳动合同?

答:根据《最高人民法院关于审理劳动争议案件适用法律问题的解释(一)》第47条的规定,建立了工会组织的用人单位解除劳动合同符合《劳动合同法》第39、40条的规定,但未按照《劳动合同法》第43条的规定事先通知工会,劳动者以用人单位违法解除劳动合同为由请求用人单位支付赔偿金的,人民法院应予支持,但起诉前用人单位已经补正有关程序的除外。

条文参见

《劳动法》第30条;《工会法》第22条;《最高人民法院关于审理劳动争议案件适用法律问题的解释(一)》第47条

第四十四条 【劳动合同的终止】

有下列情形之一的,劳动合同终止:
(一)劳动合同期满的;
(二)劳动者开始依法享受基本养老保险待遇的;
(三)劳动者死亡,或者被人民法院宣告死亡或者宣告失踪的;
(四)用人单位被依法宣告破产的;
(五)用人单位被吊销营业执照、责令关闭、撤销或者用人单位决定提前解散的;
(六)法律、行政法规规定的其他情形。

理解适用

[劳动合同解除与劳动合同终止条件的区别]

在劳动法领域,劳动合同的解除与劳动合同的终止是两个不一样的概念,其区别在于:劳动合同的解除条件分为法定解除条件和约定解除条件,即在法定许可解除条件之外,劳动者和用人单位可以约定解除条件,只要该约定建立在双方平等自愿协商的基础上,就应视为合法。即使存在本法第42条规定的禁止解除劳动合同的情形,只要双方协商一致,仍然可以解除劳动合同。劳动合同的终止条件属于法定条件,用人单位和劳动者不得约定劳动合同的终止条件。

[宣告死亡和宣告失踪]

宣告死亡,是指自然人下落不明达到法定期限,经利害关系人申请,人民法院经过法定程序在法律上推定失踪人死亡的民事制度。宣告死亡必须具备法律规定的条件:(1)自然人下落不明的时间要达到法定的长度。下落不明,是指自然人持续不间断地没有音讯的状态。一般情况下,下落不明的时间要满4年。如果是因意外事件而下落不明,下落不明的时间要满2年。(2)必须要由利害关系人提出申请。(3)只能由人民法院经过法定程序,宣告自然人死亡。

宣告失踪,是指自然人下落不明达到法定的期限,经利害关系人申请,人民法院依照法定程序宣告其为失踪人的制度。宣告失踪的条件包含:(1)然人下落不明满2年。(2)利害关系人向人民法院申请。(3)由人民法院依据法定程序进行宣告。

[依法享受基本养老保险待遇]

我国劳动者开始依法享受基本养老保险待遇的条件大致有两个:一是劳动者已退休,二是个人缴费年限累计满15年或者个人缴费和视同缴费年限累计满15年。我国现在有正常退休、提前退休、内退等退休情况,本条并没有以退休为劳动合同终止的情形之一。

条文参见

《劳动法》第23条;《劳动合同法实施条例》第13、21条

第四十五条 【劳动合同的逾期终止】

劳动合同期满,有本法第四十二条规定情形之一的,劳动合同应当续延至相应的情形消失时终止。但是,本法第四十二条第二项规定丧失或者部分丧失劳动能力劳动者的劳动合同的终止,按照国家有关工伤保险的规定执行。

实用问答

丧失或部分丧失劳动能力劳动者的劳动合同的终止,按照国家有关工伤保险的规定,应如何处理?

答:根据《劳动合同法》第45条的规定,存在《劳动合同法》第42条规定的情形(用人单位不得解除劳动合同的6种情形)之一时,劳动合同期满,劳动合同并不立即终止,而是续延至相应的情形消失时终止。但是,在本单位患职业病或者因工负伤并被确认丧失或部分丧失劳动能力的,其劳动合同并不简单地遵循前述规则延期终止。结合《工伤保险条例》的相应规定,此类情形的处理规则是:(1)劳动者因工致残被鉴定为1至4级伤残的,保留劳动关系,退出工作岗位,无论其劳动能力是否恢复,用人单位都不得终止劳动合同,直至劳动者达到法定退休年龄。(2)劳动者因工致残被鉴定为5级、6级伤残的,经工伤劳动者提出,其可以与用人单位解除或者终止劳动关系;但如果工伤劳动者并未提出终止劳动合同,则劳动合同直至劳动者达到法定退休年龄时终止。(3)劳动者因工致残被鉴定为7至10级伤残的,劳动合同期满即可终止。当然,工伤劳动者也可以提出解除劳动合同。

第四十六条 【经济补偿】

有下列情形之一的,用人单位应当向劳动者支付经济补偿:

(一)劳动者依照本法第三十八条规定解除劳动合同的;

(二)用人单位依照本法第三十六条规定向劳动者提出解除劳动合同并与劳动者协商一致解除劳动合同的;

(三)用人单位依照本法第四十条规定解除劳动合同的;

(四)用人单位依照本法第四十一条第一款规定解除劳动合同的;

(五)除用人单位维持或者提高劳动合同约定条件续订劳动合同,劳动者不同意续订的情形外,依照本法第四十四条第一项规定终止固定期限劳动合同的;

(六)依照本法第四十四条第四项、第五项规定终止劳动合同的;

(七)法律、行政法规规定的其他情形。

> **实用问答**

除《劳动合同法》第 46 条规定的情况外，用人单位应向劳动者支付经济补偿的情形还有什么？

答：根据《最高人民法院关于审理劳动争议案件适用法律问题的解释（一）》第 48 条的规定，《劳动合同法》施行后，因用人单位经营期限届满不再继续经营导致劳动合同不能继续履行，劳动者请求用人单位支付经济补偿的，人民法院应予支持。

> **条文参见**

《劳动法》第 28 条；《劳动合同法实施条例》第 31 条；《最高人民法院关于审理劳动争议案件适用法律问题的解释（一）》第 41 条

第四十七条 【经济补偿的计算】

经济补偿按劳动者在本单位工作的年限，每满一年支付一个月工资的标准向劳动者支付。六个月以上不满一年的，按一年计算；不满六个月的，向劳动者支付半个月工资的经济补偿。

劳动者月工资高于用人单位所在直辖市、设区的市级人民政府公布的本地区上年度职工月平均工资三倍的，向其支付经济补偿的标准按职工月平均工资三倍的数额支付，向其支付经济补偿的年限最高不超过十二年。

本条所称月工资是指劳动者在劳动合同解除或者终止前十二个月的平均工资。

> **条文参见**

《劳动合同法实施条例》第 6、22、23、27、31 条；《最高人民法院关于审理劳动争议案件适用法律问题的解释（一）》第 41 条

第四十八条 【违法解除或者终止劳动合同的法律后果】

用人单位违反本法规定解除或者终止劳动合同，劳动者要求继续履行劳动合同的，用人单位应当继续履行；劳动者不要求继续履行劳动合同或者劳动合同已经不能继续履行的，用人单位应当依照本法第八十七条规定支付赔偿金。

> **理解适用**

［用人单位违反本法规定解除或终止劳动合同的情形］

用人单位违反本法规定解除或终止劳动合同的情形，主要是指用人单位违反本法第 36、39～42、44、45 条规定解除或终止劳动合同，具体包括用人单位解除或终止劳动合同不符合法定条件、解除或终止劳动合同时用人单位没有履行法定义务等情形。

［用人单位违反本法规定解除或终止劳动合同的法律后果］

用人单位违反本法规定解除或终止劳动合同的法律后果分为两种情况：（1）如果劳动者要求继续履行劳动合同，而用人单位也具备继续履行劳动合同条件的，应当继续履行。（2）如果劳动者不要求继续履行劳动合同，或者劳动者要求继续履行劳动合同而劳动合同已经不能继续履行的，用人单位应当按照本法第 87 条的规定向劳动者支付赔偿金，即依照本法第 47 条规定的经济补偿标准的 2 倍向劳动者支付赔偿金。

> **条文参见**

《劳动合同法实施条例》第 32 条；《劳务派遣暂行规定》第 21 条

第四十九条 【社会保险关系跨地区转移接续】

国家采取措施，建立健全劳动者社会保险关系跨地区转移接续制度。

> **条文参见**

《社会保险法》；《城镇企业职工基本养老保险关系转移接续暂行办法》；《流动就业人员基本医疗保障关系转移接续暂行办法》；《人力资源社会保障部关于城镇企业职工基本养老保险关系转移接续若干问题的通知》

第五十条 【劳动合同解除或者终止后双方的义务】

用人单位应当在解除或者终止劳动合同时出具解除或者终止劳动合同的证明，并在十五日内为劳动者办理档案和社会保险关系转移手续。

劳动者应当按照双方约定，办理工作交接。用人单位依照本法有关规定应当向劳动者支付经济补偿的，在办结工作交接时支付。

用人单位对已经解除或者终止的劳动合同的文本，至少保存二年备查。

第五章 特别规定

第一节 集体合同

第五十一条 【集体合同的订立和内容】

企业职工一方与用人单位通过平等协商，可以就劳动报酬、工作时间、休息休假、劳动安全卫生、保险福利等事项订立集体合同。集体合同草案应当提交职工代表大会或者全体职工讨论通过。

集体合同由工会代表企业职工一方与用人单位订立；尚未建立工会的用人单位，由上级工会指导劳动者推举的代表与用人单位订立。

理解适用

[集体合同]

集体合同，是指用人单位与本单位职工根据法律、法规、规章的规定，就劳动报酬、工作时间、休息休假、劳动安全卫生、职业培训、保险福利等事项，通过集体协商签订的书面协议。

[集体合同的订立程序]

集体合同的订立程序如下：(1)集体协商。基层工会或企业职工方代表与用人单位就劳动报酬、工作时间、休息休假、劳动安全卫生、保险福利等事项进行平等协商，形成集体合同草案。(2)讨论。集体合同草案应提交职工代表大会或全体职工讨论，职工代表大会或全体职工讨论集体合同草案，应有2/3以上的职工代表或职工出席，且必须经全体职工代表半数以上或者全体职工半数以上同意，该草案方获通过。(3)签字。集体合同草案获得通过后，由集体协商双方的首席代表签字。

条文参见

《劳动法》第33条;《工会法》第6、20条;《集体合同规定》第3、8条

第五十二条 【专项集体合同】

企业职工一方与用人单位可以订立劳动安全卫生、女职工权益保护、工资调整机制等专项集体合同。

理解适用

[专项集体合同的种类]

专项集体合同主要包括以下几种:(1)劳动安全卫生专项集体合同。该专项集体合同主要涉及劳动安全卫生责任制、劳动条件和安全技术措施、安全操作规程、劳保用品发放标准、定期健康检查和职业健康体检等内容。(2)女职工和未成年工权益保护专项集体合同。该专项集体合同主要涉及女职工和未成年工禁忌从事的劳动,女职工的经期、孕期、产期和哺乳期的劳动保护,女职工和未成年工定期健康检查,未成年工的使用和登记制度等内容。(3)工资调整机制专项集体合同。该专项集体合同主要涉及用人单位工资水平,工资分配制度,工资标准和工资分配形式,工资支付办法,加班加点工资及津贴、补贴标准和奖金分配办法,工资调整办法,试用期及病、事假等期间的工资待遇,特殊情况下职工工资(生活费)支付办法以及其他劳动报酬分配办法等内容。

条文参见

《集体合同规定》第3、8条;《工资集体协商试行办法》

第五十三条 【行业性集体合同、区域性集体合同】

在县级以下区域内,建筑业、采矿业、餐饮服务业等行业可以由工会与企业方面代表订立行业性集体合同,或者订立区域性集体合同。

理解适用

[开展区域性行业性集体协商的程序]

根据《关于开展区域性行业性集体协商工作的意见》的规定,开展区域

性行业性集体协商一般应按照以下程序进行：(1)一方协商代表应以书面形式向另一方提出协商要求，另一方应以书面形式回应。(2)双方协商代表在分别广泛征求职工和企业方的意见基础上，拟定集体协商议题。(3)召开集体协商会议，在协商一致的基础上形成集体合同草案。(4)集体合同草案要经区域职工代表大会或区域内企业的职工代表大会或职工大会审议通过，并经区域内企业主签字（或盖公章）确认后，由集体协商双方首席代表签字。(5)企业方协商代表将集体合同报送当地劳动保障行政部门审核备案。(6)劳动保障行政部门在收到文本之日起15日内未提出异议的，集体合同即行生效。(7)区域性行业性集体合同生效后，由企业方代表采取适当方式及时向全体职工公布。企业方代表向劳动保障行政部门报送集体合同时，除报送《劳动部关于加强集体合同审核管理工作的通知》规定的材料外，还须报送企业主对集体合同的签字确认件以及职工代表大会或职工大会审议通过的文件。

第五十四条 【集体合同的报送和生效】

集体合同订立后，应当报送劳动行政部门；劳动行政部门自收到集体合同文本之日起十五日内未提出异议的，集体合同即行生效。

依法订立的集体合同对用人单位和劳动者具有约束力。行业性、区域性集体合同对当地本行业、本区域的用人单位和劳动者具有约束力。

实用问答

集体合同如何审查？

答：根据《集体合同规定》第7条的规定，县级以上劳动保障行政部门对本行政区域内用人单位与本单位职工开展集体协商、签订、履行集体合同的情况进行监督，并负责审查集体合同或专项集体合同。《集体合同规定》第42条规定，集体合同或专项集体合同签订或变更后，应当自双方首席代表签字之日起10日内，由用人单位一方将文本一式三份报送劳动保障行政部门审查。劳动保障行政部门对报送的集体合同或专项集体合同应当办理登记手续。

条文参见

《劳动法》第34、35条;《集体合同规定》第6条

第五十五条 【集体合同中劳动报酬、劳动条件等标准的规定】

集体合同中劳动报酬和劳动条件等标准不得低于当地人民政府规定的最低标准;用人单位与劳动者订立的劳动合同中劳动报酬和劳动条件等标准不得低于集体合同规定的标准。

条文参见

《劳动法》第35条;《集体合同规定》第6条

第五十六条 【集体合同纠纷和法律救济】

用人单位违反集体合同,侵犯职工劳动权益的,工会可以依法要求用人单位承担责任;因履行集体合同发生争议,经协商解决不成的,工会可以依法申请仲裁、提起诉讼。

实用问答

因履行集体合同发生争议,工会代表如何帮助劳动者维权?

答:根据《劳动合同法》第56条及《工会法》第21条第4款的规定,企业、事业单位、社会组织违反集体合同,侵犯职工劳动权益的,工会可以依法要求企业、事业单位、社会组织予以改正并承担责任;因履行集体合同发生争议,经协商解决不成的,工会可以向劳动争议仲裁机构提请仲裁,仲裁机构不予受理或者对仲裁裁决不服的,可以向人民法院提起诉讼。也就是说,当用人单位存在违反集体合同的行为,或者用人单位与劳动者在履行集体合同过程中产生争议时,可由工会代表劳动者维权。

条文参见

《工会法》第21条;《集体合同规定》第55条

第二节　劳务派遣

第五十七条　【经营劳务派遣业务的条件】

经营劳务派遣业务应当具备下列条件：
(一)注册资本不得少于人民币二百万元；
(二)有与开展业务相适应的固定的经营场所和设施；
(三)有符合法律、行政法规规定的劳务派遣管理制度；
(四)法律、行政法规规定的其他条件。
经营劳务派遣业务，应当向劳动行政部门依法申请行政许可；经许可，依法办理相应的公司登记。未经许可，任何单位和个人不得经营劳务派遣业务。

理解适用

[劳务派遣]

劳务派遣，是指用人单位以经营方式将招用的劳动者派遣至其他用人单位，由后者直接对劳动者的劳动过程进行管理的一种用工形式。用人单位将业务发包给承包单位，但对从事该业务的承包单位劳动者的劳动过程直接进行管理的，属于劳务派遣用工。劳务派遣最大的特点是劳动力雇用和使用相分离。

实用问答

经营劳务派遣业务向什么单位申请？需要具备什么条件？

答：根据《劳务派遣行政许可实施办法》第6条的规定，经营劳务派遣业务，应当向所在地有许可管辖权的人力资源社会保障行政部门依法申请行政许可。未经许可，任何单位和个人不得经营劳务派遣业务。《劳务派遣行政许可实施办法》第7条规定，申请经营劳务派遣业务应当具备下列条件：(1)注册资本不得少于人民币200万元；(2)有与开展业务相适应的固定的经营场所和设施；(3)有符合法律、行政法规规定的劳务派遣管理制度；(4)法律、行政法规规定的其他条件。

条文参见

《劳务派遣行政许可实施办法》第 6~8 条

第五十八条 【劳务派遣单位、用工单位及劳动者的权利义务】

劳务派遣单位是本法所称用人单位,应当履行用人单位对劳动者的义务。劳务派遣单位与被派遣劳动者订立的劳动合同,除应当载明本法第十七条规定的事项外,还应当载明被派遣劳动者的用工单位以及派遣期限、工作岗位等情况。

劳务派遣单位应当与被派遣劳动者订立二年以上的固定期限劳动合同,按月支付劳动报酬;被派遣劳动者在无工作期间,劳务派遣单位应当按照所在地人民政府规定的最低工资标准,向其按月支付报酬。

条文参见

《劳务派遣暂行规定》第 8 条

第五十九条 【劳务派遣协议】

劳务派遣单位派遣劳动者应当与接受以劳务派遣形式用工的单位(以下称用工单位)订立劳务派遣协议。劳务派遣协议应当约定派遣岗位和人员数量、派遣期限、劳动报酬和社会保险费的数额与支付方式以及违反协议的责任。

用工单位应当根据工作岗位的实际需要与劳务派遣单位确定派遣期限,不得将连续用工期限分割订立数个短期劳务派遣协议。

理解适用

[劳务派遣协议应当载明的内容]

《劳务派遣暂行规定》明确了劳务派遣协议应当载明的内容:(1)派遣的工作岗位名称和岗位性质;(2)工作地点;(3)派遣人员数量和派遣期限;(4)按照同工同酬原则确定的劳动报酬数额和支付方式;(5)社会保险费的数额和支付方式;(6)工作时间和休息休假事项;(7)被派遣劳动者工伤、生育或者患病期间的相关待遇;(8)劳动安全卫生以及培训事项;(9)经济补偿等费用;(10)劳务派遣协议期限;(11)劳务派遣服务费的支付方式和标准;

(12)违反劳务派遣协议的责任;(13)法律、法规、规章规定应当纳入劳务派遣协议的其他事项。

▍条文参见

《劳务派遣暂行规定》第7条

▍案例指引

盛通劳务公司诉奎冠电子公司要求分担派遣员工工伤保险待遇损失纠纷案(《江苏省高级人民法院公报》2014年第3期)

裁判摘要：因未依法为被派遣员工缴纳社保，被派遣员工因公受伤产生的工伤保险待遇损失，应由劳务派遣单位与用工单位承担连带赔偿责任。劳务派遣单位向被派遣劳动者实际支付全部赔偿费用后，有权向用工单位提起追偿之诉，追偿比例应当根据双方的责任大小予以确定。虽然派遣协议约定因未及时为派遣员工缴纳社保造成的损失由劳务派遣公司承担，但是考虑到用工单位是实际用工者，亦是劳动者付出劳动的主要受益者，对被派遣员工负有保障其劳动安全的法定义务，其对损害的发生具有法律上的责任，其应当分担损害赔偿数额。

第六十条 【劳务派遣单位的告知义务】

劳务派遣单位应当将劳务派遣协议的内容告知被派遣劳动者。

劳务派遣单位不得克扣用工单位按照劳务派遣协议支付给被派遣劳动者的劳动报酬。

劳务派遣单位和用工单位不得向被派遣劳动者收取费用。

▍条文参见

《劳务派遣暂行规定》第8条

第六十一条 【跨地区派遣劳动者的劳动报酬、劳动条件】

劳务派遣单位跨地区派遣劳动者的，被派遣劳动者享有的劳动报酬和劳动条件，按照用工单位所在地的标准执行。

> 实用问答

跨地区劳务派遣以及在分支机构工作的被派遣劳动者的社会保险问题如何处理？

答：《劳务派遣暂行规定》第18、19条解决的是跨地区劳务派遣以及在分支机构工作的被派遣劳动者的社会保险问题。为防止劳务派遣单位侵害被派遣劳动者的合法权益，实现跨地区被派遣劳动者与用工单位劳动者的"同工同保"，该规定第18、19条明确了跨地区派遣劳动者的缴费主体、参保地区和缴费标准。(1)缴费主体是劳务派遣单位。劳务派遣单位与用工单位不在同一个地区的情况下，如果劳务派遣单位在用工单位有分支机构，由分支机构为派遣劳动者办理参保手续并缴纳社会保险费；如果劳务派遣单位在用工单位没有分支机构，则由用工单位代为办理参保手续并缴费。(2)参保地区是用工单位所在地，缴费标准适用用工单位所在地的规定。根据《城镇企业职工基本养老保险关系转移接续暂行办法》以及《流动就业人员基本医疗保障关系转移接续暂行办法》的规定，被派遣劳动者跨地区就业，其基本养老保险和基本医疗保险可办理转移接续手续。

> 条文参见

《劳务派遣暂行规定》第18、19条

第六十二条 【用工单位的义务】

用工单位应当履行下列义务：
(一)执行国家劳动标准，提供相应的劳动条件和劳动保护；
(二)告知被派遣劳动者的工作要求和劳动报酬；
(三)支付加班费、绩效奖金，提供与工作岗位相关的福利待遇；
(四)对在岗被派遣劳动者进行工作岗位所必需的培训；
(五)连续用工的，实行正常的工资调整机制。
用工单位不得将被派遣劳动者再派遣到其他用人单位。

> 条文参见

《劳动合同法实施条例》第29条；《劳务派遣暂行规定》第9条

第六十三条 【被派遣劳动者同工同酬】

被派遣劳动者享有与用工单位的劳动者同工同酬的权利。用工单位应当按照同工同酬原则,对被派遣劳动者与本单位同类岗位的劳动者实行相同的劳动报酬分配办法。用工单位无同类岗位劳动者的,参照用工单位所在地相同或者相近岗位劳动者的劳动报酬确定。

劳务派遣单位与被派遣劳动者订立的劳动合同和与用工单位订立的劳务派遣协议,载明或者约定的向被派遣劳动者支付的劳动报酬应当符合前款规定。

实用问答

2012年《劳动合同法》修改前订立的劳动合同和劳务派遣协议履行期届满,内容不符合同工同酬原则,应如何处理?

答:《全国人民代表大会常务委员会关于修改〈中华人民共和国劳动合同法〉的决定》规定,该决定公布前(2012年12月28日前)已依法订立的劳动合同和劳务派遣协议继续履行至期限届满,但是劳动合同和劳务派遣协议的内容不符合该决定关于按照同工同酬原则实行相同的劳动报酬分配办法的规定的,应当依照该决定进行调整。

第六十四条 【被派遣劳动者参加或者组织工会】

被派遣劳动者有权在劳务派遣单位或者用工单位依法参加或者组织工会,维护自身的合法权益。

条文参见

《工会法》第6条

第六十五条 【劳务派遣中解除劳动合同】

被派遣劳动者可以依照本法第三十六条、第三十八条的规定与劳务派遣单位解除劳动合同。

被派遣劳动者有本法第三十九条和第四十条第一项、第二项规定情形的,用工单位可以将劳动者退回劳务派遣单位,劳务派遣单位依照本法有关规定,可以与劳动者解除劳动合同。

条文参见

《劳务派遣暂行规定》第11、14、15条

第六十六条 【劳务派遣的适用岗位】

劳动合同用工是我国的企业基本用工形式。劳务派遣用工是补充形式,只能在临时性、辅助性或者替代性的工作岗位上实施。

前款规定的临时性工作岗位是指存续时间不超过六个月的岗位;辅助性工作岗位是指为主营业务岗位提供服务的非主营业务岗位;替代性工作岗位是指用工单位的劳动者因脱产学习、休假等原因无法工作的一定期间内,可以由其他劳动者替代工作的岗位。

用工单位应当严格控制劳务派遣用工数量,不得超过其用工总量的一定比例,具体比例由国务院劳动行政部门规定。

实用问答

用工单位使用劳务派遣用工的数量有何限制?

答:根据《劳务派遣暂行规定》第4条的规定,用工单位应当严格控制劳务派遣用工数量,使用的被派遣劳动者数量不得超过其用工总量的10%。上述所称用工总量是指用工单位订立劳动合同人数与使用的被派遣劳动者人数之和。计算劳务派遣用工比例的用工单位是指依照《劳动合同法》和《劳动合同法实施条例》可以与劳动者订立劳动合同的用人单位。

条文参见

《劳务派遣暂行规定》第3、4条

第六十七条 【用人单位不得自设劳务派遣单位】

用人单位不得设立劳务派遣单位向本单位或者所属单位派遣劳动者。

理解适用

[不认定为劳务派遣的情形]

(1)用人单位将本单位劳动者派往境外工作的,不认定为劳务派遣。这

种情况与涉外派遣容易混淆。涉外派遣的劳务派遣单位必须具有法定劳务派遣机构资质，与境外用工单位签订了劳务派遣协议，且与被派遣劳动者签订了劳动合同。用人单位将劳动者派往境外工作，劳动关系和雇主义务都没有发生根本性的改变，只是工作地点、工作岗位等劳动条件发生了改变。(2)用人单位将本单位劳动者派往家庭、自然人处提供劳动的，因为家庭和自然人不能构成劳务派遣中的用工单位一方，故不认定为劳务派遣。值得注意的是，用人单位将业务发包给承包单位，但对从事该业务的承包单位劳动者的劳动过程直接进行管理的，属于劳务派遣用工，这是一种特殊的认定为劳务派遣的情形。即只要劳动者的劳动过程直接由用人单位管理，劳动者与发包单位和承包单位之间的法律关系就不是承揽、加工关系，而是劳务派遣。

条文参见

《劳动合同法实施条例》第28条

第三节 非全日制用工

第六十八条 【非全日制用工的概念】

非全日制用工，是指以小时计酬为主，劳动者在同一用人单位一般平均每日工作时间不超过四小时，每周工作时间累计不超过二十四小时的用工形式。

条文参见

《劳动合同法实施条例》第30条

第六十九条 【非全日制用工的劳动合同】

非全日制用工双方当事人可以订立口头协议。

从事非全日制用工的劳动者可以与一个或者一个以上用人单位订立劳动合同；但是，后订立的劳动合同不得影响先订立的劳动合同的履行。

> 理解适用

[非全日制用工和全日制用工的区别]

非全日制用工不同于全日制用工的显著区别之一是非全日制用工可以有双重或者多重劳动关系，即从事非全日制用工的劳动者可以兼职。所以非全日制用工既不适用《劳动合同法》第91条的规定，也不适用《劳动法》第99条的规定。

第七十条 【非全日制用工不得约定试用期】

非全日制用工双方当事人不得约定试用期。

第七十一条 【非全日制用工的终止用工】

非全日制用工双方当事人任何一方都可以随时通知对方终止用工。终止用工，用人单位不向劳动者支付经济补偿。

第七十二条 【非全日制用工的劳动报酬】

非全日制用工小时计酬标准不得低于用人单位所在地人民政府规定的最低小时工资标准。

非全日制用工劳动报酬结算支付周期最长不得超过十五日。

第六章 监督检查

第七十三条 【劳动合同制度的监督管理体制】

国务院劳动行政部门负责全国劳动合同制度实施的监督管理。

县级以上地方人民政府劳动行政部门负责本行政区域内劳动合同制度实施的监督管理。

县级以上各级人民政府劳动行政部门在劳动合同制度实施的监督管理工作中，应当听取工会、企业方面代表以及有关行业主管部门的意见。

理解适用

[人力资源和社会保障部的主要职责、管辖原则]

人力资源和社会保障部是统一主管全国劳动工作的机构,其主要职责包括起草人力资源和社会保障法律法规草案,制定部门规章,并组织实施;统筹拟订劳动人事争议调解仲裁制度和劳动关系政策,完善劳动关系协商协调机制,拟订消除非法使用童工政策和女工、未成年工特殊劳动保护政策,组织实施劳动保障监察,协调劳动者维权工作,依法查处重大案件等。人力资源和社会保障部对劳动合同制度实施的监督管理是普遍管辖。

条文参见

《劳动法》第85条

第七十四条 【劳动行政部门监督检查事项】

县级以上地方人民政府劳动行政部门依法对下列实施劳动合同制度的情况进行监督检查:

(一)用人单位制定直接涉及劳动者切身利益的规章制度及其执行的情况;

(二)用人单位与劳动者订立和解除劳动合同的情况;

(三)劳务派遣单位和用工单位遵守劳务派遣有关规定的情况;

(四)用人单位遵守国家关于劳动者工作时间和休息休假规定的情况;

(五)用人单位支付劳动合同约定的劳动报酬和执行最低工资标准的情况;

(六)用人单位参加各项社会保险和缴纳社会保险费的情况;

(七)法律、法规规定的其他劳动监察事项。

实用问答

劳动保障行政部门对实施劳动合同制度的情况进行的监督检查,主要涉及哪些内容?

答:结合《劳动合同法》第74条和《劳动保障监察条例》第11条的规定,劳动保障行政部门对实施劳动合同制度的情况进行监督检查,主要涉及以下内容:(1)用人单位制定的内部劳动保障规章制度及执行是否合法;(2)用人单位与劳动者订立和解除劳动合同是否合法;(3)劳务派遣单位和用工单位是否遵守劳务派遣有关规定;(4)用人单位是否遵守国家关于劳动者工作时间和休息休假的规定;(5)用人单位是否按照劳动合同约定及时足额向劳动者支付劳动报酬,用人单位支付的劳动报酬是否低于法定的最低工资标准;(6)用人单位是否依法参加各项社会保险,是否依法为劳动者缴纳社会保险费;(7)用人单位是否遵守女职工和未成年工特殊劳动保护规定;(8)法律、法规规定的其他劳动保障监察事项。

条文参见

《劳动保障监察条例》第11条

第七十五条 【监督检查措施和文明执法】

县级以上地方人民政府劳动行政部门实施监督检查时,有权查阅与劳动合同、集体合同有关的材料,有权对劳动场所进行实地检查,用人单位和劳动者都应当如实提供有关情况和材料。

劳动行政部门的工作人员进行监督检查,应当出示证件,依法行使职权,文明执法。

理解适用

[劳动行政部门实施监督检查时有权采取的措施]

结合《劳动保障监察条例》的规定,劳动行政部门实施监督检查时,有权采取下列措施:(1)进入用人单位的劳动场所进行实地检查;(2)要求用人单位和劳动者提供与劳动合同、集体合同有关的文件资料,并作出解释和说明;(3)就劳动合同和集体合同的实施情况询问有关人员;(4)采取记录、录音、录像、照相或者复制等方式收集有关情况和资料;(5)委托会计师事务所对用人单位工资支付、缴纳社会保险费的情况进行审计;(6)法律、法规规定可以由劳动行政部门采取的其他调查、检查措施。

条文参见

《劳动法》第86条

第七十六条 【其他有关主管部门的监督管理】

县级以上人民政府建设、卫生、安全生产监督管理等有关主管部门在各自职责范围内,对用人单位执行劳动合同制度的情况进行监督管理。

条文参见

《建筑法》;《职业病防治法》;《安全生产法》;《矿山安全法》

第七十七条 【劳动者权益的救济途径】

劳动者合法权益受到侵害的,有权要求有关部门依法处理,或者依法申请仲裁、提起诉讼。

理解适用

[劳动者权利救济途径]

劳动者认为用人单位侵害了自己的合法权益时,有以下几种权利救济途径:(1)向县级以上劳动行政部门或建设、卫生、安全生产监督管理等有关主管部门举报或投诉。(2)向劳动争议调解机构申请调解。一般来说,在劳动争议发生后,当事人应当协商解决;如果当事人不愿协商或者协商不成的,可以向本单位劳动争议调解委员会申请调解。(3)向劳动争议仲裁委员会申请仲裁。自劳动争议调解委员会收到调解申请之日起15日内未达成调解协议的,当事人可以依法申请劳动争议仲裁;或者经调解达成调解协议后,一方当事人在约定期限内不履行调解协议的,另一方当事人可以依法申请劳动争议仲裁。但调解并非仲裁的前置程序,即劳动者(或用人单位)可以直接申请劳动争议仲裁。劳动争议仲裁由劳动合同履行地或用人单位所在地的劳动争议仲裁委员会管辖,如果双方当事人分别向劳动合同履行地和用人单位所在地的劳动争议仲裁委员会申请仲裁,由劳动合同履行地的劳动争议仲裁委员会管辖。(4)向人民法院提起诉讼。劳动争议仲裁是劳动争议诉讼的前置程序,即未经劳动争议仲裁,劳动争议当事人不得直接向人民法院起诉;经过劳动争议仲裁,当事人对劳动争议仲裁裁决不服的,在收到裁决书之日起15日内,可以向人民法院提起诉讼。

条文参见

《劳动保障监察条例》第 9 条;《劳动争议调解仲裁法》第 10、14、15、21、48、50 条

第七十八条 【工会的监督权】

工会依法维护劳动者的合法权益,对用人单位履行劳动合同、集体合同的情况进行监督。用人单位违反劳动法律、法规和劳动合同、集体合同的,工会有权提出意见或者要求纠正;劳动者申请仲裁、提起诉讼的,工会依法给予支持和帮助。

条文参见

《劳动法》第 88 条

第七十九条 【对违法行为的举报】

任何组织或者个人对违反本法的行为都有权举报,县级以上人民政府劳动行政部门应当及时核实、处理,并对举报有功人员给予奖励。

实用问答

劳动行政部门如何处理组织或个人对违法行为的举报?

答:任何组织和个人都有权对用人单位在用工过程中存在的违反劳动法律、法规的行为进行举报。劳动行政部门应当设立举报、投诉信箱,公开举报、投诉电话,并尽快依法立案查处举报和投诉反映的违法行为。劳动行政部门对违法行为的调查,应当自立案之日起 60 个工作日内完成;情况复杂的,经劳动行政部门负责人批准,可以延长 30 个工作日。

第七章　法　律　责　任

第八十条　【规章制度违法的法律责任】

用人单位直接涉及劳动者切身利益的规章制度违反法律、法规规定的,由劳动行政部门责令改正,给予警告;给劳动者造成损害的,应当承担赔偿责任。

实用问答

用人单位直接涉及劳动者切身利益的规章制度不符合法律、法规规定的,劳动者可以不遵守吗?

答:用人单位制定直接涉及劳动者切身利益的规章制度无论是实体不合法还是程序不合法,劳动者都可以不予遵守,并且可以向劳动行政部门举报或投诉。用人单位因此所需承担的法律责任是:(1)由劳动行政部门责令改正,并给予用人单位警告的行政处罚;(2)如果用人单位的规章制度给劳动者造成人身伤害或财产损失,用人单位应当承担民事赔偿责任,赔偿范围包括物质赔偿及精神损害赔偿。

条文参见

《劳动法》第89条

第八十一条　【缺乏必备条款、不提供劳动合同文本的法律责任】

用人单位提供的劳动合同文本未载明本法规定的劳动合同必备条款或者用人单位未将劳动合同文本交付劳动者的,由劳动行政部门责令改正;给劳动者造成损害的,应当承担赔偿责任。

实用问答

如果用人单位提供的劳动合同文本中缺少必备条款,用人单位需承担什么法律责任?

答:如果用人单位提供的劳动合同文本中缺少《劳动合同法》第17条第1款规定的劳动合同必备条款中任何一项,则用人单位需承担的法律责任是：(1)由劳动行政部门责令改正，即依法补充劳动合同条款；(2)如果因劳动合同文本缺乏必备条款，导致劳动合同部分无效，给劳动者造成损害的，用人单位应当承担赔偿责任。至于具体赔偿标准，《劳动合同法》未作明确规定。根据劳动部于1995年5月10日发布的《违反〈劳动法〉有关劳动合同规定的赔偿办法》的规定，由于用人单位的原因订立无效或部分无效劳动合同，造成劳动者工资收入损失，按劳动者本人应得工资收入支付给劳动者，并加付应得工资收入25%的赔偿费用；造成劳动者劳动保护待遇损失的，应按国家规定补足劳动者的劳动保护津贴和用品；造成劳动者工伤、医疗待遇损失的，除按国家规定为劳动者提供工伤、医疗待遇外，还应支付劳动者相当于医疗费用25%的赔偿费用；造成女职工和未成年工身体健康损害的，除按国家规定提供治疗期间的医疗待遇外，还应支付相当于医疗费用25%的赔偿费用。

案例指引

北京新航标文化发展有限公司与左某平劳动争议案［北京市海淀区人民法院(2015)海民初字第00312号民事判决书］

裁判要旨：劳动合同的认定，不应局限于双方签订合同文本的形式或名目，而应侧重于是否包含劳动关系权利义务内容的相关要件；内容上已经具备劳动合同相关要件但合同条款不完备的试岗书具有劳动合同的性质，应视为有瑕疵的劳动合同而非无劳动合同，故用人单位无须支付未签订书面劳动合同的2倍工资差额。

第八十二条 【不订立书面劳动合同的法律责任】

用人单位自用工之日起超过一个月不满一年未与劳动者订立书面劳动合同的，应当向劳动者每月支付二倍的工资。

用人单位违反本法规定不与劳动者订立无固定期限劳动合同的，自应当订立无固定期限劳动合同之日起向劳动者每月支付二倍的工资。

理解适用

[用人单位不订立书面劳动合同的法律责任]

用人单位应当自用工之日起1个月内与劳动者订立书面劳动合同。如果超过1个月不满1年未与劳动者订立书面劳动合同的，自用工之日起满1

个月的次日,应当向劳动者每月支付2倍的工资,并与劳动者补订书面劳动合同。从补订书面劳动合同的当日起,用人单位无须再向劳动者每月支付2倍的工资。

用人单位自用工之日起满1年未与劳动者订立书面劳动合同的,自用工之日起满1个月的次日至满1年的前一日,应当向劳动者每月支付2倍的工资,并视为自用工之日起满1年的当日已经与劳动者订立无固定期限劳动合同,并立即与劳动者补订书面劳动合同。

条文参见

《劳动法》第98条;《劳动合同法实施条例》第6、7条;《最高人民法院关于审理涉船员纠纷案件若干问题的规定》第8条

案例指引

刘某与某美容公司劳动合同纠纷案[菏泽市中级人民法院(2022)鲁17民终3174号民事判决书]

裁判要旨:《劳动合同法》中"二倍工资"的立法目的在于引导用人单位积极与劳动者签订劳动合同,明确双方之间的权利义务,为劳动者维权提供便利,以实现劳动用工关系的规范有序、和谐稳定。但对于具有人事管理权限的公司高管而言,其是劳动者中的特殊群体,既熟知劳动法律规范,又负有督导公司与劳动者签订劳动合同的职责,因此,此类高管人员请求用人单位支付未签订书面劳动合同二倍工资的,不予支持,但有证据证明其提出与用人单位订立劳动合同而被拒绝的除外。

第八十三条 【违法约定试用期的法律责任】

用人单位违反本法规定与劳动者约定试用期的,由劳动行政部门责令改正;违法约定的试用期已经履行的,由用人单位以劳动者试用期满月工资为标准,按已经履行的超过法定试用期的期间向劳动者支付赔偿金。

理解适用

[试用期应当遵循的规则]

(1)用人单位不得与非全日制用工的劳动者约定试用期。(2)用人单位

与全日制用工的劳动者约定试用期不得超过法定期限,即劳动合同期限3个月以上不满1年的,试用期不得超过1个月;劳动合同期限1年以上不满3年的,试用期不得超过2个月;3年以上固定期限和无固定期限的劳动合同,试用期不得超过6个月。(3)以完成一定工作任务为期限的劳动合同或者劳动合同期限不满3个月的,不得约定试用期。(4)同一用人单位与同一劳动者只能约定一次试用期。(5)没有约定劳动合同期限,只约定试用期的,试用期即为劳动合同期限。

条文参见

《劳务派遣暂行规定》第23条

第八十四条 【扣押劳动者身份证等证件的法律责任】

用人单位违反本法规定,扣押劳动者居民身份证等证件的,由劳动行政部门责令限期退还劳动者本人,并依照有关法律规定给予处罚。

用人单位违反本法规定,以担保或者其他名义向劳动者收取财物的,由劳动行政部门责令限期退还劳动者本人,并以每人五百元以上二千元以下的标准处以罚款;给劳动者造成损害的,应当承担赔偿责任。

劳动者依法解除或者终止劳动合同,用人单位扣押劳动者档案或者其他物品的,依照前款规定处罚。

条文参见

《就业服务与就业管理规定》第67条

第八十五条 【未依法支付劳动报酬、经济补偿等的法律责任】

用人单位有下列情形之一的,由劳动行政部门责令限期支付劳动报酬、加班费或者经济补偿;劳动报酬低于当地最低工资标准的,应当支付其差额部分;逾期不支付的,责令用人单位按应付金额百分之五十以上百分之一百以下的标准向劳动者加付赔偿金:

(一)未按照劳动合同的约定或者国家规定及时足额支付劳动者劳动报酬的;

(二)低于当地最低工资标准支付劳动者工资的;
(三)安排加班不支付加班费的;
(四)解除或者终止劳动合同,未依照本法规定向劳动者支付经济补偿的。

条文参见

《劳动法》第44、48、50、51条;《最高人民法院关于审理劳动争议案件适用法律问题的解释(一)》第1条

案例指引

胡某金拒不支付劳动报酬案(最高人民法院指导案例28号)

裁判要旨:(1)不具备用工主体资格的单位或者个人(包工头),违法用工且拒不支付劳动者报酬,数额较大,经政府有关部门责令支付仍不支付的,应当以拒不支付劳动报酬罪追究刑事责任。(2)不具备用工主体资格的单位或者个人(包工头)拒不支付劳动报酬,即使其他单位或者个人在刑事立案前为其垫付了劳动报酬的,也不影响追究该用工单位或者个人(包工头)拒不支付劳动报酬罪的刑事责任。

第八十六条 【订立无效劳动合同的法律责任】

劳动合同依照本法第二十六条规定被确认无效,给对方造成损害的,有过错的一方应当承担赔偿责任。

条文参见

《劳动法》第102条

第八十七条 【违法解除或者终止劳动合同的法律责任】

用人单位违反本法规定解除或者终止劳动合同的,应当依照本法第四十七条规定的经济补偿标准的二倍向劳动者支付赔偿金。

> 实用问答

1. 如果用人单位解除或终止劳动合同存在违反《劳动合同法》的行为，劳动者的救济途径有哪些？

答：用人单位解除或终止劳动合同，必须遵守《劳动合同法》第36、39~45条的相关规定。如果用人单位解除或终止劳动合同存在违反《劳动合同法》的行为，劳动者可以依据法律规定的两种途径进行救济：（1）如果劳动者要求继续履行劳动合同，而用人单位具备继续履行的条件也同意继续履行的，则可以不向劳动者支付赔偿金；（2）如果劳动者不要求继续履行劳动合同，或者用人单位不具备继续履行的条件，则应当依照《劳动合同法》第47条规定的经济补偿标准的2倍向劳动者支付赔偿金。

2. 赔偿金与经济补偿金能否并用？

答：根据《劳动合同法实施条例》第25条的规定，用人单位违反《劳动合同法》的规定解除或者终止劳动合同，依照《劳动合同法》第87条的规定支付了赔偿金的，不再支付经济补偿。赔偿金的计算年限自用工之日起计算。

> 条文参见

《劳务派遣暂行规定》第21条

> 案例指引

张某翔与耐克森（阳谷）新日辉电缆有限公司劳动争议案［山东省聊城市中级人民法院(2016)鲁15民终1040号民事判决书］

裁判摘要： 经济补偿金与赔偿金的区别在于，经济补偿金是用人单位依照法定条件解除或终止劳动合同，以及劳动者依法解除或终止劳动合同时，用人单位向劳动者支付的具有社会保障性质的补偿金；赔偿金是用人单位违法解除或终止劳动合同时，向劳动者支付的具有惩罚性质的赔偿。用人单位违法解除或终止劳动合同，应当依照《劳动合同法》第87条的规定，向劳动者支付赔偿金，已经支付了赔偿金的，不再支付经济补偿金。

第八十八条 【侵害劳动者人身权益的法律责任】

用人单位有下列情形之一的,依法给予行政处罚;构成犯罪的,依法追究刑事责任;给劳动者造成损害的,应当承担赔偿责任:

(一)以暴力、威胁或者非法限制人身自由的手段强迫劳动的;
(二)违章指挥或者强令冒险作业危及劳动者人身安全的;
(三)侮辱、体罚、殴打、非法搜查或者拘禁劳动者的;
(四)劳动条件恶劣、环境污染严重,给劳动者身心健康造成严重损害的。

实用问答

用人单位有《劳动合同法》第88条有关的情形,需承担哪些责任?

答:存在《劳动合同法》第88条规定的这几种情形,需要按情节承担以下三种法律责任:(1)行政责任。如《治安管理处罚法》第47、50、51条规定的行政责任。(2)刑事责任。如《刑法》第134、135、238、244条规定的刑事责任。(3)民事责任。用人单位违法解除或终止劳动合同,给劳动者造成损害的,应当承担民事损害赔偿责任。

第八十九条 【不出具解除、终止书面证明的法律责任】

用人单位违反本法规定未向劳动者出具解除或者终止劳动合同的书面证明,由劳动行政部门责令改正;给劳动者造成损害的,应当承担赔偿责任。

第九十条 【劳动者的赔偿责任】

劳动者违反本法规定解除劳动合同,或者违反劳动合同中约定的保密义务或者竞业限制,给用人单位造成损失的,应当承担赔偿责任。

实用问答

1.《劳动合同法》第90条中规定的"劳动者违反本法规定解除劳动合同"是指什么?

答:这里指的是劳动者违反《劳动合同法》第37、38条的规定解除劳动合同,即用人单位不存在过错情形时,劳动者没有提前30天(试用期内没有提前3天)以书面形式通知用人单位即解除劳动合同。劳动者违法解除劳动合同,给用人单位造成损失的,应当赔偿用人单位下列损失:用人单位招录其所支付的费用,用人单位为其支付的专项培训费用(双方另有约定的从其约定),对生产、经营和工作造成的直接经济损失,劳动合同约定的其他赔偿项目。

2.劳动者违反劳动合同约定的保密义务或竞业限制,给用人单位造成的损失难以计算的,应如何处理?

答:根据《反不正当竞争法》第22条的规定,如果用人单位的损失难以计算的,赔偿额为因被侵权所受到的实际损失或侵权人在侵权期间因侵权所获得的利益,以及被侵害的经营者因调查该经营者侵害其合法权益的不正当竞争行为所支付的合理费用。

条文参见

《人力资源社会保障部、最高人民法院关于劳动人事争议仲裁与诉讼衔接有关问题的意见(一)》第3条

第九十一条 【用人单位的连带赔偿责任】

用人单位招用与其他用人单位尚未解除或者终止劳动合同的劳动者,给其他用人单位造成损失的,应当承担连带赔偿责任。

理解适用

[用人单位承担本条连带赔偿责任的条件]

(1)用人单位有招用与其他用人单位尚未解除或者终止劳动合同的劳动者的行为;(2)用人单位的该行为给其他用人单位造成了损失;(3)该行为与其他用人单位的损失之间存在因果关系。同时具备上述三个要件时,其他用人单位可以任意选择该用人单位或者劳动者承担赔偿责任,也可以同时请求该用人单位和劳动者承担连带赔偿责任。

实用问答

用人单位招用尚未解除劳动合同的劳动者,原用人单位与劳动者发生劳动争议时,如何列被告?

答:《最高人民法院关于审理劳动争议案件适用法律问题的解释(一)》第

27条规定,用人单位招用尚未解除劳动合同的劳动者,原用人单位与劳动者发生的劳动争议,可以列新的用人单位为第三人。原用人单位以新的用人单位侵权为由提起诉讼的,可以列劳动者为第三人。原用人单位以新的用人单位和劳动者共同侵权为由提起诉讼的,新的用人单位和劳动者列为共同被告。

案例指引

南通喜力商贸有限公司与顾某涛劳动合同纠纷案[江苏省南通市中级人民法院(2014)通中民终字第0306号民事判决书]

裁判摘要: 用人单位招用与其他用人单位尚未解除或者终止劳动合同的劳动者,给其他用人单位造成损失的,应当承担连带赔偿责任。故用人单位在解除劳动合同时应当出具解除劳动合同的证明,用人单位违反规定未向劳动者出具解除劳动合同的书面证明,给劳动者造成损害的,应当赔偿由此产生的损失。

第九十二条 【劳务派遣单位、用工单位的法律责任】

违反本法规定,未经许可,擅自经营劳务派遣业务的,由劳动行政部门责令停止违法行为,没收违法所得,并处违法所得一倍以上五倍以下的罚款;没有违法所得的,可以处五万元以下的罚款。

劳务派遣单位、用工单位违反本法有关劳务派遣规定的,由劳动行政部门责令限期改正;逾期不改正的,以每人五千元以上一万元以下的标准处以罚款,对劳务派遣单位,吊销其劳务派遣业务经营许可证。用工单位给被派遣劳动者造成损害的,劳务派遣单位与用工单位承担连带赔偿责任。

条文参见

《劳动合同法实施条例》第35条

案例指引

外卖平台用工合作企业通过劳务公司招用网约配送员,如何认定劳动关系(人力资源社会保障部、最高人民法院联合发布第三批劳动人事争议典型案例之三)

典型意义: 《关于维护新就业形态劳动者劳动保障权益的指导意见》(人

社部发〔2021〕56号）对平台企业采取合作用工方式组织劳动者完成平台工作的情形作出了规定。在新就业形态劳动争议处理中，一些平台用工合作企业也以外包或劳务派遣等灵活方式组织用工。部分配送站点承包经营企业形式上将配送员的招募和管理工作外包给其他企业，但实际上仍直接对配送员进行劳动管理，在劳动者主张相关权益时通常否认与劳动者之间存在劳动关系，将"外包"当成了规避相应法律责任的"挡风板""防火墙"，增加了劳动者的维权难度。在仲裁和司法实践中，应当谨慎区分劳动关系与各类民事关系，对于此类"隐蔽劳动关系"，不能简单适用"外观主义"审查，应当根据劳动管理事实和从属性特征明确劳动关系主体，依法确定各方权利义务。

第九十三条 【无营业执照经营单位的法律责任】

对不具备合法经营资格的用人单位的违法犯罪行为，依法追究法律责任；劳动者已经付出劳动的，该单位或者其出资人应当依照本法有关规定向劳动者支付劳动报酬、经济补偿、赔偿金；给劳动者造成损害的，应当承担赔偿责任。

第九十四条 【个人承包经营者的连带赔偿责任】

个人承包经营违反本法规定招用劳动者，给劳动者造成损害的，发包的组织与个人承包经营者承担连带赔偿责任。

理解适用

[个人承包经营违反本法规定招用劳动者]

"个人承包经营违反本法规定招用劳动者"的情形主要包括：(1) 承包人不具备承包经营资格；(2) 承包人具备承包经营资格，但其承包行为属于违法行为，如违法分包；(3) 承包人具备承包经营资格，并且承包行为合法，但其不具备用工主体资格，如个人承包经营者为自然人；(4) 承包人存在违法用工行为，如以欺诈方式招用劳动者、拖欠工资等。

第九十五条 【不履行法定职责、违法行使职权的法律责任】

劳动行政部门和其他有关主管部门及其工作人员玩忽职守、不履行法定职责，或者违法行使职权，给劳动者或者用人单位造成损害的，应当承担赔偿责任；对直接负责的主管人员和其他直接责任人员，依法给予行政处分；构成犯罪的，依法追究刑事责任。

条文参见

《公务员法》；《国家赔偿法》

第八章 附 则

第九十六条 【事业单位聘用制劳动合同的法律适用】

事业单位与实行聘用制的工作人员订立、履行、变更、解除或者终止劳动合同，法律、行政法规或者国务院另有规定的，依照其规定；未作规定的，依照本法有关规定执行。

条文参见

《事业单位人事管理条例》；《最高人民法院关于人民法院审理事业单位人事争议案件若干问题的规定》；《最高人民法院关于事业单位人事争议案件适用法律等问题的答复》

第九十七条 【过渡性条款】

本法施行前已依法订立且在本法施行之日存续的劳动合同，继续履行；本法第十四条第二款第三项规定连续订立固定期限劳动合同的次数，自本法施行后续订固定期限劳动合同时开始计算。

本法施行前已建立劳动关系，尚未订立书面劳动合同的，应当自本法施行之日起一个月内订立。

本法施行之日存续的劳动合同在本法施行后解除或者终止，依照本法第四十六条规定应当支付经济补偿的，经济补偿年限自本法施行之日起计算;本法施行前按照当时有关规定,用人单位应当向劳动者支付经济补偿的,按照当时有关规定执行。

案例指引

王某与猛发自行车料(深圳)有限公司劳动报酬及合同纠纷案[广东省高级人民法院(2013)粤高法审监民提字第180号民事判决书]

裁判要旨:《劳动合同法》施行之日存续的劳动合同在《劳动合同法》施行后解除或者终止,依照规定应当支付经济补偿金的,经济补偿年限自《劳动合同法》施行之日起计算;《劳动合同法》施行前,在用人单位非过错性解除劳动合同时,向劳动者支付经济补偿金的,工作时间不满1年的按1年的标准发给经济补偿金。

第九十八条 【施行时间】

本法自2008年1月1日起施行。

附录一 配套核心法规

一、综　合

中华人民共和国劳动法

（1994年7月5日第八届全国人民代表大会常务委员会第八次会议通过　根据2009年8月27日第十一届全国人民代表大会常务委员会第十次会议《关于修改部分法律的决定》第一次修正　根据2018年12月29日第十三届全国人民代表大会常务委员会第七次会议《关于修改〈中华人民共和国劳动法〉等七部法律的决定》第二次修正）

目　录

第一章　总　则
第二章　促进就业
第三章　劳动合同和集体合同
第四章　工作时间和休息休假
第五章　工　资
第六章　劳动安全卫生
第七章　女职工和未成年工特殊保护
第八章　职业培训
第九章　社会保险和福利
第十章　劳动争议
第十一章　监督检查
第十二章　法律责任
第十三章　附　则

第一章 总 则

第一条 【立法目的】为了保护劳动者的合法权益,调整劳动关系,建立和维护适应社会主义市场经济的劳动制度,促进经济发展和社会进步,根据宪法,制定本法。

第二条 【适用范围】在中华人民共和国境内的企业、个体经济组织(以下统称用人单位)和与之形成劳动关系的劳动者,适用本法。

国家机关、事业组织、社会团体和与之建立劳动合同关系的劳动者,依照本法执行。

*根据《劳动争议司法解释一》第1条的规定,劳动者与用人单位之间发生的下列纠纷,属于劳动争议,当事人不服劳动争议仲裁机构作出的裁决,依法提起诉讼的,人民法院应予受理:(1)劳动者与用人单位在履行劳动合同过程中发生的纠纷;(2)劳动者与用人单位之间没有订立书面劳动合同,但已形成劳动关系后发生的纠纷;(3)劳动者与用人单位因劳动关系是否已经解除或者终止,以及应否支付解除或者终止劳动关系经济补偿金发生的纠纷;(4)劳动者与用人单位解除或者终止劳动关系后,请求用人单位返还其收取的劳动合同定金、保证金、抵押金、抵押物发生的纠纷,或者办理劳动者的人事档案、社会保险关系等移转手续发生的纠纷;(5)劳动者以用人单位未为其办理社会保险手续,且社会保险经办机构不能补办导致其无法享受社会保险待遇为由,要求用人单位赔偿损失发生的纠纷;(6)劳动者退休后,与尚未参加社会保险统筹的原用人单位因追索养老金、医疗费、工伤保险待遇和其他社会保险待遇而发生的纠纷;(7)劳动者因为工伤、职业病,请求用人单位依法给予工伤保险待遇发生的纠纷;(8)劳动者依据《劳动合同法》第85条规定,要求用人单位支付加付赔偿金发生的纠纷;(9)因企业自主进行改制发生的纠纷。

第三条 【劳动者权利和义务】劳动者享有平等就业和选择职业的权利、取得劳动报酬的权利、休息休假的权利、获得劳动安全卫生保护的权利、接受职业技能培训的权利、享受社会保险和福利的权利、提请劳动争议处理的权利以及法律规定的其他劳动权利。

劳动者应当完成劳动任务,提高职业技能,执行劳动安全卫生规程,遵守劳动纪律和职业道德。

第四条 【用人单位义务】用人单位应当依法建立和完善规章制度,保障劳

---

* 本书附录中标有*的部分,为编者为帮助读者理解法律条文所加。

动者享有劳动权利和履行劳动义务。

第五条　【国家措施】国家采取各种措施,促进劳动就业,发展职业教育,制定劳动标准,调节社会收入,完善社会保险,协调劳动关系,逐步提高劳动者的生活水平。

第六条　【国家倡导和鼓励义务劳动】国家提倡劳动者参加社会义务劳动,开展劳动竞赛和合理化建议活动,鼓励和保护劳动者进行科学研究、技术革新和发明创造,表彰和奖励劳动模范和先进工作者。

第七条　【参加和组织工会】劳动者有权依法参加和组织工会。

工会代表和维护劳动者的合法权益,依法独立自主地开展活动。

第八条　【参与民主管理或协商】劳动者依照法律规定,通过职工大会、职工代表大会或者其他形式,参与民主管理或者就保护劳动者合法权益与用人单位进行平等协商。

第九条　【劳动工作主管部门】国务院劳动行政部门主管全国劳动工作。

县级以上地方人民政府劳动行政部门主管本行政区域内的劳动工作。

第二章　促进就业

第十条　【国家扶持就业】国家通过促进经济和社会发展,创造就业条件,扩大就业机会。

国家鼓励企业、事业组织、社会团体在法律、行政法规规定的范围内兴办产业或者拓展经营,增加就业。

国家支持劳动者自愿组织起来就业和从事个体经营实现就业。

第十一条　【职介机构发展】地方各级人民政府应当采取措施,发展多种类型的职业介绍机构,提供就业服务。

*根据劳动部办公厅印发的《关于〈中华人民共和国劳动法〉若干条文的说明》第11条的规定,就业服务主要包括以下内容:(1)为劳动力供求双方相互选择,实现就业而提供的各类职业介绍服务;(2)为提高劳动者职业技术和就业能力的多层次、多形式的就业训练和转业训练服务;(3)为保障失业者基本生活和帮助其再就业的失业保险服务;(4)组织劳动者开展生产自救和创业的劳动就业服务企业。就业服务的四项工作应做到有机结合,发挥整体作用,为劳动者就业提供全面、高效、便捷的服务。

第十二条　【就业平等】劳动者就业,不因民族、种族、性别、宗教信仰不同而受歧视。

第十三条　【就业男女平等】妇女享有与男子平等的就业权利。在录用职工时,除国家规定的不适合妇女的工种或者岗位外,不得以性别为由拒绝录用妇女或者提高对妇女的录用标准。

第十四条 【特殊人员的就业】残疾人、少数民族人员、退出现役的军人的就业,法律、法规有特别规定的,从其规定。

第十五条 【禁招未成年人和特殊行业相关规定】禁止用人单位招用未满十六周岁的未成年人。

文艺、体育和特种工艺单位招用未满十六周岁的未成年人,必须遵守国家有关规定,并保障其接受义务教育的权利。

第三章 劳动合同和集体合同

第十六条 【劳动合同】劳动合同是劳动者与用人单位确立劳动关系、明确双方权利和义务的协议。

建立劳动关系应当订立劳动合同。

第十七条 【合同的订立和变更】订立和变更劳动合同,应当遵循平等自愿、协商一致的原则,不得违反法律、行政法规的规定。

劳动合同依法订立即具有法律约束力,当事人必须履行劳动合同规定的义务。

第十八条 【无效合同】下列劳动合同无效:

(一)违反法律、行政法规的劳动合同;

(二)采取欺诈、威胁等手段订立的劳动合同。

无效的劳动合同,从订立的时候起,就没有法律约束力。确认劳动合同部分无效的,如果不影响其余部分的效力,其余部分仍然有效。

劳动合同的无效,由劳动争议仲裁委员会或者人民法院确认。

第十九条 【合同形式和条款】劳动合同应当以书面形式订立,并具备以下条款:

(一)劳动合同期限;

(二)工作内容;

(三)劳动保护和劳动条件;

(四)劳动报酬;

(五)劳动纪律;

(六)劳动合同终止的条件;

(七)违反劳动合同的责任。

劳动合同除前款规定的必备条款外,当事人可以协商约定其他内容。

第二十条 【合同期限】劳动合同的期限分为有固定期限、无固定期限和以完成一定的工作为期限。

劳动者在同一用人单位连续工作满十年以上，当事人双方同意续延劳动合同的，如果劳动者提出订立无固定期限的劳动合同，应当订立无固定期限的劳动合同。

第二十一条 【试用期约定】劳动合同可以约定试用期。试用期最长不得超过六个月。

第二十二条 【商业秘密事项约定】劳动合同当事人可以在劳动合同中约定保守用人单位商业秘密的有关事项。

第二十三条 【合同终止】劳动合同期满或者当事人约定的劳动合同终止条件出现，劳动合同即行终止。

第二十四条 【合同解除】经劳动合同当事人协商一致，劳动合同可以解除。

第二十五条 【单位解除劳动合同事项】劳动者有下列情形之一的，用人单位可以解除劳动合同：

（一）在试用期间被证明不符合录用条件的；

（二）严重违反劳动纪律或者用人单位规章制度的；

（三）严重失职，营私舞弊，对用人单位利益造成重大损害的；

（四）被依法追究刑事责任的。

* 结合《劳动法》第25条和《劳动合同法》第39条的规定，用人单位可以即时解除劳动合同的情形包括：（1）劳动者在试用期间被证明不符合录用条件。劳动者不符合录用条件必须有客观且充分的证据证明。（2）劳动者严重违反劳动纪律或者用人单位的规章制度。严重违反用人单位的规章制度的前提是用人单位依照法定程序制定了合法、完善的劳动规章制度；否则，用人单位不得根据该规定解雇劳动者。（3）劳动者严重失职，营私舞弊，对用人单位利益造成重大损害。重大损害一般由用人单位的规章制度来规定。发生劳动争议时，可以通过劳动争议仲裁委员会对用人单位规章所规定的重大损害进行认定。（4）劳动者同时与其他用人单位建立劳动关系，对完成本单位的工作任务造成严重影响，或者经用人单位提出，拒不改正。（5）劳动者以欺诈、胁迫的手段或者乘人之危，使用人单位在违背真实意思的情况下订立或者变更劳动合同。（6）劳动者被依法追究刑事责任。

第二十六条 【解除合同提前通知】有下列情形之一的，用人单位可以解除劳动合同，但是应当提前三十日以书面形式通知劳动者本人：

（一）劳动者患病或者非因工负伤，医疗期满后，不能从事原工作也不能从事由用人单位另行安排的工作的；

（二）劳动者不能胜任工作，经过培训或者调整工作岗位，仍不能胜任工作的；

（三）劳动合同订立时所依据的客观情况发生重大变化，致使原劳动合同无法履行，经当事人协商不能就变更劳动合同达成协议的。

第二十七条 【用人单位裁员】用人单位濒临破产进行法定整顿期间或者生产经营状况发生严重困难，确需裁减人员的，应当提前三十日向工会或者全体职工说明情况，听取工会或者职工的意见，经向劳动行政部门报告后，可以裁减人员。

用人单位依据本条规定裁减人员，在六个月内录用人员的，应当优先录用被裁减的人员。

第二十八条 【经济补偿】用人单位依据本法第二十四条、第二十六条、第二十七条的规定解除劳动合同的，应当依照国家有关规定给予经济补偿。

第二十九条 【用人单位解除合同的限制情形】劳动者有下列情形之一的，用人单位不得依据本法第二十六条、第二十七条的规定解除劳动合同：

（一）患职业病或者因工负伤并被确认丧失或者部分丧失劳动能力的；

（二）患病或者负伤，在规定的医疗期内的；

（三）女职工在孕期、产期、哺乳期内的；

（四）法律、行政法规规定的其他情形。

第三十条 【工会职权】用人单位解除劳动合同，工会认为不适当的，有权提出意见。如果用人单位违反法律、法规或者劳动合同，工会有权要求重新处理；劳动者申请仲裁或者提起诉讼的，工会应当依法给予支持和帮助。

第三十一条 【劳动者解除合同的提前通知期限】劳动者解除劳动合同，应当提前三十日以书面形式通知用人单位。

第三十二条 【劳动者随时通知解除合同情形】有下列情形之一的，劳动者可以随时通知用人单位解除劳动合同：

（一）在试用期内的；

（二）用人单位以暴力、威胁或者非法限制人身自由的手段强迫劳动的；

（三）用人单位未按照劳动合同约定支付劳动报酬或者提供劳动条件的。

第三十三条 【集体合同】企业职工一方与企业可以就劳动报酬、工作时间、休息休假、劳动安全卫生、保险福利等事项，签订集体合同。集体合同草案应当提交职工代表大会或者全体职工讨论通过。

集体合同由工会代表职工与企业签订；没有建立工会的企业，由职工推举的代表与企业签订。

第三十四条 【集体合同生效】集体合同签订后应当报送劳动行政部门；劳动行政部门自收到集体合同文本之日起十五日内未提出异议的，集体合同即行生效。

第三十五条 【集体合同效力】依法签订的集体合同对企业和企业全体职工具有约束力。职工个人与企业订立的劳动合同中劳动条件和劳动报酬等标准不得低于集体合同的规定。

第四章 工作时间和休息休假

第三十六条 【国家工时制度】国家实行劳动者每日工作时间不超过八小时、平均每周工作时间不超过四十四小时的工时制度。

第三十七条 【劳动定额和报酬标准确定】对实行计件工作的劳动者，用人单位应当根据本法第三十六条规定的工时制度合理确定其劳动定额和计件报酬标准。

第三十八条 【休息日最低保障】用人单位应当保证劳动者每周至少休息一日。

第三十九条 【工休办法替代】企业因生产特点不能实行本法第三十六条、第三十八条规定的，经劳动行政部门批准，可以实行其他工作和休息办法。

第四十条 【法定假日】用人单位在下列节日期间应当依法安排劳动者休假：

（一）元旦；

（二）春节；

（三）国际劳动节；

（四）国庆节；

（五）法律、法规规定的其他休假节日。

＊《全国年节及纪念日放假办法》第3条的规定，部分公民放假的节日及纪念日：(1)妇女节(3月8日)，妇女放假半天；(2)青年节(5月4日)，14周岁以上的青年放假半天；(3)儿童节(6月1日)，不满14周岁的少年儿童放假1天；(4)中国人民解放军建军纪念日(8月1日)，现役军人放假半天。

第四十一条 【工作时间延长限制】用人单位由于生产经营需要，经与工会和劳动者协商后可以延长工作时间，一般每日不得超过一小时；因特殊原因需要延长工作时间的，在保障劳动者身体健康的条件下延长工作时间每日不得超过三小时,但是每月不得超过三十六小时。

第四十二条　【延长工作时间限制的例外】有下列情形之一的,延长工作时间不受本法第四十一条规定的限制:

(一)发生自然灾害、事故或者因其他原因,威胁劳动者生命健康和财产安全,需要紧急处理的;

(二)生产设备、交通运输线路、公共设施发生故障,影响生产和公众利益,必须及时抢修的;

(三)法律、行政法规规定的其他情形。

第四十三条　【禁止违法延长工作时间】用人单位不得违反本法规定延长劳动者的工作时间。

第四十四条　【延长工时的报酬支付】有下列情形之一的,用人单位应当按照下列标准支付高于劳动者正常工作时间工资的工资报酬:

(一)安排劳动者延长工作时间的,支付不低于工资的百分之一百五十的工资报酬;

(二)休息日安排劳动者工作又不能安排补休的,支付不低于工资的百分之二百的工资报酬;

(三)法定休假日安排劳动者工作的,支付不低于工资的百分之三百的工资报酬。

第四十五条　【带薪年休假制度】国家实行带薪年休假制度。

劳动者连续工作一年以上的,享受带薪年休假。具体办法由国务院规定。

第五章　工　　资

第四十六条　【工资分配原则】工资分配应当遵循按劳分配原则,实行同工同酬。

工资水平在经济发展的基础上逐步提高。国家对工资总量实行宏观调控。

第四十七条　【工资分配方式、水平确定】用人单位根据本单位的生产经营特点和经济效益,依法自主确定本单位的工资分配方式和工资水平。

第四十八条　【最低工资保障制度】国家实行最低工资保障制度。最低工资的具体标准由省、自治区、直辖市人民政府规定,报国务院备案。

用人单位支付劳动者的工资不得低于当地最低工资标准。

＊根据《最低工资规定》第12条第1款的规定,在劳动者提供正常劳动的情况下,用人单位应支付给劳动者的工资在剔除下列各项以后,不得低于当地最低工资标准:(1)延长工作时间工资;(2)中班、夜班、高温、低温、井下、有毒有

害等特殊工作环境、条件下的津贴;(3)法律、法规和国家规定的劳动者福利待遇等。如果用人单位违反规定,将应当予以剔除的各项工资、津贴和有关待遇计入最低工资标准的,由劳动保障行政部门责令其限期补发所欠劳动者工资,并可责令其按所欠工资的1~5倍支付劳动者赔偿金。

第四十九条 【最低工资标准参考因素】确定和调整最低工资标准应当综合参考下列因素:

(一)劳动者本人及平均赡养人口的最低生活费用;

(二)社会平均工资水平;

(三)劳动生产率;

(四)就业状况;

(五)地区之间经济发展水平的差异。

第五十条 【工资支付形式】工资应当以货币形式按月支付给劳动者本人。不得克扣或者无故拖欠劳动者的工资。

第五十一条 【法定休假日和婚丧假期间工资保障】劳动者在法定休假日和婚丧假期间以及依法参加社会活动期间,用人单位应当依法支付工资。

第六章 劳动安全卫生

第五十二条 【用人单位职责】用人单位必须建立、健全劳动安全卫生制度,严格执行国家劳动安全卫生规程和标准,对劳动者进行劳动安全卫生教育,防止劳动过程中的事故,减少职业危害。

第五十三条 【劳动安全卫生设施标准】劳动安全卫生设施必须符合国家规定的标准。

新建、改建、扩建工程的劳动安全卫生设施必须与主体工程同时设计、同时施工、同时投入生产和使用。

第五十四条 【劳动者劳动安全防护及健康保护】用人单位必须为劳动者提供符合国家规定的劳动安全卫生条件和必要的劳动防护用品,对从事有职业危害作业的劳动者应当定期进行健康检查。

第五十五条 【特种作业资格】从事特种作业的劳动者必须经过专门培训并取得特种作业资格。

第五十六条 【劳动过程安全防护】劳动者在劳动过程中必须严格遵守安全操作规程。

劳动者对用人单位管理人员违章指挥、强令冒险作业,有权拒绝执行;对危害生命安全和身体健康的行为,有权提出批评、检举和控告。

第五十七条　【伤亡事故和职业病统计报告、处理制度】国家建立伤亡事故和职业病统计报告和处理制度。县级以上各级人民政府劳动行政部门、有关部门和用人单位应当依法对劳动者在劳动过程中发生的伤亡事故和劳动者的职业病状况，进行统计、报告和处理。

第七章　女职工和未成年工特殊保护

第五十八条　【女职工和未成年工特殊劳动保护】国家对女职工和未成年工实行特殊劳动保护。

未成年工是指年满十六周岁未满十八周岁的劳动者。

第五十九条　【劳动强度限制】禁止安排女职工从事矿山井下、国家规定的第四级体力劳动强度的劳动和其他禁忌从事的劳动。

第六十条　【经期劳动强度限制】不得安排女职工在经期从事高处、低温、冷水作业和国家规定的第三级体力劳动强度的劳动。

第六十一条　【孕期劳动强度限制】不得安排女职工在怀孕期间从事国家规定的第三级体力劳动强度的劳动和孕期禁忌从事的劳动。对怀孕七个月以上的女职工，不得安排其延长工作时间和夜班劳动。

第六十二条　【产假】女职工生育享受不少于九十天的产假。

第六十三条　【哺乳期劳动保护】不得安排女职工在哺乳未满一周岁的婴儿期间从事国家规定的第三级体力劳动强度的劳动和哺乳期禁忌从事的其他劳动，不得安排其延长工作时间和夜班劳动。

第六十四条　【未成年工劳动保护】不得安排未成年工从事矿山井下、有毒有害、国家规定的第四级体力劳动强度的劳动和其他禁忌从事的劳动。

第六十五条　【未成年工健康检查】用人单位应当对未成年工定期进行健康检查。

第八章　职业培训

第六十六条　【发展目标】国家通过各种途径，采取各种措施，发展职业培训事业，开发劳动者的职业技能，提高劳动者素质，增强劳动者的就业能力和工作能力。

第六十七条　【政府支持】各级人民政府应当把发展职业培训纳入社会经济发展的规划，鼓励和支持有条件的企业、事业组织、社会团体和个人进行各种形式的职业培训。

第六十八条　【职业培训】用人单位应当建立职业培训制度，按照国家规定提取和使用职业培训经费,根据本单位实际,有计划地对劳动者进行职业培训。

从事技术工种的劳动者,上岗前必须经过培训。

第六十九条 【职业技能标准和资格证书】国家确定职业分类,对规定的职业制定职业技能标准,实行职业资格证书制度,由经备案的考核鉴定机构负责对劳动者实施职业技能考核鉴定。

第九章 社会保险和福利

第七十条 【发展目标】国家发展社会保险事业,建立社会保险制度,设立社会保险基金,使劳动者在年老、患病、工伤、失业、生育等情况下获得帮助和补偿。

第七十一条 【协调发展】社会保险水平应当与社会经济发展水平和社会承受能力相适应。

第七十二条 【基金来源】社会保险基金按照保险类型确定资金来源,逐步实行社会统筹。用人单位和劳动者必须依法参加社会保险,缴纳社会保险费。

第七十三条 【享受社保情形】劳动者在下列情形下,依法享受社会保险待遇:

(一)退休;

(二)患病、负伤;

(三)因工伤残或者患职业病;

(四)失业;

(五)生育。

劳动者死亡后,其遗属依法享受遗属津贴。

劳动者享受社会保险待遇的条件和标准由法律、法规规定。

劳动者享受的社会保险金必须按时足额支付。

第七十四条 【社保基金管理】社会保险基金经办机构依照法律规定收支、管理和运营社会保险基金,并负有使社会保险基金保值增值的责任。

社会保险基金监督机构依照法律规定,对社会保险基金的收支、管理和运营实施监督。

社会保险基金经办机构和社会保险基金监督机构的设立和职能由法律规定。

任何组织和个人不得挪用社会保险基金。

第七十五条 【补充保险和个人储蓄保险】国家鼓励用人单位根据本单位实际情况为劳动者建立补充保险。

国家提倡劳动者个人进行储蓄性保险。

第七十六条 【国家和用人单位的发展福利事业责任】国家发展社会福利事业,兴建公共福利设施,为劳动者休息、休养和疗养提供条件。

用人单位应当创造条件,改善集体福利,提高劳动者的福利待遇。

第十章 劳动争议

第七十七条 【劳动争议处理】用人单位与劳动者发生劳动争议,当事人可以依法申请调解、仲裁、提起诉讼,也可以协商解决。

调解原则适用于仲裁和诉讼程序。

*《劳动争议司法解释一》第2条规定,下列纠纷不属于劳动争议:(1)劳动者请求社会保险经办机构发放社会保险金的纠纷;(2)劳动者与用人单位因住房制度改革产生的公有住房转让纠纷;(3)劳动者对劳动能力鉴定委员会的伤残等级鉴定结论或者对职业病诊断鉴定委员会的职业病诊断鉴定结论的异议纠纷;(4)家庭或者个人与家政服务人员之间的纠纷;(5)个体工匠与帮工、学徒之间的纠纷;(6)农村承包经营户与受雇人之间的纠纷。

第七十八条 【解决争议的原则】解决劳动争议,应当根据合法、公正、及时处理的原则,依法维护劳动争议当事人的合法权益。

第七十九条 【调解和仲裁】劳动争议发生后,当事人可以向本单位劳动争议调解委员会申请调解;调解不成,当事人一方要求仲裁的,可以向劳动争议仲裁委员会申请仲裁。当事人一方也可以直接向劳动争议仲裁委员会申请仲裁。对仲裁裁决不服的,可以向人民法院提起诉讼。

第八十条 【劳动争议调解委员会及调解协议】在用人单位内,可以设立劳动争议调解委员会。劳动争议调解委员会由职工代表、用人单位代表和工会代表组成。劳动争议调解委员会主任由工会代表担任。

劳动争议经调解达成协议的,当事人应当履行。

第八十一条 【劳动争议仲裁委员会组成】劳动争议仲裁委员会由劳动行政部门代表、同级工会代表、用人单位方面的代表组成。劳动争议仲裁委员会主任由劳动行政部门代表担任。

第八十二条 【仲裁期日】提出仲裁要求的一方应当自劳动争议发生之日起六十日内向劳动争议仲裁委员会提出书面申请。仲裁裁决一般应在收到仲裁申请的六十日内作出。对仲裁裁决无异议的,当事人必须履行。

第八十三条 【起诉和强制执行】劳动争议当事人对仲裁裁决不服的,可以自收到仲裁裁决书之日起十五日内向人民法院提起诉讼。一方当事人在法定期限内不起诉又不履行仲裁裁决的，另一方当事人可以申请人民法院强制执行。

第八十四条 【集体合同争议处理】因签订集体合同发生争议，当事人协商解决不成的，当地人民政府劳动行政部门可以组织有关各方协调处理。

因履行集体合同发生争议，当事人协商解决不成的，可以向劳动争议仲裁委员会申请仲裁；对仲裁裁决不服的，可以自收到仲裁裁决书之日起十五日内向人民法院提起诉讼。

第十一章 监督检查

第八十五条 【劳动行政部门监督检查】县级以上各级人民政府劳动行政部门依法对用人单位遵守劳动法律、法规的情况进行监督检查，对违反劳动法律、法规的行为有权制止，并责令改正。

第八十六条 【公务检查】县级以上各级人民政府劳动行政部门监督检查人员执行公务，有权进入用人单位了解执行劳动法律、法规的情况，查阅必要的资料，并对劳动场所进行检查。

县级以上各级人民政府劳动行政部门监督检查人员执行公务，必须出示证件，秉公执法并遵守有关规定。

第八十七条 【政府监督】县级以上各级人民政府有关部门在各自职责范围内，对用人单位遵守劳动法律、法规的情况进行监督。

第八十八条 【工会监督和组织、个人检举控告】各级工会依法维护劳动者的合法权益，对用人单位遵守劳动法律、法规的情况进行监督。

任何组织和个人对于违反劳动法律、法规的行为有权检举和控告。

第十二章 法律责任

第八十九条 【对劳动规章违法的处罚】用人单位制定的劳动规章制度违反法律、法规规定的，由劳动行政部门给予警告，责令改正；对劳动者造成损害的，应当承担赔偿责任。

第九十条 【违法延长工时处罚】用人单位违反本法规定，延长劳动者工作时间的，由劳动行政部门给予警告，责令改正，并可以处以罚款。

第九十一条 【用人单位侵权处理】用人单位有下列侵害劳动者合法权益情形之一的，由劳动行政部门责令支付劳动者的工资报酬、经济补偿，并可以责令支付赔偿金：

（一）克扣或者无故拖欠劳动者工资的；

（二）拒不支付劳动者延长工作时间工资报酬的；

（三）低于当地最低工资标准支付劳动者工资的；

（四）解除劳动合同后，未依照本法规定给予劳动者经济补偿的。

第九十二条　【用人单位违反劳保规定的处罚】用人单位的劳动安全设施和劳动卫生条件不符合国家规定或者未向劳动者提供必要的劳动防护用品和劳动保护设施的，由劳动行政部门或者有关部门责令改正，可以处以罚款；情节严重的，提请县级以上人民政府决定责令停产整顿；对事故隐患不采取措施，致使发生重大事故，造成劳动者生命和财产损失的，对责任人员依照刑法有关规定追究刑事责任。

第九十三条　【违章作业造成事故处罚】用人单位强令劳动者违章冒险作业，发生重大伤亡事故，造成严重后果的，对责任人员依法追究刑事责任。

第九十四条　【非法招用未成年工处罚】用人单位非法招用未满十六周岁的未成年人的，由劳动行政部门责令改正，处以罚款；情节严重的，由市场监督管理部门吊销营业执照。

第九十五条　【侵害女工和未成年工合法权益的处罚】用人单位违反本法对女职工和未成年工的保护规定，侵害其合法权益的，由劳动行政部门责令改正，处以罚款；对女职工或者未成年工造成损害的，应当承担赔偿责任。

第九十六条　【人身侵权处罚】用人单位有下列行为之一，由公安机关对责任人员处以十五日以下拘留、罚款或者警告；构成犯罪的，对责任人员依法追究刑事责任：

（一）以暴力、威胁或者非法限制人身自由的手段强迫劳动的；

（二）侮辱、体罚、殴打、非法搜查和拘禁劳动者的。

第九十七条　【无效合同损害赔偿责任】由于用人单位的原因订立的无效合同，对劳动者造成损害的，应当承担赔偿责任。

第九十八条　【违法解除和拖延订立合同损害赔偿】用人单位违反本法规定的条件解除劳动合同或者故意拖延不订立劳动合同的，由劳动行政部门责令改正；对劳动者造成损害的，应当承担赔偿责任。

第九十九条　【招用未解除合同者损害赔偿】用人单位招用尚未解除劳动合同的劳动者，对原用人单位造成经济损失的，该用人单位应当依法承担连带赔偿责任。

第一百条　【不缴纳保险费处理】用人单位无故不缴纳社会保险费的，由劳动行政部门责令其限期缴纳；逾期不缴的，可以加收滞纳金。

第一百零一条　【妨碍检查公务处罚】用人单位无理阻挠劳动行政部门、有关部门及其工作人员行使监督检查权,打击报复举报人员的,由劳动行政部门或者有关部门处以罚款;构成犯罪的,对责任人员依法追究刑事责任。

第一百零二条 【违法解除合同和违反保密事项损害赔偿】劳动者违反本法规定的条件解除劳动合同或者违反劳动合同中约定的保密事项,对用人单位造成经济损失的,应当依法承担赔偿责任。

第一百零三条 【渎职的法律责任】劳动行政部门或者有关部门的工作人员滥用职权、玩忽职守、徇私舞弊,构成犯罪的,依法追究刑事责任;不构成犯罪的,给予行政处分。

第一百零四条 【挪用社保基金处罚】国家工作人员和社会保险基金经办机构的工作人员挪用社会保险基金,构成犯罪的,依法追究刑事责任。

第一百零五条 【处罚竞合处理】违反本法规定侵害劳动者合法权益,其他法律、行政法规已规定处罚的,依照该法律、行政法规的规定处罚。

第十三章 附 则

第一百零六条 【实施步骤制定】省、自治区、直辖市人民政府根据本法和本地区的实际情况,规定劳动合同制度的实施步骤,报国务院备案。

第一百零七条 【施行日期】本法自1995年1月1日起施行。

中华人民共和国劳动合同法实施条例

(2008年9月18日国务院令第535号公布施行)

第一章 总 则

第一条 为了贯彻实施《中华人民共和国劳动合同法》(以下简称劳动合同法),制定本条例。

第二条 各级人民政府和县级以上人民政府劳动行政等有关部门以及工会等组织,应当采取措施,推动劳动合同法的贯彻实施,促进劳动关系的和谐。

第三条 依法成立的会计师事务所、律师事务所等合伙组织和基金会,属于劳动合同法规定的用人单位。

第二章 劳动合同的订立

第四条 劳动合同法规定的用人单位设立的分支机构,依法取得营业执照或者登记证书的,可以作为用人单位与劳动者订立劳动合同;未依法取得营业执照或者登记证书的,受用人单位委托可以与劳动者订立劳动合同。

第五条 自用工之日起一个月内,经用人单位书面通知后,劳动者不与用人单位订立书面劳动合同的,用人单位应当书面通知劳动者终止劳动关系,无需向劳动者支付经济补偿,但是应当依法向劳动者支付其实际工作时间的劳动报酬。

第六条 用人单位自用工之日起超过一个月不满一年未与劳动者订立书面劳动合同的,应当依照劳动合同法第八十二条的规定向劳动者每月支付两倍的工资,并与劳动者补订书面劳动合同;劳动者不与用人单位订立书面劳动合同的,用人单位应当书面通知劳动者终止劳动关系,并依照劳动合同法第四十七条的规定支付经济补偿。

前款规定的用人单位向劳动者每月支付两倍工资的起算时间为用工之日起满一个月的次日,截止时间为补订书面劳动合同的前一日。

第七条 用人单位自用工之日起满一年未与劳动者订立书面劳动合同的,自用工之日起满一个月的次日至满一年的前一日应当依照劳动合同法第八十二条的规定向劳动者每月支付两倍的工资,并视为自用工之日起满一年的当日已经与劳动者订立无固定期限劳动合同,应当立即与劳动者补订书面劳动合同。

第八条 劳动合同法第七条规定的职工名册,应当包括劳动者姓名、性别、公民身份号码、户籍地址及现住址、联系方式、用工形式、用工起始时间、劳动合同期限等内容。

第九条 劳动合同法第十四条第二款规定的连续工作满10年的起始时间,应当自用人单位用工之日起计算,包括劳动合同法施行前的工作年限。

第十条 劳动者非因本人原因从原用人单位被安排到新用人单位工作的,劳动者在原用人单位的工作年限合并计算为新用人单位的工作年限。原用人单位已经向劳动者支付经济补偿的,新用人单位在依法解除、终止劳动合同计算支付经济补偿的工作年限时,不再计算劳动者在原用人单位的工作年限。

第十一条 除劳动者与用人单位协商一致的情形外,劳动者依照劳动合同法第十四条第二款的规定,提出订立无固定期限劳动合同的,用人单位应当与其订立无固定期限劳动合同。对劳动合同的内容,双方应当按照合法、公平、平等自愿、协商一致、诚实信用的原则协商确定;对协商不一致的内容,依照劳动合同法第十八条的规定执行。

第十二条 地方各级人民政府及县级以上地方人民政府有关部门为安置就业困难人员提供的给予岗位补贴和社会保险补贴的公益性岗位,其劳动合同不适用劳动合同法有关无固定期限劳动合同的规定以及支付经济补偿的规定。

第十三条 用人单位与劳动者不得在劳动合同法第四十四条规定的劳动合同终止情形之外约定其他的劳动合同终止条件。

第十四条 劳动合同履行地与用人单位注册地不一致的,有关劳动者的最低工资标准、劳动保护、劳动条件、职业危害防护和本地区上年度职工月平均工资标准等事项,按照劳动合同履行地的有关规定执行；用人单位注册地的有关标准高于劳动合同履行地的有关标准,且用人单位与劳动者约定按照用人单位注册地的有关规定执行的,从其约定。

第十五条 劳动者在试用期的工资不得低于本单位相同岗位最低档工资的 80% 或者不得低于劳动合同约定工资的 80%,并不得低于用人单位所在地的最低工资标准。

第十六条 劳动合同法第二十二条第二款规定的培训费用,包括用人单位为了对劳动者进行专业技术培训而支付的有凭证的培训费用、培训期间的差旅费用以及因培训产生的用于该劳动者的其他直接费用。

第十七条 劳动合同期满,但是用人单位与劳动者依照劳动合同法第二十二条的规定约定的服务期尚未到期的,劳动合同应当续延至服务期满；双方另有约定的,从其约定。

第三章 劳动合同的解除和终止

第十八条 有下列情形之一的,依照劳动合同法规定的条件、程序,劳动者可以与用人单位解除固定期限劳动合同、无固定期限劳动合同或者以完成一定工作任务为期限的劳动合同:

（一）劳动者与用人单位协商一致的；

（二）劳动者提前 30 日以书面形式通知用人单位的；

（三）劳动者在试用期内提前 3 日通知用人单位的；

（四）用人单位未按照劳动合同约定提供劳动保护或者劳动条件的；

（五）用人单位未及时足额支付劳动报酬的；

（六）用人单位未依法为劳动者缴纳社会保险费的；

（七）用人单位的规章制度违反法律、法规的规定,损害劳动者权益的；

（八）用人单位以欺诈、胁迫的手段或者乘人之危,使劳动者在违背真实意思的情况下订立或者变更劳动合同的；

（九）用人单位在劳动合同中免除自己的法定责任、排除劳动者权利的；

（十）用人单位违反法律、行政法规强制性规定的；

（十一）用人单位以暴力、威胁或者非法限制人身自由的手段强迫劳动者劳动的；

（十二）用人单位违章指挥、强令冒险作业危及劳动者人身安全的；

（十三）法律、行政法规规定劳动者可以解除劳动合同的其他情形。

第十九条 有下列情形之一的，依照劳动合同法规定的条件、程序，用人单位可以与劳动者解除固定期限劳动合同、无固定期限劳动合同或者以完成一定工作任务为期限的劳动合同：

（一）用人单位与劳动者协商一致的；

（二）劳动者在试用期间被证明不符合录用条件的；

（三）劳动者严重违反用人单位的规章制度的；

（四）劳动者严重失职，营私舞弊，给用人单位造成重大损害的；

（五）劳动者同时与其他用人单位建立劳动关系，对完成本单位的工作任务造成严重影响，或者经用人单位提出，拒不改正的；

（六）劳动者以欺诈、胁迫的手段或者乘人之危，使用人单位在违背真实意思的情况下订立或者变更劳动合同的；

（七）劳动者被依法追究刑事责任的；

（八）劳动者患病或者非因工负伤，在规定的医疗期满后不能从事原工作，也不能从事由用人单位另行安排的工作的；

（九）劳动者不能胜任工作，经过培训或者调整工作岗位，仍不能胜任工作的；

（十）劳动合同订立时所依据的客观情况发生重大变化，致使劳动合同无法履行，经用人单位与劳动者协商，未能就变更劳动合同内容达成协议的；

（十一）用人单位依照企业破产法规定进行重整的；

（十二）用人单位生产经营发生严重困难的；

（十三）企业转产、重大技术革新或者经营方式调整，经变更劳动合同后，仍需裁减人员的；

（十四）其他因劳动合同订立时所依据的客观经济情况发生重大变化，致使劳动合同无法履行的。

第二十条 用人单位依照劳动合同法第四十条的规定，选择额外支付劳动者一个月工资解除劳动合同的，其额外支付的工资应当按照该劳动者上一个月的工资标准确定。

第二十一条 劳动者达到法定退休年龄的，劳动合同终止。

第二十二条 以完成一定工作任务为期限的劳动合同因任务完成而终止

的，用人单位应当依照劳动合同法第四十七条的规定向劳动者支付经济补偿。

第二十三条　用人单位依法终止工伤职工的劳动合同的，除依照劳动合同法第四十七条的规定支付经济补偿外，还应当依照国家有关工伤保险的规定支付一次性工伤医疗补助金和伤残就业补助金。

第二十四条　用人单位出具的解除、终止劳动合同的证明，应当写明劳动合同期限、解除或者终止劳动合同的日期、工作岗位、在本单位的工作年限。

第二十五条　用人单位违反劳动合同法的规定解除或者终止劳动合同，依照劳动合同法第八十七条的规定支付了赔偿金的，不再支付经济补偿。赔偿金的计算年限自用工之日起计算。

第二十六条　用人单位与劳动者约定了服务期，劳动者依照劳动合同法第三十八条的规定解除劳动合同的，不属于违反服务期的约定，用人单位不得要求劳动者支付违约金。

有下列情形之一，用人单位与劳动者解除约定服务期的劳动合同的，劳动者应当按照劳动合同的约定向用人单位支付违约金：

（一）劳动者严重违反用人单位的规章制度的；

（二）劳动者严重失职，营私舞弊，给用人单位造成重大损害的；

（三）劳动者同时与其他用人单位建立劳动关系，对完成本单位的工作任务造成严重影响，或者经用人单位提出，拒不改正的；

（四）劳动者以欺诈、胁迫的手段或者乘人之危，使用人单位在违背真实意思的情况下订立或者变更劳动合同的；

（五）劳动者被依法追究刑事责任的。

第二十七条　劳动合同法第四十七条规定的经济补偿的月工资按照劳动者应得工资计算，包括计时工资或者计件工资以及奖金、津贴和补贴等货币性收入。劳动者在劳动合同解除或者终止前12个月的平均工资低于当地最低工资标准的，按照当地最低工资标准计算。劳动者工作不满12个月的，按照实际工作的月数计算平均工资。

第四章　劳务派遣特别规定

第二十八条　用人单位或者其所属单位出资或者合伙设立的劳务派遣单位，向本单位或所属单位派遣劳动者的，属于劳动合同法第六十七条规定的不得设立的劳务派遣单位。

第二十九条　用工单位应当履行劳动合同法第六十二条规定的义务，维护被派遣劳动者的合法权益。

第三十条　劳务派遣单位不得以非全日制用工形式招用被派遣劳动者。

第三十一条　劳务派遣单位或者被派遣劳动者依法解除、终止劳动合同的经济补偿，依照劳动合同法第四十六条、第四十七条的规定执行。

第三十二条　劳务派遣单位违法解除或者终止被派遣劳动者的劳动合同的，依照劳动合同法第四十八条的规定执行。

第五章　法律责任

第三十三条　用人单位违反劳动合同法有关建立职工名册规定的，由劳动行政部门责令限期改正；逾期不改正的，由劳动行政部门处2000元以上2万元以下的罚款。

第三十四条　用人单位依照劳动合同法的规定应当向劳动者每月支付两倍的工资或者应当向劳动者支付赔偿金而未支付的，劳动行政部门应当责令用人单位支付。

第三十五条　用工单位违反劳动合同法和本条例有关劳务派遣规定的，由劳动行政部门和其他有关主管部门责令改正；情节严重的，以每位被派遣劳动者1000元以上5000元以下的标准处以罚款；给被派遣劳动者造成损害的，劳务派遣单位和用工单位承担连带赔偿责任。

第六章　附　　则

第三十六条　对违反劳动合同法和本条例的行为的投诉、举报，县级以上地方人民政府劳动行政部门依照《劳动保障监察条例》的规定处理。

第三十七条　劳动者与用人单位因订立、履行、变更、解除或者终止劳动合同发生争议的，依照《中华人民共和国劳动争议调解仲裁法》的规定处理。

第三十八条　本条例自公布之日起施行。

事业单位人事管理条例

(2014年4月25日国务院令第652号公布
自2014年7月1日起施行)

第一章　总　　则

第一条　为了规范事业单位的人事管理，保障事业单位工作人员的合法权益,建设高素质的事业单位工作人员队伍,促进公共服务发展,制定本条例。

第二条 事业单位人事管理,坚持党管干部、党管人才原则,全面准确贯彻民主、公开、竞争、择优方针。

国家对事业单位工作人员实行分级分类管理。

第三条 中央事业单位人事综合管理部门负责全国事业单位人事综合管理工作。

县级以上地方各级事业单位人事综合管理部门负责本辖区事业单位人事综合管理工作。

事业单位主管部门具体负责所属事业单位人事管理工作。

第四条 事业单位应当建立健全人事管理制度。

事业单位制定或者修改人事管理制度,应当通过职工代表大会或者其他形式听取工作人员意见。

第二章 岗位设置

第五条 国家建立事业单位岗位管理制度,明确岗位类别和等级。

第六条 事业单位根据职责任务和工作需要,按照国家有关规定设置岗位。

岗位应当具有明确的名称、职责任务、工作标准和任职条件。

第七条 事业单位拟订岗位设置方案,应当报人事综合管理部门备案。

第三章 公开招聘和竞聘上岗

第八条 事业单位新聘用工作人员,应当面向社会公开招聘。但是,国家政策性安置、按照人事管理权限由上级任命、涉密岗位等人员除外。

第九条 事业单位公开招聘工作人员按照下列程序进行:

(一)制定公开招聘方案;

(二)公布招聘岗位、资格条件等招聘信息;

(三)审查应聘人员资格条件;

(四)考试、考察;

(五)体检;

(六)公示拟聘人员名单;

(七)订立聘用合同,办理聘用手续。

第十条 事业单位内部产生岗位人选,需要竞聘上岗的,按照下列程序进行:

(一)制定竞聘上岗方案；
(二)在本单位公布竞聘岗位、资格条件、聘期等信息；
(三)审查竞聘人员资格条件；
(四)考评；
(五)在本单位公示拟聘人员名单；
(六)办理聘任手续。

第十一条 事业单位工作人员可以按照国家有关规定进行交流。

第四章 聘用合同

第十二条 事业单位与工作人员订立的聘用合同,期限一般不低于3年。

第十三条 初次就业的工作人员与事业单位订立的聘用合同期限3年以上的,试用期为12个月。

第十四条 事业单位工作人员在本单位连续工作满10年且距法定退休年龄不足10年,提出订立聘用至退休的合同的,事业单位应当与其订立聘用至退休的合同。

第十五条 事业单位工作人员连续旷工超过15个工作日,或者1年内累计旷工超过30个工作日的,事业单位可以解除聘用合同。

第十六条 事业单位工作人员年度考核不合格且不同意调整工作岗位,或者连续两年年度考核不合格的,事业单位提前30日书面通知,可以解除聘用合同。

第十七条 事业单位工作人员提前30日书面通知事业单位,可以解除聘用合同。但是,双方对解除聘用合同另有约定的除外。

第十八条 事业单位工作人员受到开除处分的,解除聘用合同。

第十九条 自聘用合同依法解除、终止之日起,事业单位与被解除、终止聘用合同人员的人事关系终止。

第五章 考核和培训

第二十条 事业单位应当根据聘用合同规定的岗位职责任务,全面考核工作人员的表现,重点考核工作绩效。考核应当听取服务对象的意见和评价。

第二十一条 考核分为平时考核、年度考核和聘期考核。

年度考核的结果可以分为优秀、合格、基本合格和不合格等档次,聘期考核的结果可以分为合格和不合格等档次。

第二十二条 考核结果作为调整事业单位工作人员岗位、工资以及续订聘用合同的依据。

第二十三条　事业单位应当根据不同岗位的要求,编制工作人员培训计划,对工作人员进行分级分类培训。

工作人员应当按照所在单位的要求,参加岗前培训、在岗培训、转岗培训和为完成特定任务的专项培训。

第二十四条　培训经费按照国家有关规定列支。

第六章　奖励和处分

第二十五条　事业单位工作人员或者集体有下列情形之一的,给予奖励:
(一)长期服务基层,爱岗敬业,表现突出的;
(二)在执行国家重要任务、应对重大突发事件中表现突出的;
(三)在工作中有重大发明创造、技术革新的;
(四)在培养人才、传播先进文化中作出突出贡献的;
(五)有其他突出贡献的。

第二十六条　奖励坚持精神奖励与物质奖励相结合、以精神奖励为主的原则。

第二十七条　奖励分为嘉奖、记功、记大功、授予荣誉称号。

第二十八条　事业单位工作人员有下列行为之一的,给予处分:
(一)损害国家声誉和利益的;
(二)失职渎职的;
(三)利用工作之便谋取不正当利益的;
(四)挥霍、浪费国家资财的;
(五)严重违反职业道德、社会公德的;
(六)其他严重违反纪律的。

第二十九条　处分分为警告、记过、降低岗位等级或者撤职、开除。

受处分的期间为:警告,6个月;记过,12个月;降低岗位等级或者撤职,24个月。

第三十条　给予工作人员处分,应当事实清楚、证据确凿、定性准确、处理恰当、程序合法、手续完备。

第三十一条　工作人员受开除以外的处分,在受处分期间没有再发生违纪行为的,处分期满后,由处分决定单位解除处分并以书面形式通知本人。

第七章　工资福利和社会保险

第三十二条　国家建立激励与约束相结合的事业单位工资制度。

事业单位工作人员工资包括基本工资、绩效工资和津贴补贴。

事业单位工资分配应当结合不同行业事业单位特点,体现岗位职责、工作业绩、实际贡献等因素。

第三十三条 国家建立事业单位工作人员工资的正常增长机制。

事业单位工作人员的工资水平应当与国民经济发展相协调、与社会进步相适应。

第三十四条 事业单位工作人员享受国家规定的福利待遇。

事业单位执行国家规定的工时制度和休假制度。

第三十五条 事业单位及其工作人员依法参加社会保险,工作人员依法享受社会保险待遇。

第三十六条 事业单位工作人员符合国家规定退休条件的,应当退休。

第八章 人事争议处理

第三十七条 事业单位工作人员与所在单位发生人事争议的,依照《中华人民共和国劳动争议调解仲裁法》等有关规定处理。

第三十八条 事业单位工作人员对涉及本人的考核结果、处分决定等不服的,可以按照国家有关规定申请复核、提出申诉。

第三十九条 负有事业单位聘用、考核、奖励、处分、人事争议处理等职责的人员履行职责,有下列情形之一的,应当回避:

(一)与本人有利害关系的;

(二)与本人近亲属有利害关系的;

(三)其他可能影响公正履行职责的。

第四十条 对事业单位人事管理工作中的违法违纪行为,任何单位或者个人可以向事业单位人事综合管理部门、主管部门或者监察机关投诉、举报,有关部门和机关应当及时调查处理。

第九章 法 律 责 任

第四十一条 事业单位违反本条例规定的,由县级以上事业单位人事综合管理部门或者主管部门责令限期改正;逾期不改正的,对直接负责的主管人员和其他直接责任人员依法给予处分。

第四十二条 对事业单位工作人员的人事处理违反本条例规定给当事人造成名誉损害的,应当赔礼道歉、恢复名誉、消除影响;造成经济损失的,依法给予赔偿。

第四十三条 事业单位人事综合管理部门和主管部门的工作人员在事业单位人事管理工作中滥用职权、玩忽职守、徇私舞弊的,依法给予处分;构成犯罪的,依法追究刑事责任。

第十章 附 则

第四十四条 本条例自2014年7月1日起施行。

二、集体合同、劳务派遣

集体合同规定

(2004年1月20日劳动和社会保障部令第22号发布
自2004年5月1日起施行)

第一章 总 则

第一条 为规范集体协商和签订集体合同行为,依法维护劳动者和用人单位的合法权益,根据《中华人民共和国劳动法》和《中华人民共和国工会法》,制定本规定。

第二条 中华人民共和国境内的企业和实行企业化管理的事业单位(以下统称用人单位)与本单位职工之间进行集体协商,签订集体合同,适用本规定。

第三条 本规定所称集体合同,是指用人单位与本单位职工根据法律、法规、规章的规定,就劳动报酬、工作时间、休息休假、劳动安全卫生、职业培训、保险福利等事项,通过集体协商签订的书面协议;所称专项集体合同,是指用人单位与本单位职工根据法律、法规、规章的规定,就集体协商的某项内容签订的专项书面协议。

第四条 用人单位与本单位职工签订集体合同或专项集体合同,以及确定相关事宜,应当采取集体协商的方式。集体协商主要采取协商会议的形式。

第五条 进行集体协商,签订集体合同或专项集体合同,应当遵循下列原则:

(一)遵守法律、法规、规章及国家有关规定;

(二)相互尊重,平等协商;

(三)诚实守信,公平合作;

(四)兼顾双方合法权益;

(五)不得采取过激行为。

第六条 符合本规定的集体合同或专项集体合同,对用人单位和本单位全体职工具有法律约束力。

用人单位与职工个人签订的劳动合同约定的劳动条件和劳动报酬等标准,不得低于集体合同或专项集体合同的规定。

第七条 县级以上劳动保障行政部门对本行政区域内用人单位与本单位职工开展集体协商、签订、履行集体合同的情况进行监督,并负责审查集体合同或专项集体合同。

第二章 集体协商内容

第八条 集体协商双方可以就下列多项或某项内容进行集体协商,签订集体合同或专项集体合同:

(一)劳动报酬;

(二)工作时间;

(三)休息休假;

(四)劳动安全与卫生;

(五)补充保险和福利;

(六)女职工和未成年工特殊保护;

(七)职业技能培训;

(八)劳动合同管理;

(九)奖惩;

(十)裁员;

(十一)集体合同期限;

(十二)变更、解除集体合同的程序;

(十三)履行集体合同发生争议时的协商处理办法;

(十四)违反集体合同的责任;

(十五)双方认为应当协商的其他内容。

第九条 劳动报酬主要包括:

(一)用人单位工资水平、工资分配制度、工资标准和工资分配形式;

(二)工资支付办法;

(三)加班、加点工资及津贴、补贴标准和奖金分配办法;
(四)工资调整办法;
(五)试用期及病、事假等期间的工资待遇;
(六)特殊情况下职工工资(生活费)支付办法;
(七)其他劳动报酬分配办法。

第十条 工作时间主要包括:
(一)工时制度;
(二)加班加点办法;
(三)特殊工种的工作时间;
(四)劳动定额标准。

第十一条 休息休假主要包括:
(一)日休息时间、周休息日安排、年休假办法;
(二)不能实行标准工时职工的休息休假;
(三)其他假期。

第十二条 劳动安全卫生主要包括:
(一)劳动安全卫生责任制;
(二)劳动条件和安全技术措施;
(三)安全操作规程;
(四)劳保用品发放标准;
(五)定期健康检查和职业健康体检。

第十三条 补充保险和福利主要包括:
(一)补充保险的种类、范围;
(二)基本福利制度和福利设施;
(三)医疗期延长及其待遇;
(四)职工亲属福利制度。

第十四条 女职工和未成年工的特殊保护主要包括:
(一)女职工和未成年工禁忌从事的劳动;
(二)女职工的经期、孕期、产期和哺乳期的劳动保护;
(三)女职工、未成年工定期健康检查;
(四)未成年工的使用和登记制度。

第十五条 职业技能培训主要包括:
(一)职业技能培训项目规划及年度计划;
(二)职业技能培训费用的提取和使用;

（三）保障和改善职业技能培训的措施。

第十六条 劳动合同管理主要包括：

（一）劳动合同签订时间；

（二）确定劳动合同期限的条件；

（三）劳动合同变更、解除、续订的一般原则及无固定期限劳动合同的终止条件；

（四）试用期的条件和期限。

第十七条 奖惩主要包括：

（一）劳动纪律；

（二）考核奖惩制度；

（三）奖惩程序。

第十八条 裁员主要包括：

（一）裁员的方案；

（二）裁员的程序；

（三）裁员的实施办法和补偿标准。

第三章 集体协商代表

第十九条 本规定所称集体协商代表（以下统称协商代表），是指按照法定程序产生并有权代表本方利益进行集体协商的人员。

集体协商双方的代表人数应当对等，每方至少3人，并各确定1名首席代表。

第二十条 职工一方的协商代表由本单位工会选派。未建立工会的，由本单位职工民主推荐，并经本单位半数以上职工同意。

职工一方的首席代表由本单位工会主席担任。工会主席可以书面委托其他协商代表代理首席代表。工会主席空缺的，首席代表由工会主要负责人担任。未建立工会的，职工一方的首席代表从协商代表中民主推举产生。

第二十一条 用人单位一方的协商代表，由用人单位法定代表人指派，首席代表由单位法定代表人担任或由其书面委托的其他管理人员担任。

第二十二条 协商代表履行职责的期限由被代表方确定。

第二十三条 集体协商双方首席代表可以书面委托本单位以外的专业人员作为本方协商代表。委托人数不得超过本方代表的三分之一。

首席代表不得由非本单位人员代理。

第二十四条 用人单位协商代表与职工协商代表不得相互兼任。

第二十五条 协商代表应履行下列职责：

（一）参加集体协商；

（二）接受本方人员质询，及时向本方人员公布协商情况并征求意见；

（三）提供与集体协商有关的情况和资料；

（四）代表本方参加集体协商争议的处理；

（五）监督集体合同或专项集体合同的履行；

（六）法律、法规和规章规定的其他职责。

第二十六条 协商代表应当维护本单位正常的生产、工作秩序，不得采取威胁、收买、欺骗等行为。

协商代表应当保守在集体协商过程中知悉的用人单位的商业秘密。

第二十七条 企业内部的协商代表参加集体协商视为提供了正常劳动。

第二十八条 职工一方协商代表在其履行协商代表职责期间劳动合同期满的，劳动合同期限自动延长至完成履行协商代表职责之时，除出现下列情形之一的，用人单位不得与其解除劳动合同：

（一）严重违反劳动纪律或用人单位依法制定的规章制度的；

（二）严重失职，营私舞弊，对用人单位利益造成重大损害的；

（三）被依法追究刑事责任的。

职工一方协商代表履行协商代表职责期间，用人单位无正当理由不得调整其工作岗位。

第二十九条 职工一方协商代表就本规定第二十七条、第二十八条的规定与用人单位发生争议的，可以向当地劳动争议仲裁委员会申请仲裁。

第三十条 工会可以更换职工一方协商代表；未建立工会的，经本单位半数以上职工同意可以更换职工一方协商代表。

用人单位法定代表人可以更换用人单位一方协商代表。

第三十一条 协商代表因更换、辞任或遇有不可抗力等情形造成空缺的，应在空缺之日起15日内按照本规定产生新的代表。

第四章 集体协商程序

第三十二条 集体协商任何一方均可就签订集体合同或专项集体合同以及相关事宜，以书面形式向对方提出进行集体协商的要求。

一方提出进行集体协商要求的，另一方应当在收到集体协商要求之日起20日内以书面形式给以回应，无正当理由不得拒绝进行集体协商。

第三十三条 协商代表在协商前应进行下列准备工作：

（一）熟悉与集体协商内容有关的法律、法规、规章和制度；

（二）了解与集体协商内容有关的情况和资料，收集用人单位和职工对协商意向所持的意见；

（三）拟定集体协商议题，集体协商议题可由提出协商一方起草，也可由双方指派代表共同起草；

（四）确定集体协商的时间、地点等事项；

（五）共同确定一名非协商代表担任集体协商记录员。记录员应保持中立、公正，并为集体协商双方保密。

第三十四条　集体协商会议由双方首席代表轮流主持，并按下列程序进行：

（一）宣布议程和会议纪律；

（二）一方首席代表提出协商的具体内容和要求，另一方首席代表就对方的要求作出回应；

（三）协商双方就商谈事项发表各自意见，开展充分讨论；

（四）双方首席代表归纳意见。达成一致的，应当形成集体合同草案或专项集体合同草案，由双方首席代表签字。

第三十五条　集体协商未达成一致意见或出现事先未预料的问题时，经双方协商，可以中止协商。中止期限及下次协商时间、地点、内容由双方商定。

第五章　集体合同的订立、变更、解除和终止

第三十六条　经双方协商代表协商一致的集体合同草案或专项集体合同草案应当提交职工代表大会或者全体职工讨论。

职工代表大会或者全体职工讨论集体合同草案或专项集体合同草案，应当有三分之二以上职工代表或者职工出席，且须经全体职工代表半数以上或者全体职工半数以上同意，集体合同草案或专项集体合同草案方获通过。

第三十七条　集体合同草案或专项集体合同草案经职工代表大会或者职工大会通过后，由集体协商双方首席代表签字。

第三十八条　集体合同或专项集体合同期限一般为1至3年，期满或双方约定的终止条件出现，即行终止。

集体合同或专项集体合同期满前3个月内，任何一方均可向对方提出重新签订或续订的要求。

第三十九条　双方协商代表协商一致，可以变更或解除集体合同或专项集体合同。

第四十条 有下列情形之一的,可以变更或解除集体合同或专项集体合同:

(一)用人单位因被兼并、解散、破产等原因,致使集体合同或专项集体合同无法履行的;

(二)因不可抗力等原因致使集体合同或专项集体合同无法履行或部分无法履行的;

(三)集体合同或专项集体合同约定的变更或解除条件出现的;

(四)法律、法规、规章规定的其他情形。

第四十一条 变更或解除集体合同或专项集体合同适用本规定的集体协商程序。

第六章 集体合同审查

第四十二条 集体合同或专项集体合同签订或变更后,应当自双方首席代表签字之日起10日内,由用人单位一方将文本一式三份报送劳动保障行政部门审查。

劳动保障行政部门对报送的集体合同或专项集体合同应当办理登记手续。

第四十三条 集体合同或专项集体合同审查实行属地管辖,具体管辖范围由省级劳动保障行政部门规定。

中央管辖的企业以及跨省、自治区、直辖市的用人单位的集体合同应当报送劳动保障部或劳动保障部指定的省级劳动保障行政部门。

第四十四条 劳动保障行政部门应当对报送的集体合同或专项集体合同的下列事项进行合法性审查:

(一)集体协商双方的主体资格是否符合法律、法规和规章规定;

(二)集体协商程序是否违反法律、法规、规章规定;

(三)集体合同或专项集体合同内容是否与国家规定相抵触。

第四十五条 劳动保障行政部门对集体合同或专项集体合同有异议的,应当自收到文本之日起15日内将《审查意见书》送达双方协商代表。《审查意见书》应当载明以下内容:

(一)集体合同或专项集体合同当事人双方的名称、地址;

(二)劳动保障行政部门收到集体合同或专项集体合同的时间;

(三)审查意见;

(四)作出审查意见的时间。

《审查意见书》应当加盖劳动保障行政部门印章。

第四十六条 用人单位与本单位职工就劳动保障行政部门提出异议的事项经集体协商重新签订集体合同或专项集体合同的，用人单位一方应当根据本规定第四十二条的规定将文本报送劳动保障行政部门审查。

第四十七条 劳动保障行政部门自收到文本之日起15日内未提出异议的，集体合同或专项集体合同即行生效。

第四十八条 生效的集体合同或专项集体合同，应当自其生效之日起由协商代表及时以适当的形式向本方全体人员公布。

第七章 集体协商争议的协调处理

第四十九条 集体协商过程中发生争议，双方当事人不能协商解决的，当事人一方或双方可以书面向劳动保障行政部门提出协调处理申请；未提出申请的，劳动保障行政部门认为必要时也可以进行协调处理。

第五十条 劳动保障行政部门应当组织同级工会和企业组织等三方面的人员，共同协调处理集体协商争议。

第五十一条 集体协商争议处理实行属地管辖，具体管辖范围由省级劳动保障行政部门规定。

中央管辖的企业以及跨省、自治区、直辖市用人单位因集体协商发生的争议，由劳动保障部指定的省级劳动保障行政部门组织同级工会和企业组织等三方面的人员协调处理，必要时，劳动保障部也可以组织有关方面协调处理。

第五十二条 协调处理集体协商争议，应当自受理协调处理申请之日起30日内结束协调处理工作。期满未结束的，可以适当延长协调期限，但延长期限不得超过15日。

第五十三条 协调处理集体协商争议应当按照以下程序进行：

（一）受理协调处理申请；

（二）调查了解争议的情况；

（三）研究制定协调处理争议的方案；

（四）对争议进行协调处理；

（五）制作《协调处理协议书》。

第五十四条 《协调处理协议书》应当载明协调处理申请、争议的事实和协调结果，双方当事人就某些协商事项不能达成一致的，应将继续协商的有关事项予以载明。《协调处理协议书》由集体协商争议协调处理人员和争议双方首席代表签字盖章后生效。争议双方均应遵守生效后的《协调处理协议书》。

第八章 附　则

第五十五条　因履行集体合同发生的争议,当事人协商解决不成的,可以依法向劳动争议仲裁委员会申请仲裁。

第五十六条　用人单位无正当理由拒绝工会或职工代表提出的集体协商要求的,按照《工会法》及有关法律、法规的规定处理。

第五十七条　本规定于2004年5月1日起实施。原劳动部1994年12月5日颁布的《集体合同规定》同时废止。

劳务派遣暂行规定

(2014年1月24日人力资源和社会保障部令第22号公布
自2014年3月1日起施行)

第一章 总　则

第一条　为规范劳务派遣,维护劳动者的合法权益,促进劳动关系和谐稳定,依据《中华人民共和国劳动合同法》(以下简称劳动合同法)和《中华人民共和国劳动合同法实施条例》(以下简称劳动合同法实施条例)等法律、行政法规,制定本规定。

第二条　劳务派遣单位经营劳务派遣业务,企业(以下称用工单位)使用被派遣劳动者,适用本规定。

依法成立的会计师事务所、律师事务所等合伙组织和基金会以及民办非企业单位等组织使用被派遣劳动者,依照本规定执行。

第二章　用工范围和用工比例

第三条　用工单位只能在临时性、辅助性或者替代性的工作岗位上使用被派遣劳动者。

前款规定的临时性工作岗位是指存续时间不超过6个月的岗位;辅助性工作岗位是指为主营业务岗位提供服务的非主营业务岗位;替代性工作岗位是指用工单位的劳动者因脱产学习、休假等原因无法工作的一定期间内,可以由其他劳动者替代工作的岗位。

用工单位决定使用被派遣劳动者的辅助性岗位,应当经职工代表大会或者全体职工讨论,提出方案和意见,与工会或者职工代表平等协商确定,并在用工单位内公示。

第四条 用工单位应当严格控制劳务派遣用工数量,使用的被派遣劳动者数量不得超过其用工总量的10%。

前款所称用工总量是指用工单位订立劳动合同人数与使用的被派遣劳动者人数之和。

计算劳务派遣用工比例的用工单位是指依照劳动合同法和劳动合同法实施条例可以与劳动者订立劳动合同的用人单位。

第三章 劳动合同、劳务派遣协议的订立和履行

第五条 劳务派遣单位应当依法与被派遣劳动者订立2年以上的固定期限书面劳动合同。

第六条 劳务派遣单位可以依法与被派遣劳动者约定试用期。劳务派遣单位与同一被派遣劳动者只能约定一次试用期。

第七条 劳务派遣协议应当载明下列内容:

(一)派遣的工作岗位名称和岗位性质;

(二)工作地点;

(三)派遣人员数量和派遣期限;

(四)按照同工同酬原则确定的劳动报酬数额和支付方式;

(五)社会保险费的数额和支付方式;

(六)工作时间和休息休假事项;

(七)被派遣劳动者工伤、生育或者患病期间的相关待遇;

(八)劳动安全卫生以及培训事项;

(九)经济补偿等费用;

(十)劳务派遣协议期限;

(十一)劳务派遣服务费的支付方式和标准;

(十二)违反劳务派遣协议的责任;

(十三)法律、法规、规章规定应当纳入劳务派遣协议的其他事项。

第八条 劳务派遣单位应当对被派遣劳动者履行下列义务:

(一)如实告知被派遣劳动者劳动合同法第八条规定的事项、应遵守的规章制度以及劳务派遣协议的内容;

(二)建立培训制度,对被派遣劳动者进行上岗知识、安全教育培训;

(三)按照国家规定和劳务派遣协议约定,依法支付被派遣劳动者的劳动报

酬和相关待遇；

（四）按照国家规定和劳务派遣协议约定，依法为被派遣劳动者缴纳社会保险费，并办理社会保险相关手续；

（五）督促用工单位依法为被派遣劳动者提供劳动保护和劳动安全卫生条件；

（六）依法出具解除或者终止劳动合同的证明；

（七）协助处理被派遣劳动者与用工单位的纠纷；

（八）法律、法规和规章规定的其他事项。

第九条 用工单位应当按照劳动合同法第六十二条规定，向被派遣劳动者提供与工作岗位相关的福利待遇，不得歧视被派遣劳动者。

第十条 被派遣劳动者在用工单位因工作遭受事故伤害的，劳务派遣单位应当依法申请工伤认定，用工单位应当协助工伤认定的调查核实工作。劳务派遣单位承担工伤保险责任，但可以与用工单位约定补偿办法。

被派遣劳动者在申请进行职业病诊断、鉴定时，用工单位应当负责处理职业病诊断、鉴定事宜，并如实提供职业病诊断、鉴定所需的劳动者职业史和职业危害接触史、工作场所职业病危害因素检测结果等资料，劳务派遣单位应当提供被派遣劳动者职业病诊断、鉴定所需的其他材料。

第十一条 劳务派遣单位行政许可有效期未延续或者《劳务派遣经营许可证》被撤销、吊销的，已经与被派遣劳动者依法订立的劳动合同应当履行至期限届满。双方经协商一致，可以解除劳动合同。

第十二条 有下列情形之一的，用工单位可以将被派遣劳动者退回劳务派遣单位：

（一）用工单位有劳动合同法第四十条第三项、第四十一条规定情形的；

（二）用工单位被依法宣告破产、吊销营业执照、责令关闭、撤销、决定提前解散或者经营期限届满不再继续经营的；

（三）劳务派遣协议期满终止的。

被派遣劳动者退回后在无工作期间，劳务派遣单位应当按照不低于所在地人民政府规定的最低工资标准，向其按月支付报酬。

第十三条 被派遣劳动者有劳动合同法第四十二条规定情形的，在派遣期限届满前，用工单位不得依据本规定第十二条第一款第一项规定将被派遣劳动者退回劳务派遣单位；派遣期限届满的，应当延续至相应情形消失时方可退回。

第四章 劳动合同的解除和终止

第十四条 被派遣劳动者提前30日以书面形式通知劳务派遣单位，可以解除劳动合同。被派遣劳动者在试用期内提前3日通知劳务派遣单位,可以解除劳动合同。劳务派遣单位应当将被派遣劳动者通知解除劳动合同的情况及时告知用工单位。

第十五条 被派遣劳动者因本规定第十二条规定被用工单位退回,劳务派遣单位重新派遣时维持或者提高劳动合同约定条件,被派遣劳动者不同意的,劳务派遣单位可以解除劳动合同。

被派遣劳动者因本规定第十二条规定被用工单位退回,劳务派遣单位重新派遣时降低劳动合同约定条件,被派遣劳动者不同意的,劳务派遣单位不得解除劳动合同。但被派遣劳动者提出解除劳动合同的除外。

第十六条 劳务派遣单位被依法宣告破产、吊销营业执照、责令关闭、撤销、决定提前解散或者经营期限届满不再继续经营的,劳动合同终止。用工单位应当与劳务派遣单位协商妥善安置被派遣劳动者。

第十七条 劳务派遣单位因劳动合同法第四十六条或者本规定第十五条、第十六条规定的情形,与被派遣劳动者解除或者终止劳动合同的,应当依法向被派遣劳动者支付经济补偿。

第五章 跨地区劳务派遣的社会保险

第十八条 劳务派遣单位跨地区派遣劳动者的,应当在用工单位所在地为被派遣劳动者参加社会保险,按照用工单位所在地的规定缴纳社会保险费,被派遣劳动者按照国家规定享受社会保险待遇。

第十九条 劳务派遣单位在用工单位所在地设立分支机构的,由分支机构为被派遣劳动者办理参保手续,缴纳社会保险费。

劳务派遣单位未在用工单位所在地设立分支机构的,由用工单位代劳务派遣单位为被派遣劳动者办理参保手续,缴纳社会保险费。

第六章 法 律 责 任

第二十条 劳务派遣单位、用工单位违反劳动合同法和劳动合同法实施条例有关劳务派遣规定的,按照劳动合同法第九十二条规定执行。

第二十一条 劳务派遣单位违反本规定解除或者终止被派遣劳动者劳动合同的,按照劳动合同法第四十八条、第八十七条规定执行。

第二十二条 用工单位违反本规定第三条第三款规定的,由人力资源社会保障行政部门责令改正,给予警告;给被派遣劳动者造成损害的,依法承担赔偿责任。

第二十三条　劳务派遣单位违反本规定第六条规定的，按照劳动合同法第八十三条规定执行。

第二十四条　用工单位违反本规定退回被派遣劳动者的，按照劳动合同法第九十二条第二款规定执行。

第七章　附　　则

第二十五条　外国企业常驻代表机构和外国金融机构驻华代表机构等使用被派遣劳动者的，以及船员用人单位以劳务派遣形式使用国际远洋海员的，不受临时性、辅助性、替代性岗位和劳务派遣用工比例的限制。

第二十六条　用人单位将本单位劳动者派往境外工作或者派往家庭、自然人处提供劳动的，不属于本规定所称劳务派遣。

第二十七条　用人单位以承揽、外包等名义，按劳务派遣用工形式使用劳动者的，按照本规定处理。

第二十八条　用工单位在本规定施行前使用被派遣劳动者数量超过其用工总量10%的，应当制定调整用工方案，于本规定施行之日起2年内降至规定比例。但是，《全国人民代表大会常务委员会关于修改〈中华人民共和国劳动合同法〉的决定》公布前已依法订立的劳动合同和劳务派遣协议期限届满日期在本规定施行之日起2年后的，可以依法继续履行至期限届满。

用工单位应当将制定的调整用工方案报当地人力资源社会保障行政部门备案。

用工单位未将本规定施行前使用的被派遣劳动者数量降至符合规定比例之前，不得新用被派遣劳动者。

第二十九条　本规定自2014年3月1日起施行。

劳务派遣行政许可实施办法

(2013年6月20日人力资源和社会保障部令第19号公布
自2013年7月1日起施行)

第一章　总　　则

第一条　为了规范劳务派遣，根据《中华人民共和国劳动合同法》《中华人民共和国行政许可法》等法律，制定本办法。

第二条 劳务派遣行政许可的申请受理、审查批准以及相关的监督检查等,适用本办法。

第三条 人力资源社会保障部负责对全国的劳务派遣行政许可工作进行监督指导。

县级以上地方人力资源社会保障行政部门按照省、自治区、直辖市人力资源社会保障行政部门确定的许可管辖分工,负责实施本行政区域内劳务派遣行政许可工作以及相关的监督检查。

第四条 人力资源社会保障行政部门实施劳务派遣行政许可,应当遵循权责统一、公开公正、优质高效的原则。

第五条 人力资源社会保障行政部门应当在本行政机关办公场所、网站上公布劳务派遣行政许可的依据、程序、期限、条件和需要提交的全部材料目录以及监督电话,并在本行政机关网站和至少一种全地区性报纸上向社会公布获得许可的劳务派遣单位名单及其许可变更、延续、撤销、吊销、注销等情况。

第二章 劳务派遣行政许可

第六条 经营劳务派遣业务,应当向所在地有许可管辖权的人力资源社会保障行政部门(以下称许可机关)依法申请行政许可。

未经许可,任何单位和个人不得经营劳务派遣业务。

第七条 申请经营劳务派遣业务应当具备下列条件:

(一)注册资本不得少于人民币200万元;

(二)有与开展业务相适应的固定的经营场所和设施;

(三)有符合法律、行政法规规定的劳务派遣管理制度;

(四)法律、行政法规规定的其他条件。

第八条 申请经营劳务派遣业务的,申请人应当向许可机关提交下列材料:

(一)劳务派遣经营许可申请书;

(二)营业执照或者《企业名称预先核准通知书》;

(三)公司章程以及验资机构出具的验资报告或者财务审计报告;

(四)经营场所的使用证明以及与开展业务相适应的办公设施设备、信息管理系统等清单;

(五)法定代表人的身份证明;

(六)劳务派遣管理制度,包括劳动合同、劳动报酬、社会保险、工作时间、休息休假、劳动纪律等与劳动者切身利益相关的规章制度文本;拟与用工单位签订的劳务派遣协议样本。

第九条　许可机关收到申请材料后，应当根据下列情况分别作出处理：

（一）申请材料存在可以当场更正的错误的，应当允许申请人当场更正；

（二）申请材料不齐全或者不符合法定形式的，应当当场或者在5个工作日内一次告知申请人需要补正的全部内容，逾期不告知的，自收到申请材料之日起即为受理；

（三）申请材料齐全、符合法定形式，或者申请人按照要求提交了全部补正申请材料的，应当受理行政许可申请。

第十条　许可机关对申请人提出的申请决定受理的，应当出具《受理决定书》；决定不予受理的，应当出具《不予受理决定书》，说明不予受理的理由，并告知申请人享有依法申请行政复议或者提起行政诉讼的权利。

第十一条　许可机关决定受理申请的，应当对申请人提交的申请材料进行审查。根据法定条件和程序，需要对申请材料的实质内容进行核实的，许可机关应当指派2名以上工作人员进行核查。

第十二条　许可机关应当自受理之日起20个工作日内作出是否准予行政许可的决定。20个工作日内不能作出决定的，经本行政机关负责人批准，可以延长10个工作日，并应当将延长期限的理由告知申请人。

第十三条　申请人的申请符合法定条件的，许可机关应当依法作出准予行政许可的书面决定，并自作出决定之日起5个工作日内通知申请人领取《劳务派遣经营许可证》。

申请人的申请不符合法定条件的，许可机关应当依法作出不予行政许可的书面决定，说明不予行政许可的理由，并告知申请人享有依法申请行政复议或者提起行政诉讼的权利。

第十四条　《劳务派遣经营许可证》应当载明单位名称、住所、法定代表人、注册资本、许可经营事项、有效期限、编号、发证机关以及发证日期等事项。《劳务派遣经营许可证》分为正本、副本。正本、副本具有同等法律效力。

《劳务派遣经营许可证》有效期为3年。

《劳务派遣经营许可证》由人力资源社会保障部统一制定样式，由各省、自治区、直辖市人力资源社会保障行政部门负责印制、免费发放和管理。

第十五条　劳务派遣单位取得《劳务派遣经营许可证》后，应当妥善保管，不得涂改、倒卖、出租、出借或者以其他形式非法转让。

第十六条　劳务派遣单位名称、住所、法定代表人或者注册资本等改变的，应当向许可机关提出变更申请。符合法定条件的，许可机关应当自收到变更申请之日起 10 个工作日内依法办理变更手续,并换发新的《劳务派遣经营许可证》或者在原《劳务派遣经营许可证》上予以注明;不符合法定条件的,许可机关应当自收到变更申请之日起 10 个工作日内作出不予变更的书面决定,并说明理由。

第十七条 劳务派遣单位分立、合并后继续存续,其名称、住所、法定代表人或者注册资本等改变的,应当按照本办法第十六条规定执行。

劳务派遣单位分立、合并后设立新公司的,应当按照本办法重新申请劳务派遣行政许可。

第十八条 劳务派遣单位需要延续行政许可有效期的,应当在有效期届满 60 日前向许可机关提出延续行政许可的书面申请,并提交 3 年以来的基本经营情况;劳务派遣单位逾期提出延续行政许可的书面申请的,按照新申请经营劳务派遣行政许可办理。

第十九条 许可机关应当根据劳务派遣单位的延续申请,在该行政许可有效期届满前作出是否准予延续的决定;逾期未作决定的,视为准予延续。

准予延续行政许可的,应当换发新的《劳务派遣经营许可证》。

第二十条 劳务派遣单位有下列情形之一的,许可机关应当自收到延续申请之日起 10 个工作日内作出不予延续书面决定,并说明理由:

(一)逾期不提交劳务派遣经营情况报告或者提交虚假劳务派遣经营情况报告,经责令改正,拒不改正的;

(二)违反劳动保障法律法规,在一个行政许可期限内受到 2 次以上行政处罚的。

第二十一条 劳务派遣单位设立子公司经营劳务派遣业务的,应当由子公司向所在地许可机关申请行政许可;劳务派遣单位设立分公司经营劳务派遣业务的,应当书面报告许可机关,并由分公司向所在地人力资源社会保障行政部门备案。

第三章 监督检查

第二十二条 劳务派遣单位应当于每年 3 月 31 日前向许可机关提交上一年度劳务派遣经营情况报告,如实报告下列事项:

(一)经营情况以及上年度财务审计报告;

(二)被派遣劳动者人数以及订立劳动合同、参加工会的情况;

(三)向被派遣劳动者支付劳动报酬的情况;

(四)被派遣劳动者参加社会保险、缴纳社会保险费的情况;

(五)被派遣劳动者派往的用工单位、派遣数量、派遣期限、用工岗位的情况;

(六)与用工单位订立的劳务派遣协议情况以及用工单位履行法定义务的情况;

(七)设立子公司、分公司等情况。

劳务派遣单位设立的子公司或者分公司,应当向办理许可或者备案手续的人力资源社会保障行政部门提交上一年度劳务派遣经营情况报告。

第二十三条 许可机关应当对劳务派遣单位提交的年度经营情况报告进行核验,依法对劳务派遣单位进行监督,并将核验结果和监督情况载入企业信用记录。

第二十四条 有下列情形之一的,许可机关或者其上级行政机关,可以撤销劳务派遣行政许可:

(一)许可机关工作人员滥用职权、玩忽职守,给不符合条件的申请人发放《劳务派遣经营许可证》的;

(二)超越法定职权发放《劳务派遣经营许可证》的;

(三)违反法定程序发放《劳务派遣经营许可证》的;

(四)依法可以撤销行政许可的其他情形。

第二十五条 申请人隐瞒真实情况或者提交虚假材料申请行政许可的,许可机关不予受理、不予行政许可。

劳务派遣单位以欺骗、贿赂等不正当手段和隐瞒真实情况或者提交虚假材料取得行政许可的,许可机关应当予以撤销。被撤销行政许可的劳务派遣单位在1年内不得再次申请劳务派遣行政许可。

第二十六条 有下列情形之一的,许可机关应当依法办理劳务派遣行政许可注销手续:

(一)《劳务派遣经营许可证》有效期届满,劳务派遣单位未申请延续的,或者延续申请未被批准的;

(二)劳务派遣单位依法终止的;

(三)劳务派遣行政许可依法被撤销,或者《劳务派遣经营许可证》依法被吊销的;

(四)法律、法规规定的应当注销行政许可的其他情形。

第二十七条 劳务派遣单位向许可机关申请注销劳务派遣行政许可的,应当提交已经依法处理与被派遣劳动者的劳动关系及其社会保险权益等材料,许可机关应当在核实有关情况后办理注销手续。

第二十八条　当事人对许可机关作出的有关劳务派遣行政许可的行政决定不服的,可以依法申请行政复议或者提起行政诉讼。

第二十九条　任何组织和个人有权对实施劳务派遣行政许可中的违法违规行为进行举报,人力资源社会保障行政部门应当及时核实、处理。

第四章　法　律　责　任

第三十条　人力资源社会保障行政部门有下列情形之一的,由其上级行政机关或者监察机关责令改正,对直接负责的主管人员和其他直接责任人员依法给予处分;构成犯罪的,依法追究刑事责任:

(一)向不符合法定条件的申请人发放《劳务派遣经营许可证》,或者超越法定职权发放《劳务派遣经营许可证》的;

(二)对符合法定条件的申请人不予行政许可或者不在法定期限内作出准予行政许可决定的;

(三)在办理行政许可、实施监督检查工作中,玩忽职守、徇私舞弊、索取或者收受他人财物或者谋取其他利益的;

(四)不依法履行监督职责或者监督不力,造成严重后果的。

许可机关违法实施行政许可,给当事人的合法权益造成损害的,应当依照国家赔偿法的规定给予赔偿。

第三十一条　任何单位和个人违反《中华人民共和国劳动合同法》的规定,未经许可,擅自经营劳务派遣业务的,由人力资源社会保障行政部门责令停止违法行为,没收违法所得,并处违法所得 1 倍以上 5 倍以下的罚款;没有违法所得的,可以处 5 万元以下的罚款。

第三十二条　劳务派遣单位违反《中华人民共和国劳动合同法》有关劳务派遣规定的,由人力资源社会保障行政部门责令限期改正;逾期不改正的,以每人 5000 元以上 1 万元以下的标准处以罚款,并吊销其《劳务派遣经营许可证》。

第三十三条　劳务派遣单位有下列情形之一的,由人力资源社会保障行政部门处 1 万元以下的罚款;情节严重的,处 1 万元以上 3 万元以下的罚款:

(一)涂改、倒卖、出租、出借《劳务派遣经营许可证》,或者以其他形式非法转让《劳务派遣经营许可证》的;

(二)隐瞒真实情况或者提交虚假材料取得劳务派遣行政许可的;

(三)以欺骗、贿赂等不正当手段取得劳务派遣行政许可的。

第五章　附　　则

第三十四条　劳务派遣单位在 2012 年 12 月 28 日至 2013 年 6 月 30 日之间

订立的劳动合同和劳务派遣协议,2013年7月1日后应当按照《全国人大常委会关于修改〈中华人民共和国劳动合同法〉的决定》执行。

本办法施行前经营劳务派遣业务的单位,应当按照本办法取得劳务派遣行政许可后,方可经营新的劳务派遣业务;本办法施行后未取得劳务派遣行政许可的,不得经营新的劳务派遣业务。

第三十五条 本办法自2013年7月1日起施行。

三、工时、休假

国务院关于职工工作时间的规定

(1994年2月3日国务院令第146号公布 根据1995年3月25日国务院令第174号《关于修改〈国务院关于职工工作时间的规定〉的决定》修订)

第一条 为了合理安排职工的工作和休息时间,维护职工的休息权利,调动职工的积极性,促进社会主义现代化建设的事业的发展,根据宪法有关规定,制定本规定。

第二条 本规定适用于在中华人民共和国境内的国家机关、社会团体、企业事业单位以及其他组织的职工。

第三条 职工每日工作八小时、每周工作四十小时。

第四条 在特殊条件下从事劳动和有特殊情况,需要适当缩短工作时间的,按照国家有关规定执行。

第五条 因工作性质或者生产特点的限制,不能实行每日工作八小时、每周工作四十小时标准工时制度的,按照国家有关规定,可以实行其他工作和休息办法。

第六条 任何单位和个人不得擅自延长职工工作时间。因特殊情况和紧急任务确需延长工作时间的,按照国家有关规定执行。

第七条 国家机关、事业单位实行统一的工作时间,星期六和星期日为周休息日。企业和不能实行前款规定的统一工作时间的事业单位,可以根据实际情况灵活安排周休息日。

第八条　本规定由劳动部、人事部负责解释,实施办法由劳动部、人事部制定。

第九条　本规定自1995年5月1日起施行,1995年5月1日施行有困难的企业、事业单位,可以适当延期,但是,事业单位最迟应当自1996年1月1日起施行,企业最迟应当自1997年5月1日起施行。

职工带薪年休假条例

(2007年12月14日国务院令第514号公布
自2008年1月1日起施行)

第一条　为了维护职工休息休假权利,调动职工工作积极性,根据劳动法和公务员法,制定本条例。

第二条　机关、团体、企业、事业单位、民办非企业单位、有雇工的个体工商户等单位的职工连续工作1年以上的,享受带薪年休假(以下简称年休假)。单位应当保证职工享受年休假。职工在年休假期间享受与正常工作期间相同的工资收入。

第三条　职工累计工作已满1年不满10年的,年休假5天;已满10年不满20年的,年休假10天;已满20年的,年休假15天。

国家法定休假日、休息日不计入年休假的假期。

第四条　职工有下列情形之一的,不享受当年的年休假:

(一)职工依法享受寒暑假,其休假天数多于年休假天数的;

(二)职工请事假累计20天以上且单位按照规定不扣工资的;

(三)累计工作满1年不满10年的职工,请病假累计2个月以上的;

(四)累计工作满10年不满20年的职工,请病假累计3个月以上的;

(五)累计工作满20年以上的职工,请病假累计4个月以上的。

第五条　单位根据生产、工作的具体情况,并考虑职工本人意愿,统筹安排职工年休假。

年休假在1个年度内可以集中安排,也可以分段安排,一般不跨年度安排。单位因生产、工作特点确有必要跨年度安排职工年休假的,可以跨1个年度安排。

单位确因工作需要不能安排职工休年休假的,经职工本人同意,可以不安排职工休年休假。对职工应休未休的年休假天数,单位应当按照该职工日工资收入的300%支付年休假工资报酬。

第六条 县级以上地方人民政府人事部门、劳动保障部门应当依据职权对单位执行本条例的情况主动进行监督检查。

工会组织依法维护职工的年休假权利。

第七条 单位不安排职工休年休假又不依照本条例规定给予年休假工资报酬的,由县级以上地方人民政府人事部门或者劳动保障部门依据职权责令限期改正;对逾期不改正的,除责令该单位支付年休假工资报酬外,单位还应当按照年休假工资报酬的数额向职工加付赔偿金;对拒不支付年休假工资报酬、赔偿金的,属于公务员和参照公务员法管理的人员所在单位的,对直接负责的主管人员以及其他直接责任人员依法给予处分;属于其他单位的,由劳动保障部门、人事部门或者职工申请人民法院强制执行。

第八条 职工与单位因年休假发生的争议,依照国家有关法律、行政法规的规定处理。

第九条 国务院人事部门、国务院劳动保障部门依据职权,分别制定本条例的实施办法。

第十条 本条例自2008年1月1日起施行。

企业职工带薪年休假实施办法

(2008年9月18日人力资源和社会保障部令第1号发布施行)

第一条 为了实施《职工带薪年休假条例》(以下简称条例),制定本实施办法。

第二条 中华人民共和国境内的企业、民办非企业单位、有雇工的个体工商户等单位(以下称用人单位)和与其建立劳动关系的职工,适用本办法。

第三条 职工连续工作满12个月以上的,享受带薪年休假(以下简称年休假)。

第四条 年休假天数根据职工累计工作时间确定。职工在同一或者不同用人单位工作期间,以及依照法律、行政法规或者国务院规定视同工作期间,应当计为累计工作时间。

第五条 职工新进用人单位且符合本办法第三条规定的,当年度年休假天数,按照在本单位剩余日历天数折算确定,折算后不足1整天的部分不享受年休假。

前款规定的折算方法为:(当年度在本单位剩余日历天数÷365天)×职工本人全年应当享受的年休假天数。

第六条 职工依法享受的探亲假、婚丧假、产假等国家规定的假期以及因工伤停工留薪期间不计入年休假假期。

第七条 职工享受寒暑假天数多于其年休假天数的,不享受当年的年休假。确因工作需要,职工享受的寒暑假天数少于其年休假天数的,用人单位应当安排补足年休假天数。

第八条 职工已享受当年的年休假,年度内又出现条例第四条第(二)、(三)、(四)、(五)项规定情形之一的,不享受下一年度的年休假。

第九条 用人单位根据生产、工作的具体情况,并考虑职工本人意愿,统筹安排年休假。用人单位确因工作需要不能安排职工年休假或者跨1个年度安排年休假的,应征得职工本人同意。

第十条 用人单位经职工同意不安排年休假或者安排职工年休假天数少于应休年休假天数,应当在本年度内对职工应休未休年休假天数,按照其日工资收入的300%支付未休年休假工资报酬,其中包含用人单位支付职工正常工作期间的工资收入。

用人单位安排职工休年休假,但是职工因本人原因且书面提出不休年休假的,用人单位可以只支付其正常工作期间的工资收入。

第十一条 计算未休年休假工资报酬的日工资收入按照职工本人的月工资除以月计薪天数(21.75天)进行折算。

前款所称月工资是指职工在用人单位支付其未休年休假工资报酬前12个月剔除加班工资后的月平均工资。在本用人单位工作时间不满12个月的,按实际月份计算月平均工资。

职工在年休假期间享受与正常工作期间相同的工资收入。实行计件工资、提成工资或者其他绩效工资制的职工,日工资收入的计发办法按照本条第一款、第二款的规定执行。

第十二条 用人单位与职工解除或者终止劳动合同时,当年度未安排职工休满应休年休假的,应当按照职工当年已工作时间折算应休未休年休假天数并支付未休年休假工资报酬,但折算后不足1整天的部分不支付未休年休假工资报酬。

前款规定的折算方法为：（当年度在本单位已过日历天数÷365天）×职工本人全年应当享受的年休假天数－当年度已安排年休假天数。

用人单位当年已安排职工年休假的，多于折算应休年休假的天数不再扣回。

第十三条 劳动合同、集体合同约定的或者用人单位规章制度规定的年休假天数、未休年休假工资报酬高于法定标准的，用人单位应当按照有关约定或者规定执行。

第十四条 劳务派遣单位的职工符合本办法第三条规定条件的，享受年休假。

被派遣职工在劳动合同期限内无工作期间由劳务派遣单位依法支付劳动报酬的天数多于其全年应当享受的年休假天数的，不享受当年的年休假；少于其全年应当享受的年休假天数的，劳务派遣单位、用工单位应当协商安排补足被派遣职工年休假天数。

第十五条 县级以上地方人民政府劳动行政部门应当依法监督检查用人单位执行条例及本办法的情况。

用人单位不安排职工休年休假又不依照条例及本办法规定支付未休年休假工资报酬的，由县级以上地方人民政府劳动行政部门依据职权责令限期改正；对逾期不改正的，除责令该用人单位支付未休年休假工资报酬外，用人单位还应当按照未休年休假工资报酬的数额向职工加付赔偿金；对拒不执行支付未休年休假工资报酬、赔偿金行政处理决定的，由劳动行政部门申请人民法院强制执行。

第十六条 职工与用人单位因年休假发生劳动争议的，依照劳动争议处理的规定处理。

第十七条 除法律、行政法规或者国务院另有规定外，机关、事业单位、社会团体和与其建立劳动关系的职工，依照本办法执行。

船员的年休假按《中华人民共和国船员条例》执行。

第十八条 本办法中的"年度"是指公历年度。

第十九条 本办法自发布之日起施行。

全国年节及纪念日放假办法

（1949年12月23日政务院发布　根据1999年9月18日国务院令第270号《关于修改〈全国年节及纪念日放假办法〉的决定》第一次修订　根据2007年12月14日国务院令第513号《关于修改〈全国年节及纪念日放假办法〉的决定》第二次修订　根据2013年12月11日国务院令第644号《关于修改〈全国年节及纪念日放假办法〉的决定》第三次修订　根据2024年11月10日国务院令第795号《关于修改〈全国年节及纪念日放假办法〉的决定》第四次修订）

第一条　为统一全国年节及纪念日的假期，制定本办法。

第二条　全体公民放假的节日：

（一）元旦，放假1天（1月1日）；

（二）春节，放假4天（农历除夕、正月初一至初三）；

（三）清明节，放假1天（农历清明当日）；

（四）劳动节，放假2天（5月1日、2日）；

（五）端午节，放假1天（农历端午当日）；

（六）中秋节，放假1天（农历中秋当日）；

（七）国庆节，放假3天（10月1日至3日）。

第三条　部分公民放假的节日及纪念日：

（一）妇女节（3月8日），妇女放假半天；

（二）青年节（5月4日），14周岁以上的青年放假半天；

（三）儿童节（6月1日），不满14周岁的少年儿童放假1天；

（四）中国人民解放军建军纪念日（8月1日），现役军人放假半天。

第四条　少数民族习惯的节日，由各少数民族聚居地区的地方人民政府，按照各该民族习惯，规定放假日期。

第五条　二七纪念日、五卅纪念日、七七抗战纪念日、九三抗战胜利纪念日、九一八纪念日、教师节、护士节、记者节、植树节等其他节日、纪念日，均不放假。

第六条　全体公民放假的假日，如果适逢周六、周日，应当在工作日补假。部分公民放假的假日，如果适逢周六、周日，则不补假。

第七条 全体公民放假的假日,可合理安排统一放假调休,结合落实带薪年休假等制度,实际形成较长假期。除个别特殊情形外,法定节假日假期前后连续工作一般不超过6天。

第八条 本办法自公布之日起施行。

四、薪　　酬

保障农民工工资支付条例

(2019年12月30日国务院令第724号公布
自2020年5月1日起施行)

第一章 总　　则

第一条 为了规范农民工工资支付行为,保障农民工按时足额获得工资,根据《中华人民共和国劳动法》及有关法律规定,制定本条例。

第二条 保障农民工工资支付,适用本条例。

本条例所称农民工,是指用人单位提供劳动的农村居民。

本条例所称工资,是指农民工为用人单位提供劳动后应当获得的劳动报酬。

第三条 农民工有按时足额获得工资的权利。任何单位和个人不得拖欠农民工工资。

农民工应当遵守劳动纪律和职业道德,执行劳动安全卫生规程,完成劳动任务。

第四条 县级以上地方人民政府对本行政区域内保障农民工工资支付工作负责,建立保障农民工工资支付工作协调机制,加强监管能力建设,健全保障农民工工资支付工作目标责任制,并纳入对本级人民政府有关部门和下级人民政府进行考核和监督的内容。

乡镇人民政府、街道办事处应当加强对拖欠农民工工资矛盾的排查和调处工作,防范和化解矛盾,及时调解纠纷。

第五条 保障农民工工资支付,应当坚持市场主体负责、政府依法监管、社会协同监督,按照源头治理、预防为主、防治结合、标本兼治的要求,依法根治拖欠农民工工资问题。

第六条 用人单位实行农民工劳动用工实名制管理,与招用的农民工书面约定或者通过依法制定的规章制度规定工资支付标准、支付时间、支付方式等内容。

第七条 人力资源社会保障行政部门负责保障农民工工资支付工作的组织协调、管理指导和农民工工资支付情况的监督检查,查处有关拖欠农民工工资案件。

住房城乡建设、交通运输、水利等相关行业工程建设主管部门按照职责履行行业监管责任,督办因违法发包、转包、违法分包、挂靠、拖欠工程款等导致的拖欠农民工工资案件。

发展改革等部门按照职责负责政府投资项目的审批管理,依法审查政府投资项目的资金来源和筹措方式,按规定及时安排政府投资,加强社会信用体系建设,组织对拖欠农民工工资失信联合惩戒对象依法依规予以限制和惩戒。

财政部门负责政府投资资金的预算管理,根据经批准的预算按规定及时足额拨付政府投资资金。

公安机关负责及时受理、侦办涉嫌拒不支付劳动报酬刑事案件,依法处置因农民工工资拖欠引发的社会治安案件。

司法行政、自然资源、人民银行、审计、国有资产管理、税务、市场监管、金融监管等部门,按照职责做好与保障农民工工资支付相关的工作。

第八条 工会、共产主义青年团、妇女联合会、残疾人联合会等组织按照职责依法维护农民工获得工资的权利。

第九条 新闻媒体应当开展保障农民工工资支付法律法规政策的公益宣传和先进典型的报道,依法加强对拖欠农民工工资违法行为的舆论监督,引导用人单位增强依法用工、按时足额支付工资的法律意识,引导农民工依法维权。

第十条 被拖欠工资的农民工有权依法投诉,或者申请劳动争议调解仲裁和提起诉讼。

任何单位和个人对拖欠农民工工资的行为,有权向人力资源社会保障行政部门或者其他有关部门举报。

人力资源社会保障行政部门和其他有关部门应当公开举报投诉电话、网站等渠道,依法接受对拖欠农民工工资行为的举报、投诉。对于举报、投诉的处理实行首问负责制,属于本部门受理的,应当依法及时处理;不属于本部门受理的,应当及时转送相关部门,相关部门应当依法及时处理,并将处理结果告知举报、投诉人。

第二章　工资支付形式与周期

第十一条　农民工工资应当以货币形式,通过银行转账或者现金支付给农民工本人,不得以实物或者有价证券等其他形式替代。

第十二条　用人单位应当按照与农民工书面约定或者依法制定的规章制度规定的工资支付周期和具体支付日期足额支付工资。

第十三条　实行月、周、日、小时工资制的,按照月、周、日、小时为周期支付工资;实行计件工资制的,工资支付周期由双方依法约定。

第十四条　用人单位与农民工书面约定或者依法制定的规章制度规定的具体支付日期,可以在农民工提供劳动的当期或者次期。具体支付日期遇法定节假日或者休息日的,应当在法定节假日或者休息日前支付。

用人单位因不可抗力未能在支付日期支付工资的,应当在不可抗力消除后及时支付。

第十五条　用人单位应当按照工资支付周期编制书面工资支付台账,并至少保存3年。

书面工资支付台账应当包括用人单位名称、支付周期、支付日期、支付对象姓名、身份证号码、联系方式、工作时间、应发工资项目及数额、代扣、代缴、扣除项目和数额、实发工资数额、银行代发工资凭证或者农民工签字等内容。

用人单位向农民工支付工资时,应当提供农民工本人的工资清单。

第三章　工　资　清　偿

第十六条　用人单位拖欠农民工工资的,应当依法予以清偿。

第十七条　不具备合法经营资格的单位招用农民工,农民工已经付出劳动而未获得工资的,依照有关法律规定执行。

第十八条　用工单位使用个人、不具备合法经营资格的单位或者未依法取得劳务派遣许可证的单位派遣的农民工,拖欠农民工工资的,由用工单位清偿,并可以依法进行追偿。

第十九条　用人单位将工作任务发包给个人或者不具备合法经营资格的单位,导致拖欠所招用农民工工资的,依照有关法律规定执行。

用人单位允许个人、不具备合法经营资格或者未取得相应资质的单位以用人单位的名义对外经营,导致拖欠所招用农民工工资的,由用人单位清偿,并可以依法进行追偿。

第二十条　合伙企业、个人独资企业、个体经济组织等用人单位拖欠农民工工资的,应当依法予以清偿;不清偿的,由出资人依法清偿。

第二十一条　用人单位合并或者分立时,应当在实施合并或者分立前依法清偿拖欠的农民工工资;经与农民工书面协商一致的,可以由合并或者分立后承继其权利和义务的用人单位清偿。

第二十二条　用人单位被依法吊销营业执照或者登记证书、被责令关闭、被撤销或者依法解散的,应当在申请注销登记前依法清偿拖欠的农民工工资。

未依据前款规定清偿农民工工资的用人单位主要出资人,应当在注册新用人单位前清偿拖欠的农民工工资。

第四章　工程建设领域特别规定

第二十三条　建设单位应当有满足施工所需要的资金安排。没有满足施工所需要的资金安排的,工程建设项目不得开工建设;依法需要办理施工许可证的,相关行业工程建设主管部门不予颁发施工许可证。

政府投资项目所需资金,应当按照国家有关规定落实到位,不得由施工单位垫资建设。

第二十四条　建设单位应当向施工单位提供工程款支付担保。

建设单位与施工总承包单位依法订立书面工程施工合同,应当约定工程款计量周期、工程款进度结算办法以及人工费用拨付周期,并按照保障农民工工资按时足额支付的要求约定人工费用。人工费用拨付周期不得超过 1 个月。

建设单位与施工总承包单位应当将工程施工合同保存备查。

第二十五条　施工总承包单位与分包单位依法订立书面分包合同,应当约定工程款计量周期、工程款进度结算办法。

第二十六条　施工总承包单位应当按照有关规定开设农民工工资专用账户,专项用于支付该工程建设项目农民工工资。

开设、使用农民工工资专用账户有关资料应当由施工总承包单位妥善保存备查。

第二十七条　金融机构应当优化农民工工资专用账户开设服务流程,做好农民工工资专用账户的日常管理工作;发现资金未按约定拨付等情况的,及时通知施工总承包单位,由施工总承包单位报告人力资源社会保障行政部门和相关行业工程建设主管部门,并纳入欠薪预警系统。

工程完工且未拖欠农民工工资的,施工总承包单位公示 30 日后,可以申请注销农民工工资专用账户,账户内余额归施工总承包单位所有。

第二十八条 施工总承包单位或者分包单位应当依法与所招用的农民工订立劳动合同并进行用工实名登记，具备条件的行业应当通过相应的管理服务信息平台进行用工实名登记、管理。未与施工总承包单位或者分包单位订立劳动合同并进行用工实名登记的人员，不得进入项目现场施工。

施工总承包单位应当在工程项目部配备劳资专管员，对分包单位劳动用工实施监督管理，掌握施工现场用工、考勤、工资支付等情况，审核分包单位编制的农民工工资支付表，分包单位应当予以配合。

施工总承包单位、分包单位应当建立用工管理台账，并保存至工程完工且工资全部结清后至少3年。

第二十九条 建设单位应当按照合同约定及时拨付工程款，并将人工费用及时足额拨付至农民工工资专用账户，加强对施工总承包单位按时足额支付农民工工资的监督。

因建设单位未按照合同约定及时拨付工程款导致农民工工资拖欠的，建设单位应当以未结清的工程款为限先行垫付被拖欠的农民工工资。

建设单位应当以项目为单位建立保障农民工工资支付协调机制和工资拖欠预防机制，督促施工总承包单位加强劳动用工管理，妥善处理与农民工工资支付相关的矛盾纠纷。发生农民工集体讨薪事件的，建设单位应当会同施工总承包单位及时处理，并向项目所在地人力资源社会保障行政部门和相关行业工程建设主管部门报告有关情况。

第三十条 分包单位对所招用农民工的实名制管理和工资支付负直接责任。

施工总承包单位对分包单位劳动用工和工资发放等情况进行监督。

分包单位拖欠农民工工资的，由施工总承包单位先行清偿，再依法进行追偿。

工程建设项目转包，拖欠农民工工资的，由施工总承包单位先行清偿，再依法进行追偿。

第三十一条 工程建设领域推行分包单位农民工工资委托施工总承包单位代发制度。

分包单位应当按月考核农民工工作量并编制工资支付表，经农民工本人签字确认后，与当月工程进度等情况一并交施工总承包单位。

施工总承包单位根据分包单位编制的工资支付表，通过农民工工资专用账户直接将工资支付到农民工本人的银行账户，并向分包单位提供代发工资凭证。

用于支付农民工工资的银行账户所绑定的农民工本人社会保障卡或者银行卡,用人单位或者其他人员不得以任何理由扣押或者变相扣押。

第三十二条 施工总承包单位应当按照有关规定存储工资保证金,专项用于支付为所承包工程提供劳动的农民工被拖欠的工资。

工资保证金实行差异化存储办法,对一定时期内未发生工资拖欠的单位实行减免措施,对发生工资拖欠的单位适当提高存储比例。工资保证金可以用金融机构保函替代。

工资保证金的存储比例、存储形式、减免措施等具体办法,由国务院人力资源社会保障行政部门会同有关部门制定。

第三十三条 除法律另有规定外,农民工工资专用账户资金和工资保证金不得因支付为本项目提供劳动的农民工工资之外的原因被查封、冻结或者划拨。

第三十四条 施工总承包单位应当在施工现场醒目位置设立维权信息告示牌,明示下列事项:

(一)建设单位、施工总承包单位及所在项目部、分包单位、相关行业工程建设主管部门、劳资专管员等基本信息;

(二)当地最低工资标准、工资支付日期等基本信息;

(三)相关行业工程建设主管部门和劳动保障监察投诉举报电话、劳动争议调解仲裁申请渠道、法律援助申请渠道、公共法律服务热线等信息。

第三十五条 建设单位与施工总承包单位或者承包单位与分包单位因工程数量、质量、造价等产生争议的,建设单位不得因争议不按照本条例第二十四条的规定拨付工程款中的人工费用,施工总承包单位也不得因争议不按照规定代发工资。

第三十六条 建设单位或者施工总承包单位将建设工程发包或者分包给个人或者不具备合法经营资格的单位,导致拖欠农民工工资的,由建设单位或者施工总承包单位清偿。

施工单位允许其他单位和个人以施工单位的名义对外承揽建设工程,导致拖欠农民工工资的,由施工单位清偿。

第三十七条 工程建设项目违反国土空间规划、工程建设等法律法规,导致拖欠农民工工资的,由建设单位清偿。

第五章 监督检查

第三十八条 县级以上地方人民政府应当建立农民工工资支付监控预警

平台,实现人力资源社会保障、发展改革、司法行政、财政、住房城乡建设、交通运输、水利等部门的工程项目审批、资金落实、施工许可、劳动用工、工资支付等信息及时共享。

人力资源社会保障行政部门根据水电燃气供应、物业管理、信贷、税收等反映企业生产经营相关指标的变化情况,及时监控和预警工资支付隐患并做好防范工作,市场监管、金融监管、税务等部门应当予以配合。

第三十九条 人力资源社会保障行政部门、相关行业工程建设主管部门和其他有关部门应当按照职责,加强对用人单位与农民工签订劳动合同、工资支付以及工程建设项目实行农民工实名制管理、农民工工资专用账户管理、施工总承包单位代发工资、工资保证金存储、维权信息公示等情况的监督检查,预防和减少拖欠农民工工资行为的发生。

第四十条 人力资源社会保障行政部门在查处拖欠农民工工资案件时,需要依法查询相关单位金融账户和相关当事人拥有房产、车辆等情况的,应当经设区的市级以上地方人民政府人力资源社会保障行政部门负责人批准,有关金融机构和登记部门应当予以配合。

第四十一条 人力资源社会保障行政部门在查处拖欠农民工工资案件时,发生用人单位拒不配合调查、清偿责任主体及相关当事人无法联系等情形的,可以请求公安机关和其他有关部门协助处理。

人力资源社会保障行政部门发现拖欠农民工工资的违法行为涉嫌构成拒不支付劳动报酬罪的,应当按照有关规定及时移送公安机关审查并作出决定。

第四十二条 人力资源社会保障行政部门作出责令支付被拖欠的农民工工资的决定,相关单位不支付的,可以依法申请人民法院强制执行。

第四十三条 相关行业工程建设主管部门应当依法规范本领域建设市场秩序,对违法发包、转包、违法分包、挂靠等行为进行查处,并对导致拖欠农民工工资的违法行为及时予以制止、纠正。

第四十四条 财政部门、审计机关和相关行业工程建设主管部门按照职责,依法对政府投资项目建设单位按照工程施工合同约定向农民工工资专用账户拨付资金情况进行监督。

第四十五条 司法行政部门和法律援助机构应当将农民工列为法律援助的重点对象,并依法为请求支付工资的农民工提供便捷的法律援助。

公共法律服务相关机构应当积极参与相关诉讼、咨询、调解等活动,帮助解决拖欠农民工工资问题。

第四十六条 人力资源社会保障行政部门、相关行业工程建设主管部门和其他有关部门应当按照"谁执法谁普法"普法责任制的要求,通过以案释法等多种形式,加大对保障农民工工资支付相关法律法规的普及宣传。

第四十七条 人力资源社会保障行政部门应当建立用人单位及相关责任人劳动保障守法诚信档案,对用人单位开展守法诚信等级评价。

用人单位有严重拖欠农民工工资违法行为的,由人力资源社会保障行政部门向社会公布,必要时可以通过召开新闻发布会等形式向媒体公开曝光。

第四十八条 用人单位拖欠农民工工资,情节严重或者造成严重不良社会影响的,有关部门应当将该用人单位及其法定代表人或者主要负责人、直接负责的主管人员和其他直接责任人员列入拖欠农民工工资失信联合惩戒对象名单,在政府资金支持、政府采购、招投标、融资贷款、市场准入、税收优惠、评优评先、交通出行等方面依法依规予以限制。

拖欠农民工工资需要列入失信联合惩戒名单的具体情形,由国务院人力资源社会保障行政部门规定。

第四十九条 建设单位未依法提供工程款支付担保或者政府投资项目拖欠工程款,导致拖欠农民工工资的,县级以上地方人民政府应当限制其新建项目,并记入信用记录,纳入国家信用信息系统进行公示。

第五十条 农民工与用人单位就拖欠工资存在争议,用人单位应当提供依法由其保存的劳动合同、职工名册、工资支付台账和清单等材料;不提供的,依法承担不利后果。

第五十一条 工会依法维护农民工工资权益,对用人单位工资支付情况进行监督;发现拖欠农民工工资的,可以要求用人单位改正,拒不改正的,可以请求人力资源社会保障行政部门和其他有关部门依法处理。

第五十二条 单位或者个人编造虚假事实或者采取非法手段讨要农民工工资,或者以拖欠农民工工资为名讨要工程款的,依法予以处理。

第六章 法 律 责 任

第五十三条 违反本条例规定拖欠农民工工资的,依照有关法律规定执行。

第五十四条 有下列情形之一的,由人力资源社会保障行政部门责令限期改正;逾期不改正的,对单位处2万元以上5万元以下的罚款,对法定代表人或者主要负责人、直接负责的主管人员和其他直接责任人员处1万元以上3万元以下的罚款:

(一)以实物、有价证券等形式代替货币支付农民工工资;

(二)未编制工资支付台账并依法保存,或者未向农民工提供工资清单；

(三)扣押或者变相扣押用于支付农民工工资的银行账户所绑定的农民工本人社会保障卡或者银行卡。

第五十五条　有下列情形之一的,由人力资源社会保障行政部门、相关行业工程建设主管部门按照职责责令限期改正；逾期不改正的,责令项目停工,并处5万元以上10万元以下的罚款；情节严重的,给予施工单位限制承接新工程、降低资质等级、吊销资质证书等处罚：

(一)施工总承包单位未按规定开设或者使用农民工工资专用账户；

(二)施工总承包单位未按规定存储工资保证金或者未提供金融机构保函；

(三)施工总承包单位、分包单位未实行劳动用工实名制管理。

第五十六条　有下列情形之一的,由人力资源社会保障行政部门、相关行业工程建设主管部门按照职责责令限期改正；逾期不改正的,处5万元以上10万元以下的罚款：

(一)分包单位未按月考核农民工工作量、编制工资支付表并经农民工本人签字确认；

(二)施工总承包单位未对分包单位劳动用工实施监督管理；

(三)分包单位未配合施工总承包单位对其劳动用工进行监督管理；

(四)施工总承包单位未实行施工现场维权信息公示制度。

第五十七条　有下列情形之一的,由人力资源社会保障行政部门、相关行业工程建设主管部门按照职责责令限期改正；逾期不改正的,责令项目停工,并处5万元以上10万元以下的罚款：

(一)建设单位未依法提供工程款支付担保；

(二)建设单位未按约定及时足额向农民工工资专用账户拨付工程款中的人工费用；

(三)建设单位或者施工总承包单位拒不提供或者无法提供工程施工合同、农民工工资专用账户有关资料。

第五十八条　不依法配合人力资源社会保障行政部门查询相关单位金融账户的,由金融监管部门责令改正；拒不改正的,处2万元以上5万元以下的罚款。

第五十九条　政府投资项目政府投资资金不到位拖欠农民工工资的,由人力资源社会保障行政部门报本级人民政府批准,责令限期足额拨付所拖欠的资金；逾期不拨付的,由上一级人民政府人力资源社会保障行政部门约谈直接责任部门和相关监管部门负责人,必要时进行通报,约谈地方人民政府负责人。

情节严重的,对地方人民政府及其有关部门负责人、直接负责的主管人员和其他直接责任人员依法依规给予处分。

第六十条　政府投资项目建设单位未经批准立项建设、擅自扩大建设规模、擅自增加投资概算、未及时拨付工程款等导致拖欠农民工工资的,除依法承担责任外,由人力资源社会保障行政部门、其他有关部门按照职责约谈建设单位负责人,并作为其业绩考核、薪酬分配、评优评先、职务晋升等的重要依据。

第六十一条　对于建设资金不到位、违法违规开工建设的社会投资工程建设项目拖欠农民工工资的,由人力资源社会保障行政部门、其他有关部门按照职责依法对建设单位进行处罚;对建设单位负责人依法依规给予处分。相关部门工作人员未依法履行职责的,由有关机关依法依规给予处分。

第六十二条　县级以上地方人民政府人力资源社会保障、发展改革、财政、公安等部门和相关行业工程建设主管部门工作人员,在履行农民工工资支付监督管理职责过程中滥用职权、玩忽职守、徇私舞弊的,依法依规给予处分;构成犯罪的,依法追究刑事责任。

第七章　附　则

第六十三条　用人单位一时难以支付拖欠的农民工工资或者拖欠农民工工资逃匿的,县级以上地方人民政府可以动用应急周转金,先行垫付用人单位拖欠的农民工部分工资或者基本生活费。对已经垫付的应急周转金,应当依法向拖欠农民工工资的用人单位进行追偿。

第六十四条　本条例自2020年5月1日起施行。

最低工资规定

(2004年1月20日劳动和社会保障部令第21号公布
自2004年3月1日起施行)

第一条　为了维护劳动者取得劳动报酬的合法权益,保障劳动者个人及其家庭成员的基本生活,根据劳动法和国务院有关规定,制定本规定。

第二条　本规定适用于在中华人民共和国境内的企业、民办非企业单位、有雇工的个体工商户(以下统称用人单位)和与之形成劳动关系的劳动者。

国家机关、事业单位、社会团体和与之建立劳动合同关系的劳动者,依照本规定执行。

第三条 本规定所称最低工资标准,是指劳动者在法定工作时间或依法签订的劳动合同约定的工作时间内提供了正常劳动的前提下,用人单位依法应支付的最低劳动报酬。

本规定所称正常劳动,是指劳动者按依法签订的劳动合同约定,在法定工作时间或劳动合同约定的工作时间内从事的劳动。劳动者依法享受带薪年休假、探亲假、婚丧假、生育(产)假、节育手术假等国家规定的假期间,以及法定工作时间内依法参加社会活动期间,视为提供了正常劳动。

第四条 县级以上地方人民政府劳动保障行政部门负责对本行政区域内用人单位执行本规定情况进行监督检查。

各级工会组织依法对本规定执行情况进行监督,发现用人单位支付劳动者工资违反本规定的,有权要求当地劳动保障行政部门处理。

第五条 最低工资标准一般采取月最低工资标准和小时最低工资标准的形式。月最低工资标准适用于全日制就业劳动者,小时最低工资标准适用于非全日制就业劳动者。

第六条 确定和调整月最低工资标准,应参考当地就业者及其赡养人口的最低生活费用、城镇居民消费价格指数、职工个人缴纳的社会保险费和住房公积金、职工平均工资、经济发展水平、就业状况等因素。

确定和调整小时最低工资标准,应在颁布的月最低工资标准的基础上,考虑单位应缴纳的基本养老保险费和基本医疗保险费因素,同时还应适当考虑非全日制劳动者在工作稳定性、劳动条件和劳动强度、福利等方面与全日制就业人员之间的差异。

月最低工资标准和小时最低工资标准具体测算方法见附件。

第七条 省、自治区、直辖市范围内的不同行政区域可以有不同的最低工资标准。

第八条 最低工资标准的确定和调整方案,由省、自治区、直辖市人民政府劳动保障行政部门会同同级工会、企业联合会/企业家协会研究拟订,并将拟订的方案报送劳动保障部。方案内容包括最低工资确定和调整的依据、适用范围、拟订标准和说明。劳动保障部在收到拟订方案后,应征求全国总工会、中国企业联合会/企业家协会的意见。

劳动保障部对方案可以提出修订意见,若在方案收到后14日内未提出修订意见的,视为同意。

第九条 省、自治区、直辖市劳动保障行政部门应将本地区最低工资标准方案报省、自治区、直辖市人民政府批准,并在批准后7日内在当地政府公报上和至少一种全地区性报纸上发布。省、自治区、直辖市劳动保障行政部门应在发布后10日内将最低工资标准报劳动保障部。

第十条　最低工资标准发布实施后,如本规定第六条所规定的相关因素发生变化,应当适时调整。最低工资标准每两年至少调整一次。

第十一条　用人单位应在最低工资标准发布后10日内将该标准向本单位全体劳动者公示。

第十二条　在劳动者提供正常劳动的情况下,用人单位应支付给劳动者的工资在剔除下列各项以后,不得低于当地最低工资标准:

(一)延长工作时间工资;

(二)中班、夜班、高温、低温、井下、有毒有害等特殊工作环境、条件下的津贴;

(三)法律、法规和国家规定的劳动者福利待遇等。

实行计件工资或提成工资等工资形式的用人单位,在科学合理的劳动定额基础上,其支付劳动者的工资不得低于相应的最低工资标准。

劳动者由于本人原因造成在法定工作时间内或依法签订的劳动合同约定的工作时间内未提供正常劳动的,不适用于本条规定。

第十三条　用人单位违反本规定第十一条规定的,由劳动保障行政部门责令其限期改正;违反本规定第十二条规定的,由劳动保障行政部门责令其限期补发所欠劳动者工资,并可责令其按所欠工资的1至5倍支付劳动者赔偿金。

第十四条　劳动者与用人单位之间就执行最低工资标准发生争议,按劳动争议处理有关规定处理。

第十五条　本规定自2004年3月1日起实施。1993年11月24日原劳动部发布的《企业最低工资规定》同时废止。

附件:

最低工资标准测算方法

一、确定最低工资标准应考虑的因素

确定最低工资标准一般考虑城镇居民生活费用支出、职工个人缴纳社会保险费、住房公积金、职工平均工资、失业率、经济发展水平等因素。可用公式表示为:

$M = f(C、S、A、U、E、a)$

M　最低工资标准；
C　城镇居民人均生活费用；
S　职工个人缴纳社会保险费、住房公积金；
A　职工平均工资；
U　失业率；
E　经济发展水平；
a　调整因素。

二、确定最低工资标准的通用方法

1. 比重法　即根据城镇居民家计调查资料,确定一定比例的最低人均收入户为贫困户,统计出贫困户的人均生活费用支出水平,乘以每一就业者的赡养系数,再加上一个调整数。

2. 恩格尔系数法　即根据国家营养学会提供的年度标准食物谱及标准食物摄取量,结合标准食物的市场价格,计算出最低食物支出标准,除以恩格尔系数,得出最低生活费用标准,再乘以每一就业者的赡养系数,再加上一个调整数。

以上方法计算出月最低工资标准后,再考虑职工个人缴纳社会保险费、住房公积金、职工平均工资水平、社会救济金和失业保险金标准、就业状况、经济发展水平等进行必要的修正。

举例：某地区最低收入组人均每月生活费支出为210元,每一就业者赡养系数为1.87,最低食物费用为127元,恩格尔系数为0.604,平均工资为900元。

1. 按比重法计算得出该地区月最低工资标准为：

月最低工资标准 = 210 × 1.87 + a = 393 + a(元)　　　　　　　　(1)

2. 按恩格尔系数法计算得出该地区月最低工资标准为：

月最低工资标准 = 127 ÷ 0.604 × 1.87 + a = 393 + a(元)　　　　　(2)

公式(1)与(2)中 a 的调整因素主要考虑当地个人缴纳养老、失业、医疗保险费和住房公积金等费用。

另,按照国际上一般月最低工资标准相当于月平均工资的40—60%,则该地区月最低工资标准范围应在360元—540元之间。

小时最低工资标准 = [(月最低工资标准 ÷ 20.92 ÷ 8) × (1 + 单位应当缴纳的基本养老保险费、基本医疗保险费比例之和)] × (1 + 浮动系数)

浮动系数的确定主要考虑非全日制就业劳动者工作稳定性、劳动条件和劳动强度、福利等方面与全日制就业人员之间的差异。

各地可参照以上测算办法,根据当地实际情况合理确定月、小时最低工资标准。

工资支付暂行规定

(1994年12月6日劳动部发布　劳部发〔1994〕489号
自1995年1月1日起施行）

第一条　为维护劳动者通过劳动获得劳动报酬的权利，规范用人单位的工资支付行为，根据《中华人民共和国劳动法》有关规定，制定本规定。

第二条　本规定适用于在中华人民共和国境内的企业、个体经济组织（以下统称用人单位）和与之形成劳动关系的劳动者。

国家机关、事业组织、社会团体和与之建立劳动合同关系的劳动者，依照本规定执行。

第三条　本规定所称工资是指用人单位依据劳动合同的规定，以各种形式支付给劳动者的工资报酬。

第四条　工资支付主要包括：工资支付项目、工资支付水平、工资支付形式、工资支付对象、工资支付时间以及特殊情况下的工资支付。

第五条　工资应当以法定货币支付。不得以实物及有价证券替代货币支付。

第六条　用人单位应将工资支付给劳动者本人。劳动者本人因故不能领取工资时，可由其亲属或委托他人代领。

用人单位可委托银行代发工资。

用人单位必须书面记录支付劳动者工资的数额、时间、领取者的姓名以及签字，并保存两年以上备查。用人单位在支付工资时应向劳动者提供一份其个人的工资清单。

第七条　工资必须在用人单位与劳动者约定的日期支付。如遇节假日或休息日，则应提前在最近的工作日支付。工资至少每月支付一次，实行周、日、小时工资制的可按周、日、小时支付工资。

第八条　对完成一次性临时劳动或某项具体工作的劳动者，用人单位应按有关协议或合同规定在其完成劳动任务后即支付工资。

第九条　劳动关系双方依法解除或终止劳动合同时，用人单位应在解除或终止劳动合同时一次付清劳动者工资。

第十条　劳动者在法定工作时间内依法参加社会活动期间，用人单位应视同其提供了正常劳动而支付工资。社会活动包括：依法行使选举权或被选举权；当选代表出席乡(镇)、区以上政府、党派、工会、青年团、妇女联合会等组织召开的会议；出任人民法庭证明人；出席劳动模范、先进工作者大会；《工会法》规定的不脱产工会基层委员会委员因工会活动占用的生产或工作时间；其他依法参加的社会活动。

第十一条 劳动者依法享受年休假、探亲假、婚假、丧假期间，用人单位应按劳动合同规定的标准支付劳动者工资。

第十二条 非因劳动者原因造成单位停工、停产在一个工资支付周期内的，用人单位应按劳动合同规定的标准支付劳动者工资。超过一个工资支付周期的，若劳动者提供了正常劳动，则支付给劳动者的劳动报酬不得低于当地的最低工资标准；若劳动者没有提供正常劳动，应按国家有关规定办理。

第十三条 用人单位在劳动者完成劳动定额或规定的工作任务后，根据实际需要安排劳动者在法定标准工作时间以外工作的，应按以下标准支付工资：

(一)用人单位依法安排劳动者在日法定标准工作时间以外延长工作时间的，按照不低于劳动合同规定的劳动者本人小时工资标准的百分之一百五十支付劳动者工资；

(二)用人单位依法安排劳动者在休息日工作，而又不能安排补休的，按照不低于劳动合同规定的劳动者本人日或小时工资标准的百分之二百支付劳动者工资；

(三)用人单位依法安排劳动者在法定休假节日工作的，按照不低于劳动合同规定的劳动者本人日或小时工资标准的百分之三百支付劳动者工资。

实行计件工资的劳动者，在完成计件定额任务后，由用人单位安排延长工作时间的，应根据上述规定的原则，分别按照不低于其本人法定工作时间计件单价的百分之一百五十、百分之二百、百分之三百支付其工资。

经劳动行政部门批准实行综合计算工时工作制的，其综合计算工作时间超过法定标准工作时间的部分，应视为延长工作时间，并应按本规定支付劳动者延长工作时间的工资。

实行不定时工时制度的劳动者，不执行上述规定。

第十四条 用人单位依法破产时，劳动者有权获得其工资。在破产清偿中用人单位应按《中华人民共和国企业破产法》规定的清偿顺序，首先支付欠付本单位劳动者的工资。

第十五条 用人单位不得克扣劳动者工资。有下列情况之一的，用人单位可以代扣劳动者工资：

（一）用人单位代扣代缴的个人所得税；

（二）用人单位代扣代缴的应由劳动者个人负担的各项社会保险费用；

（三）法院判决、裁定中要求代扣的抚养费、赡养费；

（四）法律、法规规定可以从劳动者工资中扣除的其他费用。

第十六条 因劳动者本人原因给用人单位造成经济损失的，用人单位可按照劳动合同的约定要求其赔偿经济损失。经济损失的赔偿，可从劳动者本人的工资中扣除。但每月扣除的部分不得超过劳动者当月工资的百分之二十。若扣除后的剩余工资部分低于当地月最低工资标准，则按最低工资标准支付。

第十七条 用人单位应根据本规定，通过与职工大会、职工代表大会或者其他形式协商制定内部的工资支付制度，并告知本单位全体劳动者，同时抄报当地劳动行政部门备案。

第十八条 各级劳动行政部门有权监察用人单位工资支付的情况。用人单位有下列侵害劳动者合法权益行为的，由劳动行政部门责令其支付劳动者工资和经济补偿，并可责令其支付赔偿金：

（一）克扣或者无故拖欠劳动者工资的；

（二）拒不支付劳动者延长工作时间工资的；

（三）低于当地最低工资标准支付劳动者工资的。

经济补偿和赔偿金的标准，按国家有关规定执行。

第十九条 劳动者与用人单位因工资支付发生劳动争议的，当事人可依法向劳动争议仲裁机关申请仲裁。对仲裁裁决不服的，可以向人民法院提起诉讼。

第二十条 本规定自1995年1月1日起执行。

最高人民法院关于审理拒不支付劳动报酬刑事案件适用法律若干问题的解释

(2013年1月14日最高人民法院审判委员会第1567次会议通过 2013年1月16日公布 法释〔2013〕3号 自2013年1月23日起施行)

为依法惩治拒不支付劳动报酬犯罪，维护劳动者的合法权益，根据《中华人民共和国刑法》有关规定，现就办理此类刑事案件适用法律的若干问题解释如下：

第一条 劳动者依照《中华人民共和国劳动法》和《中华人民共和国劳动合同法》等法律的规定应得的劳动报酬，包括工资、奖金、津贴、补贴、延长工作时间的工资报酬及特殊情况下支付的工资等，应当认定为刑法第二百七十六条之一第一款规定的"劳动者的劳动报酬"。

第二条 以逃避支付劳动者的劳动报酬为目的，具有下列情形之一的，应当认定为刑法第二百七十六条之一第一款规定的"以转移财产、逃匿等方法逃避支付劳动者的劳动报酬"：

（一）隐匿财产、恶意清偿、虚构债务、虚假破产、虚假倒闭或者以其他方法转移、处分财产的；

（二）逃跑、藏匿的；

（三）隐匿、销毁或者篡改账目、职工名册、工资支付记录、考勤记录等与劳动报酬相关的材料的；

（四）以其他方法逃避支付劳动报酬的。

第三条 具有下列情形之一的，应当认定为刑法第二百七十六条之一第一款规定的"数额较大"：

（一）拒不支付一名劳动者三个月以上的劳动报酬且数额在五千元至二万元以上的；

（二）拒不支付十名以上劳动者的劳动报酬且数额累计在三万元至十万元以上的。

各省、自治区、直辖市高级人民法院可以根据本地区经济社会发展状况，在前款规定的数额幅度内，研究确定本地区执行的具体数额标准，报最高人民法院备案。

第四条　经人力资源社会保障部门或者政府其他有关部门依法以限期整改指令书、行政处理决定书等文书责令支付劳动者的劳动报酬后，在指定的期限内仍不支付的，应当认定为刑法第二百七十六条之一第一款规定的"经政府有关部门责令支付仍不支付"，但有证据证明行为人有正当理由未知悉责令支付或者未及时支付劳动报酬的除外。

行为人逃匿，无法将责令支付文书送交其本人、同住成年家属或者所在单位负责收件的人的，如果有关部门已通过在行为人的住所地、生产经营场所等地张贴责令支付文书等方式责令支付，并采用拍照、录像等方式记录的，应当视为"经政府有关部门责令支付"。

第五条　拒不支付劳动者的劳动报酬，符合本解释第三条的规定，并具有下列情形之一的，应当认定为刑法第二百七十六条之一第一款规定的"造成严重后果"：

（一）造成劳动者或者其被赡养人、被扶养人、被抚养人的基本生活受到严重影响、重大疾病无法及时医治或者失学的；

（二）对要求支付劳动报酬的劳动者使用暴力或者进行暴力威胁的；

（三）造成其他严重后果的。

第六条　拒不支付劳动者的劳动报酬，尚未造成严重后果，在刑事立案前支付劳动者的劳动报酬，并依法承担相应赔偿责任的，可以认定为情节显著轻微危害不大，不认为是犯罪；在提起公诉前支付劳动者的劳动报酬，并依法承担相应赔偿责任的，可以减轻或者免除刑事处罚；在一审宣判前支付劳动者的劳动报酬，并依法承担相应赔偿责任的，可以从轻处罚。

对于免除刑事处罚的，可以根据案件的不同情况，予以训诫、责令具结悔过或者赔礼道歉。

拒不支付劳动者的劳动报酬，造成严重后果，但在宣判前支付劳动者的劳动报酬，并依法承担相应赔偿责任的，可以酌情从宽处罚。

第七条　不具备用工主体资格的单位或者个人，违法用工且拒不支付劳动者的劳动报酬，数额较大，经政府有关部门责令支付仍不支付的，应当依照刑法第二百七十六条之一的规定，以拒不支付劳动报酬罪追究刑事责任。

第八条　用人单位的实际控制人实施拒不支付劳动报酬行为，构成犯罪的，应当依照刑法第二百七十六条之一的规定追究刑事责任。

第九条 单位拒不支付劳动报酬,构成犯罪的,依照本解释规定的相应个人犯罪的定罪量刑标准,对直接负责的主管人员和其他直接责任人员定罪处罚,并对单位判处罚金。

五、工　　会

中华人民共和国工会法(节录)

（1992年4月3日第七届全国人民代表大会第五次会议通过　根据2001年10月27日第九届全国人民代表大会常务委员会第二十四次会议《关于修改〈中华人民共和国工会法〉的决定》第一次修正　根据2009年8月27日第十一届全国人民代表大会常务委员会第十次会议《关于修改部分法律的决定》第二次修正　根据2021年12月24日第十三届全国人民代表大会常务委员会第三十二次会议《关于修改〈中华人民共和国工会法〉的决定》第三次修正）

第二十一条【劳动合同指导、集体合同代签与争议处理】工会帮助、指导职工与企业、实行企业化管理的事业单位、社会组织签订劳动合同。

工会代表职工与企业、实行企业化管理的事业单位、社会组织进行平等协商,依法签订集体合同。集体合同草案应当提交职工代表大会或者全体职工讨论通过。

工会签订集体合同,上级工会应当给予支持和帮助。

企业、事业单位、社会组织违反集体合同,侵犯职工劳动权益的,工会可以依法要求企业、事业单位、社会组织予以改正并承担责任;因履行集体合同发生争议,经协商解决不成的,工会可以向劳动争议仲裁机构提请仲裁,仲裁机构不予受理或者对仲裁裁决不服的,可以向人民法院提起诉讼。

第二十二条【对辞退、处分职工的提出意见权】企业、事业单位、社会组织处分职工,工会认为不适当的,有权提出意见。

用人单位单方面解除职工劳动合同时,应当事先将理由通知工会,工会认为用人单位违反法律、法规和有关合同,要求重新研究处理时,用人单位应当研究工会的意见,并将处理结果书面通知工会。

职工认为用人单位侵犯其劳动权益而申请劳动争议仲裁或者向人民法院提起诉讼的,工会应当给予支持和帮助。

第五十三条 【对职工及工会工作人员赔偿的情形】违反本法规定,有下列情形之一的,由劳动行政部门责令恢复其工作,并补发被解除劳动合同期间应得的报酬,或者责令给予本人年收入二倍的赔偿:

(一)职工因参加工会活动而被解除劳动合同的;

(二)工会工作人员因履行本法规定的职责而被解除劳动合同的。

最高人民法院关于在民事审判工作中适用《中华人民共和国工会法》若干问题的解释

[2003年1月9日最高人民法院审判委员会第1263次会议通过、2003年6月25日公布、自2003年7月9日起施行(法释〔2003〕11号)根据2020年12月23日最高人民法院审判委员会第1823次会议通过、2020年12月29日公布、自2021年1月1日起施行的《最高人民法院关于修改〈最高人民法院关于在民事审判工作中适用《中华人民共和国工会法》若干问题的解释〉等二十七件民事类司法解释的决定》(法释〔2020〕17号)修正]

为正确审理涉及工会经费和财产、工会工作人员权利的民事案件,维护工会和职工的合法权益,根据《中华人民共和国民法典》《中华人民共和国工会法》和《中华人民共和国民事诉讼法》等法律的规定,现就有关法律的适用问题解释如下:

第一条 人民法院审理涉及工会组织的有关案件时,应当认定依照工会法建立的工会组织的社团法人资格。具有法人资格的工会组织依法独立享有民事权利,承担民事义务。建立工会的企业、事业单位、机关与所建工会以及工会投资兴办的企业,根据法律和司法解释的规定,应当分别承担各自的民事责任。

第二条 根据工会法第十八条规定,人民法院审理劳动争议案件,涉及确定基层工会专职主席、副主席或者委员延长的劳动合同期限的,应当自上述人员工会职务任职期限届满之日起计算,延长的期限等于其工会职务任职的期间。

工会法第十八条规定的"个人严重过失",是指具有《中华人民共和国劳动法》第二十五条第(二)项、第(三)项或者第(四)项规定的情形。

第三条 基层工会或者上级工会依照工会法第四十三条规定向人民法院申请支付令的,由被申请人所在地的基层人民法院管辖。

第四条 人民法院根据工会法第四十三条的规定受理工会提出的拨缴工会经费的支付令申请后,应当先行征询被申请人的意见。被申请人仅对应拨缴经费数额有异议的,人民法院应当就无异议部分的工会经费数额发出支付令。

人民法院在审理涉及工会经费的案件中,需要按照工会法第四十二条第一款第(二)项规定的"全部职工""工资总额"确定拨缴数额的,"全部职工""工资总额"的计算,应当按照国家有关部门规定的标准执行。

第五条 根据工会法第四十三条和民事诉讼法的有关规定,上级工会向人民法院申请支付令或者提起诉讼,要求企业、事业单位拨缴工会经费的,人民法院应当受理。基层工会要求参加诉讼的,人民法院可以准许其作为共同申请人或者共同原告参加诉讼。

第六条 根据工会法第五十二条规定,人民法院审理涉及职工和工会工作人员因参加工会活动或者履行工会法规定的职责而被解除劳动合同的劳动争议案件,可以根据当事人的请求裁判用人单位恢复其工作,并补发被解除劳动合同期间应得的报酬;或者根据当事人的请求裁判用人单位给予本人年收入二倍的赔偿,并根据劳动合同法第四十六条、第四十七条规定给予解除劳动合同时的经济补偿。

第七条 对于企业、事业单位无正当理由拖延或者拒不拨缴工会经费的,工会组织向人民法院请求保护其权利的诉讼时效期间,适用民法典第一百八十八条的规定。

第八条 工会组织就工会经费的拨缴向人民法院申请支付令的,应当按照《诉讼费用交纳办法》第十四条的规定交纳申请费;督促程序终结后,工会组织另行起诉的,按照《诉讼费用交纳办法》第十三条规定的财产案件受理费标准交纳诉讼费用。

六、劳 动 保 护

劳动保障监察条例

(2004年11月1日国务院令第423号公布
自2004年12月1日起施行)

第一章 总 则

第一条 为了贯彻实施劳动和社会保障(以下称劳动保障)法律、法规和规章,规范劳动保障监察工作,维护劳动者的合法权益,根据劳动法和有关法律,制定本条例。

第二条 对企业和个体工商户(以下称用人单位)进行劳动保障监察,适用本条例。

对职业介绍机构、职业技能培训机构和职业技能考核鉴定机构进行劳动保障监察,依照本条例执行。

第三条 国务院劳动保障行政部门主管全国的劳动保障监察工作。县级以上地方各级人民政府劳动保障行政部门主管本行政区域内的劳动保障监察工作。

县级以上各级人民政府有关部门根据各自职责,支持、协助劳动保障行政部门的劳动保障监察工作。

第四条 县级、设区的市级人民政府劳动保障行政部门可以委托符合监察执法条件的组织实施劳动保障监察。

劳动保障行政部门和受委托实施劳动保障监察的组织中的劳动保障监察员应当经过相应的考核或者考试录用。

劳动保障监察证件由国务院劳动保障行政部门监制。

第五条 县级以上地方各级人民政府应当加强劳动保障监察工作。劳动保障监察所需经费列入本级财政预算。

第六条 用人单位应当遵守劳动保障法律、法规和规章,接受并配合劳动保障监察。

第七条 各级工会依法维护劳动者的合法权益,对用人单位遵守劳动保障法律、法规和规章的情况进行监督。

劳动保障行政部门在劳动保障监察工作中应当注意听取工会组织的意见和建议。

第八条 劳动保障监察遵循公正、公开、高效、便民的原则。

实施劳动保障监察,坚持教育与处罚相结合,接受社会监督。

第九条 任何组织或者个人对违反劳动保障法律、法规或者规章的行为,有权向劳动保障行政部门举报。

劳动者认为用人单位侵犯其劳动保障合法权益的,有权向劳动保障行政部门投诉。

劳动保障行政部门应当为举报人保密;对举报属实,为查处重大违反劳动保障法律、法规或者规章的行为提供主要线索和证据的举报人,给予奖励。

第二章 劳动保障监察职责

第十条 劳动保障行政部门实施劳动保障监察,履行下列职责:

(一)宣传劳动保障法律、法规和规章,督促用人单位贯彻执行;

(二)检查用人单位遵守劳动保障法律、法规和规章的情况;

(三)受理对违反劳动保障法律、法规或者规章的行为的举报、投诉;

(四)依法纠正和查处违反劳动保障法律、法规或者规章的行为。

第十一条 劳动保障行政部门对下列事项实施劳动保障监察:

(一)用人单位制定内部劳动保障规章制度的情况;

(二)用人单位与劳动者订立劳动合同的情况;

(三)用人单位遵守禁止使用童工规定的情况;

(四)用人单位遵守女职工和未成年工特殊劳动保护规定的情况;

(五)用人单位遵守工作时间和休息休假规定的情况;

(六)用人单位支付劳动者工资和执行最低工资标准的情况;

(七)用人单位参加各项社会保险和缴纳社会保险费的情况;

(八)职业介绍机构、职业技能培训机构和职业技能考核鉴定机构遵守国家有关职业介绍、职业技能培训和职业技能考核鉴定的规定的情况;

(九)法律、法规规定的其他劳动保障监察事项。

第十二条 劳动保障监察员依法履行劳动保障监察职责,受法律保护。

劳动保障监察员应当忠于职守,秉公执法,勤政廉洁,保守秘密。

任何组织或者个人对劳动保障监察员的违法违纪行为,有权向劳动保障行政部门或者有关机关检举、控告。

第三章　劳动保障监察的实施

第十三条　对用人单位的劳动保障监察，由用人单位用工所在地的县级或者设区的市级劳动保障行政部门管辖。

上级劳动保障行政部门根据工作需要，可以调查处理下级劳动保障行政部门管辖的案件。劳动保障行政部门对劳动保障监察管辖发生争议的，报请共同的上一级劳动保障行政部门指定管辖。

省、自治区、直辖市人民政府可以对劳动保障监察的管辖制定具体办法。

第十四条　劳动保障监察以日常巡视检查、审查用人单位按照要求报送的书面材料以及接受举报投诉等形式进行。

劳动保障行政部门认为用人单位有违反劳动保障法律、法规或者规章的行为，需要进行调查处理的，应当及时立案。

劳动保障行政部门或者受委托实施劳动保障监察的组织应当设立举报、投诉信箱和电话。

对因违反劳动保障法律、法规或者规章的行为引起的群体性事件，劳动保障行政部门应当根据应急预案，迅速会同有关部门处理。

第十五条　劳动保障行政部门实施劳动保障监察，有权采取下列调查、检查措施：

（一）进入用人单位的劳动场所进行检查；

（二）就调查、检查事项询问有关人员；

（三）要求用人单位提供与调查、检查事项相关的文件资料，并作出解释和说明，必要时可以发出调查询问书；

（四）采取记录、录音、录像、照相或者复制等方式收集有关情况和资料；

（五）委托会计师事务所对用人单位工资支付、缴纳社会保险费的情况进行审计；

（六）法律、法规规定可以由劳动保障行政部门采取的其他调查、检查措施。

劳动保障行政部门对事实清楚、证据确凿、可以当场处理的违反劳动保障法律、法规或者规章的行为有权当场予以纠正。

第十六条　劳动保障监察员进行调查、检查，不得少于2人，并应当佩戴劳动保障监察标志、出示劳动保障监察证件。

劳动保障监察员办理的劳动保障监察事项与本人或者其近亲属有直接利害关系的，应当回避。

第十七条 劳动保障行政部门对违反劳动保障法律、法规或者规章的行为的调查,应当自立案之日起60个工作日内完成;对情况复杂的,经劳动保障行政部门负责人批准,可以延长30个工作日。

第十八条 劳动保障行政部门对违反劳动保障法律、法规或者规章的行为,根据调查、检查的结果,作出以下处理:

(一)对依法应当受到行政处罚的,依法作出行政处罚决定;

(二)对应当改正未改正的,依法责令改正或者作出相应的行政处理决定;

(三)对情节轻微且已改正的,撤销立案。

发现违法案件不属于劳动保障监察事项的,应当及时移送有关部门处理;涉嫌犯罪的,应当依法移送司法机关。

第十九条 劳动保障行政部门对违反劳动保障法律、法规或者规章的行为作出行政处罚或者行政处理决定前,应当听取用人单位的陈述、申辩;作出行政处罚或者行政处理决定,应当告知用人单位依法享有申请行政复议或者提起行政诉讼的权利。

第二十条 违反劳动保障法律、法规或者规章的行为在2年内未被劳动保障行政部门发现,也未被举报、投诉的,劳动保障行政部门不再查处。

前款规定的期限,自违反劳动保障法律、法规或者规章的行为发生之日起计算;违反劳动保障法律、法规或者规章的行为有连续或者继续状态的,自行为终了之日起计算。

第二十一条 用人单位违反劳动保障法律、法规或者规章,对劳动者造成损害的,依法承担赔偿责任。劳动者与用人单位就赔偿发生争议的,依照国家有关劳动争议处理的规定处理。

对应当通过劳动争议处理程序解决的事项或者已经按照劳动争议处理程序申请调解、仲裁或者已经提起诉讼的事项,劳动保障行政部门应当告知投诉人依照劳动争议处理或者诉讼的程序办理。

第二十二条 劳动保障行政部门应当建立用人单位劳动保障守法诚信档案。用人单位有重大违反劳动保障法律、法规或者规章的行为的,由有关的劳动保障行政部门向社会公布。

第四章 法律责任

第二十三条 用人单位有下列行为之一的,由劳动保障行政部门责令改正,按照受侵害的劳动者每人1000元以上5000元以下的标准计算,处以罚款:

(一)安排女职工从事矿山井下劳动、国家规定的第四级体力劳动强度的劳动或者其他禁忌从事的劳动的；

（二）安排女职工在经期从事高处、低温、冷水作业或者国家规定的第三级体力劳动强度的劳动的；

（三）安排女职工在怀孕期间从事国家规定的第三级体力劳动强度的劳动或者孕期禁忌从事的劳动的；

（四）安排怀孕7个月以上的女职工夜班劳动或者延长其工作时间的；

（五）女职工生育享受产假少于90天的；

（六）安排女职工在哺乳未满1周岁的婴儿期间从事国家规定的第三级体力劳动强度的劳动或者哺乳期禁忌从事的其他劳动，以及延长其工作时间或者安排其夜班劳动的；

（七）安排未成年工从事矿山井下、有毒有害、国家规定的第四级体力劳动强度的劳动或者其他禁忌从事的劳动的；

（八）未对未成年工定期进行健康检查的。

第二十四条 用人单位与劳动者建立劳动关系不依法订立劳动合同的，由劳动保障行政部门责令改正。

第二十五条 用人单位违反劳动保障法律、法规或者规章延长劳动者工作时间的，由劳动保障行政部门给予警告，责令限期改正，并可以按照受侵害的劳动者每人100元以上500元以下的标准计算，处以罚款。

第二十六条 用人单位有下列行为之一的，由劳动保障行政部门分别责令限期支付劳动者的工资报酬、劳动者工资低于当地最低工资标准的差额或者解除劳动合同的经济补偿；逾期不支付的，责令用人单位按照应付金额50%以上1倍以下的标准计算，向劳动者加付赔偿金：

（一）克扣或者无故拖欠劳动者工资报酬的；

（二）支付劳动者的工资低于当地最低工资标准的；

（三）解除劳动合同未依法给予劳动者经济补偿的。

第二十七条 用人单位向社会保险经办机构申报应缴纳的社会保险费数额时，瞒报工资总额或者职工人数的，由劳动保障行政部门责令改正，并处瞒报工资数额1倍以上3倍以下的罚款。

骗取社会保险待遇或者骗取社会保险基金支出的，由劳动保障行政部门责令退还，并处骗取金额1倍以上3倍以下的罚款；构成犯罪的，依法追究刑事责任。

第二十八条 职业介绍机构、职业技能培训机构或者职业技能考核鉴定机构违反国家有关职业介绍、职业技能培训或者职业技能考核鉴定的规定的，由劳动保障行政部门责令改正，没收违法所得，并处1万元以上5万元以下的罚款；情节严重的，吊销许可证。

未经劳动保障行政部门许可，从事职业介绍、职业技能培训或者职业技能考核鉴定的组织或者个人，由劳动保障行政部门、工商行政管理部门依照国家有关无照经营查处取缔的规定查处取缔。

第二十九条 用人单位违反《中华人民共和国工会法》，有下列行为之一的，由劳动保障行政部门责令改正：

（一）阻挠劳动者依法参加和组织工会，或者阻挠上级工会帮助、指导劳动者筹建工会的；

（二）无正当理由调动依法履行职责的工会工作人员的工作岗位，进行打击报复的；

（三）劳动者因参加工会活动而被解除劳动合同的；

（四）工会工作人员因依法履行职责被解除劳动合同的。

第三十条 有下列行为之一的，由劳动保障行政部门责令改正；对有第（一）项、第（二）项或者第（三）项规定的行为的，处2000元以上2万元以下的罚款：

（一）无理抗拒、阻挠劳动保障行政部门依照本条例的规定实施劳动保障监察的；

（二）不按照劳动保障行政部门的要求报送书面材料，隐瞒事实真相，出具伪证或者隐匿、毁灭证据的；

（三）经劳动保障行政部门责令改正拒不改正，或者拒不履行劳动保障行政部门的行政处理决定的；

（四）打击报复举报人、投诉人的。

违反前款规定，构成违反治安管理行为的，由公安机关依法给予治安管理处罚；构成犯罪的，依法追究刑事责任。

第三十一条 劳动保障监察员滥用职权、玩忽职守、徇私舞弊或者泄露在履行职责过程中知悉的商业秘密的，依法给予行政处分；构成犯罪的，依法追究刑事责任。

劳动保障行政部门和劳动保障监察员违法行使职权，侵犯用人单位或者劳动者的合法权益，依法承担赔偿责任。

第三十二条 属于本条例规定的劳动保障监察事项，法律、其他行政法规对处罚另有规定的，从其规定。

第五章 附 则

第三十三条 对无营业执照或者已被依法吊销营业执照,有劳动用工行为的,由劳动保障行政部门依照本条例实施劳动保障监察,并及时通报工商行政管理部门予以查处取缔。

第三十四条 国家机关、事业单位、社会团体执行劳动保障法律、法规和规章的情况,由劳动保障行政部门根据其职责,依照本条例实施劳动保障监察。

第三十五条 劳动安全卫生的监督检查,由卫生部门、安全生产监督管理部门、特种设备安全监督管理部门等有关部门依照有关法律、行政法规的规定执行。

第三十六条 本条例自2004年12月1日起施行。

女职工劳动保护特别规定

(2012年4月28日国务院令第619号公布施行)

第一条 为了减少和解决女职工在劳动中因生理特点造成的特殊困难,保护女职工健康,制定本规定。

第二条 中华人民共和国境内的国家机关、企业、事业单位、社会团体、个体经济组织以及其他社会组织等用人单位及其女职工,适用本规定。

第三条 用人单位应当加强女职工劳动保护,采取措施改善女职工劳动安全卫生条件,对女职工进行劳动安全卫生知识培训。

第四条 用人单位应当遵守女职工禁忌从事的劳动范围的规定。用人单位应当将本单位属于女职工禁忌从事的劳动范围的岗位书面告知女职工。

女职工禁忌从事的劳动范围由本规定附录列示。国务院安全生产监督管理部门会同国务院人力资源社会保障行政部门、国务院卫生行政部门根据经济社会发展情况,对女职工禁忌从事的劳动范围进行调整。

第五条 用人单位不得因女职工怀孕、生育、哺乳降低其工资、予以辞退、与其解除劳动或者聘用合同。

第六条 女职工在孕期不能适应原劳动的,用人单位应当根据医疗机构的证明,予以减轻劳动量或者安排其他能够适应的劳动。

对怀孕7个月以上的女职工,用人单位不得延长劳动时间或者安排夜班劳动,并应当在劳动时间内安排一定的休息时间。

怀孕女职工在劳动时间内进行产前检查,所需时间计入劳动时间。

第七条 女职工生育享受98天产假,其中产前可以休假15天;难产的,增加产假15天;生育多胞胎的,每多生育1个婴儿,增加产假15天。

女职工怀孕未满4个月流产的,享受15天产假;怀孕满4个月流产的,享受42天产假。

第八条 女职工产假期间的生育津贴,对已经参加生育保险的,按照用人单位上年度职工月平均工资的标准由生育保险基金支付;对未参加生育保险的,按照女职工产假前工资的标准由用人单位支付。

女职工生育或者流产的医疗费用,按照生育保险规定的项目和标准,对已经参加生育保险的,由生育保险基金支付;对未参加生育保险的,由用人单位支付。

第九条 对哺乳未满1周岁婴儿的女职工,用人单位不得延长劳动时间或者安排夜班劳动。

用人单位应当在每天的劳动时间内为哺乳期女职工安排1小时哺乳时间;女职工生育多胞胎的,每多哺乳1个婴儿每天增加1小时哺乳时间。

第十条 女职工比较多的用人单位应当根据女职工的需要,建立女职工卫生室、孕妇休息室、哺乳室等设施,妥善解决女职工在生理卫生、哺乳方面的困难。

第十一条 在劳动场所,用人单位应当预防和制止对女职工的性骚扰。

第十二条 县级以上人民政府人力资源社会保障行政部门、安全生产监督管理部门按照各自职责负责对用人单位遵守本规定的情况进行监督检查。

工会、妇女组织依法对用人单位遵守本规定的情况进行监督。

第十三条 用人单位违反本规定第六条第二款、第七条、第九条第一款规定的,由县级以上人民政府人力资源社会保障行政部门责令限期改正,按照受侵害女职工每人1000元以上5000元以下的标准计算,处以罚款。

用人单位违反本规定附录第一条、第二条规定的,由县级以上人民政府安全生产监督管理部门责令限期改正,按照受侵害女职工每人1000元以上5000元以下的标准计算,处以罚款。用人单位违反本规定附录第三条、第四条规定的,由县级以上人民政府安全生产监督管理部门责令限期治理,处5万元以上30万元以下的罚款;情节严重的,责令停止有关作业,或者提请有关人民政府按照国务院规定的权限责令关闭。

第十四条 用人单位违反本规定,侵害女职工合法权益的,女职工可以依法投诉、举报、申诉,依法向劳动人事争议调解仲裁机构申请调解仲裁,对仲裁裁决不服的,依法向人民法院提起诉讼。

第十五条 用人单位违反本规定,侵害女职工合法权益,造成女职工损害的,依法给予赔偿;用人单位及其直接负责的主管人员和其他直接责任人员构成犯罪的,依法追究刑事责任。

第十六条 本规定自公布之日起施行。1988年7月21日国务院发布的《女职工劳动保护规定》同时废止。

附录:

女职工禁忌从事的劳动范围

一、女职工禁忌从事的劳动范围:
(一)矿山井下作业;
(二)体力劳动强度分级标准中规定的第四级体力劳动强度的作业;
(三)每小时负重6次以上、每次负重超过20公斤的作业,或者间断负重、每次负重超过25公斤的作业。

二、女职工在经期禁忌从事的劳动范围:
(一)冷水作业分级标准中规定的第二级、第三级、第四级冷水作业;
(二)低温作业分级标准中规定的第二级、第三级、第四级低温作业;
(三)体力劳动强度分级标准中规定的第三级、第四级体力劳动强度的作业;
(四)高处作业分级标准中规定的第三级、第四级高处作业。

三、女职工在孕期禁忌从事的劳动范围:
(一)作业场所空气中铅及其化合物、汞及其化合物、苯、镉、铍、砷、氰化物、氮氧化物、一氧化碳、二硫化碳、氯、己内酰胺、氯丁二烯、氯乙烯、环氧乙烷、苯胺、甲醛等有毒物质浓度超过国家职业卫生标准的作业;
(二)从事抗癌药物、己烯雌酚生产,接触麻醉剂气体等的作业;
(三)非密封源放射性物质的操作,核事故与放射事故的应急处置;
(四)高处作业分级标准中规定的高处作业;
(五)冷水作业分级标准中规定的冷水作业;
(六)低温作业分级标准中规定的低温作业;
(七)高温作业分级标准中规定的第三级、第四级的作业;

(八)噪声作业分级标准中规定的第三级、第四级的作业；

(九)体力劳动强度分级标准中规定的第三级、第四级体力劳动强度的作业；

(十)在密闭空间、高压室作业或者潜水作业，伴有强烈振动的作业，或者需要频繁弯腰、攀高、下蹲的作业。

四、女职工在哺乳期禁忌从事的劳动范围：

(一)孕期禁忌从事的劳动范围的第一项、第三项、第九项；

(二)作业场所空气中锰、氟、溴、甲醇、有机磷化合物、有机氯化合物等有毒物质浓度超过国家职业卫生标准的作业。

七、社会福利与社会保障

中华人民共和国社会保险法

(2010年10月28日第十一届全国人民代表大会常务委员会第十七次会议通过　根据2018年12月29日第十三届全国人民代表大会常务委员会第七次会议《关于修改〈中华人民共和国社会保险法〉的决定》修正)

目　录

第一章　总　则
第二章　基本养老保险
第三章　基本医疗保险
第四章　工伤保险
第五章　失业保险
第六章　生育保险
第七章　社会保险费征缴
第八章　社会保险基金
第九章　社会保险经办
第十章　社会保险监督

第十一章　法律责任
第十二章　附　　则

第一章　总　　则

第一条　【立法目的】为了规范社会保险关系,维护公民参加社会保险和享受社会保险待遇的合法权益,使公民共享发展成果,促进社会和谐稳定,根据宪法,制定本法。

第二条　【社会保险制度与权利】国家建立基本养老保险、基本医疗保险、工伤保险、失业保险、生育保险等社会保险制度,保障公民在年老、疾病、工伤、失业、生育等情况下依法从国家和社会获得物质帮助的权利。

第三条　【制度方针】社会保险制度坚持广覆盖、保基本、多层次、可持续的方针,社会保险水平应当与经济社会发展水平相适应。

第四条　【权利和义务】中华人民共和国境内的用人单位和个人依法缴纳社会保险费,有权查询缴费记录、个人权益记录,要求社会保险经办机构提供社会保险咨询等相关服务。

个人依法享受社会保险待遇,有权监督本单位为其缴费情况。

第五条　【财政保障】县级以上人民政府将社会保险事业纳入国民经济和社会发展规划。

国家多渠道筹集社会保险资金。县级以上人民政府对社会保险事业给予必要的经费支持。

国家通过税收优惠政策支持社会保险事业。

第六条　【社保基金监督管理】国家对社会保险基金实行严格监管。

国务院和省、自治区、直辖市人民政府建立健全社会保险基金监督管理制度,保障社会保险基金安全、有效运行。

县级以上人民政府采取措施,鼓励和支持社会各方面参与社会保险基金的监督。

第七条　【职责分工】国务院社会保险行政部门负责全国的社会保险管理工作,国务院其他有关部门在各自的职责范围内负责有关的社会保险工作。

县级以上地方人民政府社会保险行政部门负责本行政区域的社会保险管理工作,县级以上地方人民政府其他有关部门在各自的职责范围内负责有关的社会保险工作。

第八条　【经办机构职责】社会保险经办机构提供社会保险服务,负责社会保险登记、个人权益记录、社会保险待遇支付等工作。

第九条　【工会职责】工会依法维护职工的合法权益,有权参与社会保险重大事项的研究,参加社会保险监督委员会,对与职工社会保险权益有关的事项进行监督。

第二章　基本养老保险

第十条　【参保范围和缴费主体】职工应当参加基本养老保险,由用人单位和职工共同缴纳基本养老保险费。

无雇工的个体工商户、未在用人单位参加基本养老保险的非全日制从业人员以及其他灵活就业人员可以参加基本养老保险,由个人缴纳基本养老保险费。

公务员和参照公务员法管理的工作人员养老保险的办法由国务院规定。

第十一条　【制度模式和筹资方式】基本养老保险实行社会统筹与个人账户相结合。

基本养老保险基金由用人单位和个人缴费以及政府补贴等组成。

第十二条　【缴费基数和比例】用人单位应当按照国家规定的本单位职工工资总额的比例缴纳基本养老保险费,记入基本养老保险统筹基金。

职工应当按照国家规定的本人工资的比例缴纳基本养老保险费,记入个人账户。

无雇工的个体工商户、未在用人单位参加基本养老保险的非全日制从业人员以及其他灵活就业人员参加基本养老保险的,应当按照国家规定缴纳基本养老保险费,分别记入基本养老保险统筹基金和个人账户。

第十三条　【财政责任】国有企业、事业单位职工参加基本养老保险前,视同缴费年限期间应当缴纳的基本养老保险费由政府承担。

基本养老保险基金出现支付不足时,政府给予补贴。

第十四条　【个人账户养老金】个人账户不得提前支取,记账利率不得低于银行定期存款利率,免征利息税。个人死亡的,个人账户余额可以继承。

第十五条　【基本养老金的构成及确定因素】基本养老金由统筹养老金和个人账户养老金组成。

基本养老金根据个人累计缴费年限、缴费工资、当地职工平均工资、个人账户金额、城镇人口平均预期寿命等因素确定。

第十六条　【最低缴费年限和制度接转】参加基本养老保险的个人,达到法定退休年龄时累计缴费满十五年的,按月领取基本养老金。

参加基本养老保险的个人,达到法定退休年龄时累计缴费不足十五年的,可以缴费至满十五年,按月领取基本养老金;也可以转入新型农村社会养老保险或者城镇居民社会养老保险,按照国务院规定享受相应的养老保险待遇。

第十七条 【因病或者非因工致残的待遇】参加基本养老保险的个人,因病或者非因工死亡的,其遗属可以领取丧葬补助金和抚恤金;在未达到法定退休年龄时因病或者非因工致残完全丧失劳动能力的,可以领取病残津贴。所需资金从基本养老保险基金中支付。

第十八条 【养老金调整机制】国家建立基本养老金正常调整机制。根据职工平均工资增长、物价上涨情况,适时提高基本养老保险待遇水平。

第十九条 【转移接续制度】个人跨统筹地区就业的,其基本养老保险关系随本人转移,缴费年限累计计算。个人达到法定退休年龄时,基本养老金分段计算、统一支付。具体办法由国务院规定。

第二十条 【农村社会养老保险制度】国家建立和完善新型农村社会养老保险制度。

新型农村社会养老保险实行个人缴费、集体补助和政府补贴相结合。

第二十一条 【农村社会养老保险待遇】新型农村社会养老保险待遇由基础养老金和个人账户养老金组成。

参加新型农村社会养老保险的农村居民,符合国家规定条件的,按月领取新型农村社会养老保险待遇。

第二十二条 【城镇居民社会养老保险】国家建立和完善城镇居民社会养老保险制度。

省、自治区、直辖市人民政府根据实际情况,可以将城镇居民社会养老保险和新型农村社会养老保险合并实施。

第三章 基本医疗保险

第二十三条 【参保范围和缴费主体】职工应当参加职工基本医疗保险,由用人单位和职工按照国家规定共同缴纳基本医疗保险费。

无雇工的个体工商户、未在用人单位参加职工基本医疗保险的非全日制从业人员以及其他灵活就业人员可以参加职工基本医疗保险,由个人按照国家规定缴纳基本医疗保险费。

第二十四条 【新型农村合作医疗】国家建立和完善新型农村合作医疗制度。

新型农村合作医疗的管理办法,由国务院规定。

第二十五条 【城镇居民基本医疗保险】国家建立和完善城镇居民基本医

疗保险制度。

城镇居民基本医疗保险实行个人缴费和政府补贴相结合。

享受最低生活保障的人、丧失劳动能力的残疾人、低收入家庭六十周岁以上的老年人和未成年人等所需个人缴费部分，由政府给予补贴。

第二十六条　【待遇标准】职工基本医疗保险、新型农村合作医疗和城镇居民基本医疗保险的待遇标准按照国家规定执行。

第二十七条　【退休后医疗保险待遇】参加职工基本医疗保险的个人，达到法定退休年龄时累计缴费达到国家规定年限的，退休后不再缴纳基本医疗保险费，按照国家规定享受基本医疗保险待遇；未达到国家规定年限的，可以缴费至国家规定年限。

第二十八条　【支付范围】符合基本医疗保险药品目录、诊疗项目、医疗服务设施标准以及急诊、抢救的医疗费用，按照国家规定从基本医疗保险基金中支付。

第二十九条　【医疗费用的直接结算】参保人员医疗费用中应当由基本医疗保险基金支付的部分，由社会保险经办机构与医疗机构、药品经营单位直接结算。

社会保险行政部门和卫生行政部门应当建立异地就医医疗费用结算制度，方便参保人员享受基本医疗保险待遇。

第三十条　【不纳入支付范围】下列医疗费用不纳入基本医疗保险基金支付范围：

（一）应当从工伤保险基金中支付的；

（二）应当由第三人负担的；

（三）应当由公共卫生负担的；

（四）在境外就医的。

医疗费用依法应当由第三人负担，第三人不支付或者无法确定第三人的，由基本医疗保险基金先行支付。基本医疗保险基金先行支付后，有权向第三人追偿。

第三十一条　【服务协议】社会保险经办机构根据管理服务的需要，可以与医疗机构、药品经营单位签订服务协议，规范医疗服务行为。

医疗机构应当为参保人员提供合理、必要的医疗服务。

第三十二条　【转移接续】个人跨统筹地区就业的，其基本医疗保险关系随本人转移，缴费年限累计计算。

第四章 工 伤 保 险

第三十三条 【参保范围和缴费主体】职工应当参加工伤保险,由用人单位缴纳工伤保险费,职工不缴纳工伤保险费。

第三十四条 【费率确定】国家根据不同行业的工伤风险程度确定行业的差别费率,并根据使用工伤保险基金、工伤发生率等情况在每个行业内确定费率档次。行业差别费率和行业内费率档次由国务院社会保险行政部门制定,报国务院批准后公布施行。

社会保险经办机构根据用人单位使用工伤保险基金、工伤发生率和所属行业费率档次等情况,确定用人单位缴费费率。

第三十五条 【工伤保险费缴纳数额】用人单位应当按照本单位职工工资总额,根据社会保险经办机构确定的费率缴纳工伤保险费。

第三十六条 【享受工伤保险待遇的条件】职工因工作原因受到事故伤害或者患职业病,且经工伤认定,享受工伤保险待遇;其中,经劳动能力鉴定丧失劳动能力的,享受伤残待遇。

工伤认定和劳动能力鉴定应当简捷、方便。

第三十七条 【不认定为工伤的情形】职工因下列情形之一导致本人在工作中伤亡的,不认定为工伤:

(一)故意犯罪;

(二)醉酒或者吸毒;

(三)自残或者自杀;

(四)法律、行政法规规定的其他情形。

第三十八条 【工伤保险基金支付的待遇】因工伤发生的下列费用,按照国家规定从工伤保险基金中支付:

(一)治疗工伤的医疗费用和康复费用;

(二)住院伙食补助费;

(三)到统筹地区以外就医的交通食宿费;

(四)安装配置伤残辅助器具所需费用;

(五)生活不能自理的,经劳动能力鉴定委员会确认的生活护理费;

(六)一次性伤残补助金和一至四级伤残职工按月领取的伤残津贴;

(七)终止或者解除劳动合同时,应当享受的一次性医疗补助金;

(八)因工死亡的,其遗属领取的丧葬补助金、供养亲属抚恤金和因工死亡补助金;

（九）劳动能力鉴定费。

第三十九条 【用人单位支付的待遇】因工伤发生的下列费用,按照国家规定由用人单位支付:

（一）治疗工伤期间的工资福利;

（二）五级、六级伤残职工按月领取的伤残津贴;

（三）终止或者解除劳动合同时,应当享受的一次性伤残就业补助金。

第四十条 【与职工基本养老保险的衔接】工伤职工符合领取基本养老金条件的,停发伤残津贴,享受基本养老保险待遇。基本养老保险待遇低于伤残津贴的,从工伤保险基金中补足差额。

第四十一条 【单位未缴费的工伤处理】职工所在用人单位未依法缴纳工伤保险费,发生工伤事故的,由用人单位支付工伤保险待遇。用人单位不支付的,从工伤保险基金中先行支付。

从工伤保险基金中先行支付的工伤保险待遇应当由用人单位偿还。用人单位不偿还的,社会保险经办机构可以依照本法第六十三条的规定追偿。

第四十二条 【第三人造成工伤的处理】由于第三人的原因造成工伤,第三人不支付工伤医疗费用或者无法确定第三人的,由工伤保险基金先行支付。工伤保险基金先行支付后,有权向第三人追偿。

第四十三条 【停止享受待遇的情形】工伤职工有下列情形之一的,停止享受工伤保险待遇:

（一）丧失享受待遇条件的;

（二）拒不接受劳动能力鉴定的;

（三）拒绝治疗的。

第五章 失 业 保 险

第四十四条 【参保范围和缴费主体】职工应当参加失业保险,由用人单位和职工按照国家规定共同缴纳失业保险费。

第四十五条 【领取待遇的条件】失业人员符合下列条件的,从失业保险基金中领取失业保险金:

（一）失业前用人单位和本人已经缴纳失业保险费满一年的;

（二）非因本人意愿中断就业的;

（三）已经进行失业登记,并有求职要求的。

第四十六条 【领取待遇的期限】失业人员失业前用人单位和本人累计缴费满一年不足五年的,领取失业保险金的期限最长为十二个月;累计缴费满五年不足十年的,领取失业保险金的期限最长为十八个月;累计缴费十年以上的,领取失业保险金的期限最长为二十四个月。重新就业后,再次失业的,缴费时间重新计算,领取失业保险金的期限与前次失业应当领取而尚未领取的失业保险金的期限合并计算,最长不超过二十四个月。

　　第四十七条　【失业保险金标准】失业保险金的标准,由省、自治区、直辖市人民政府确定,不得低于城市居民最低生活保障标准。

　　第四十八条　【失业期间的医疗保险】失业人员在领取失业保险金期间,参加职工基本医疗保险,享受基本医疗保险待遇。

　　失业人员应当缴纳的基本医疗保险费从失业保险基金中支付,个人不缴纳基本医疗保险费。

　　第四十九条　【失业期间的丧葬补助金和抚恤金】失业人员在领取失业保险金期间死亡的,参照当地对在职职工死亡的规定,向其遗属发给一次性丧葬补助金和抚恤金。所需资金从失业保险基金中支付。

　　个人死亡同时符合领取基本养老保险丧葬补助金、工伤保险丧葬补助金和失业保险丧葬补助金条件的,其遗属只能选择领取其中的一项。

　　第五十条　【待遇领取程序】用人单位应当及时为失业人员出具终止或者解除劳动关系的证明,并将失业人员的名单自终止或者解除劳动关系之日起十五日内告知社会保险经办机构。

　　失业人员应当持本单位为其出具的终止或者解除劳动关系的证明,及时到指定的公共就业服务机构办理失业登记。

　　失业人员凭失业登记证明和个人身份证明,到社会保险经办机构办理领取失业保险金的手续。失业保险金领取期限自办理失业登记之日起计算。

　　第五十一条　【停止领取待遇的情形】失业人员在领取失业保险金期间有下列情形之一的,停止领取失业保险金,并同时停止享受其他失业保险待遇:

　　(一)重新就业的;

　　(二)应征服兵役的;

　　(三)移居境外的;

　　(四)享受基本养老保险待遇的;

　　(五)无正当理由,拒不接受当地人民政府指定部门或者机构介绍的适当工作或者提供的培训的。

　　第五十二条　【失业保险关系的转移接续】职工跨统筹地区就业的,其失业保险关系随本人转移,缴费年限累计计算。

第六章　生育保险

第五十三条　【参保范围和缴费主体】职工应当参加生育保险,由用人单位按照国家规定缴纳生育保险费,职工不缴纳生育保险费。

第五十四条　【生育保险待遇】用人单位已经缴纳生育保险费的,其职工享受生育保险待遇;职工未就业配偶按照国家规定享受生育医疗费用待遇。所需资金从生育保险基金中支付。

生育保险待遇包括生育医疗费用和生育津贴。

第五十五条　【生育医疗费用】生育医疗费用包括下列各项:

(一)生育的医疗费用;

(二)计划生育的医疗费用;

(三)法律、法规规定的其他项目费用。

第五十六条　【生育津贴】职工有下列情形之一的,可以按照国家规定享受生育津贴:

(一)女职工生育享受产假;

(二)享受计划生育手术休假;

(三)法律、法规规定的其他情形。

生育津贴按照职工所在用人单位上年度职工月平均工资计发。

第七章　社会保险费征缴

第五十七条　【社会保险登记要求】用人单位应当自成立之日起三十日内凭营业执照、登记证书或者单位印章,向当地社会保险经办机构申请办理社会保险登记。社会保险经办机构应当自收到申请之日起十五日内予以审核,发给社会保险登记证件。

用人单位的社会保险登记事项发生变更或者用人单位依法终止的,应当自变更或者终止之日起三十日内,到社会保险经办机构办理变更或者注销社会保险登记。

市场监督管理部门、民政部门和机构编制管理机关应当及时向社会保险经办机构通报用人单位的成立、终止情况,公安机关应当及时向社会保险经办机构通报个人的出生、死亡以及户口登记、迁移、注销等情况。

第五十八条　【办理社会保险登记的不同情形】用人单位应当自用工之日起三十日内为其职工向社会保险经办机构申请办理社会保险登记。未办理社会保险登记的,由社会保险经办机构核定其应当缴纳的社会保险费。

自愿参加社会保险的无雇工的个体工商户、未在用人单位参加社会保险的非全日制从业人员以及其他灵活就业人员,应当向社会保险经办机构申请办理社会保险登记。

国家建立全国统一的个人社会保障号码。个人社会保障号码为公民身份号码。

第五十九条 【社会保险费征收】县级以上人民政府加强社会保险费的征收工作。

社会保险费实行统一征收,实施步骤和具体办法由国务院规定。

第六十条 【社会保险费的缴纳】用人单位应当自行申报、按时足额缴纳社会保险费,非因不可抗力等法定事由不得缓缴、减免。职工应当缴纳的社会保险费由用人单位代扣代缴,用人单位应当按月将缴纳社会保险费的明细情况告知本人。

无雇工的个体工商户、未在用人单位参加社会保险的非全日制从业人员以及其他灵活就业人员,可以直接向社会保险费征收机构缴纳社会保险费。

第六十一条 【按时足额征收】社会保险费征收机构应当依法按时足额征收社会保险费,并将缴费情况定期告知用人单位和个人。

第六十二条 【社会保险费的核定】用人单位未按规定申报应当缴纳的社会保险费数额的,按照该单位上月缴费额的百分之一百一十确定应当缴纳数额;缴费单位补办申报手续后,由社会保险费征收机构按照规定结算。

第六十三条 【未按时足额缴纳的行政处理】用人单位未按时足额缴纳社会保险费的,由社会保险费征收机构责令其限期缴纳或者补足。

用人单位逾期仍未缴纳或者补足社会保险费的,社会保险费征收机构可以向银行和其他金融机构查询其存款账户;并可以申请县级以上有关行政部门作出划拨社会保险费的决定,书面通知其开户银行或者其他金融机构划拨社会保险费。用人单位账户余额少于应当缴纳的社会保险费的,社会保险费征收机构可以要求该用人单位提供担保,签订延期缴费协议。

用人单位未足额缴纳社会保险费且未提供担保的,社会保险费征收机构可以申请人民法院扣押、查封、拍卖其价值相当于应当缴纳社会保险费的财产,以拍卖所得抵缴社会保险费。

第八章 社会保险基金

第六十四条 【基金财务管理和统筹层次】社会保险基金包括基本养老保险基金、基本医疗保险基金、工伤保险基金、失业保险基金和生育保险基金。除基本医疗保险基金与生育保险基金合并建账及核算外,其他各项社会保险基金按照社会保险险种分别建账,分账核算。社会保险基金执行国家统一的会计制度。

社会保险基金专款专用,任何组织和个人不得侵占或者挪用。

基本养老保险基金逐步实行全国统筹,其他社会保险基金逐步实行省级统筹,具体时间、步骤由国务院规定。

第六十五条　【基金的收支平衡和政府责任】社会保险基金通过预算实现收支平衡。

县级以上人民政府在社会保险基金出现支付不足时,给予补贴。

第六十六条　【基金预算】社会保险基金按照统筹层次设立预算。除基本医疗保险基金与生育保险基金预算合并编制外,其他社会保险基金预算按照社会保险项目分别编制。

第六十七条　【基金预算、决算程序】社会保险基金预算、决算草案的编制、审核和批准,依照法律和国务院规定执行。

第六十八条　【基金存入财政专户】社会保险基金存入财政专户,具体管理办法由国务院规定。

第六十九条　【基金的保值增值】社会保险基金在保证安全的前提下,按照国务院规定投资运营实现保值增值。

社会保险基金不得违规投资运营,不得用于平衡其他政府预算,不得用于兴建、改建办公场所和支付人员经费、运行费用、管理费用,或者违反法律、行政法规规定挪作其他用途。

第七十条　【基金信息公开】社会保险经办机构应当定期向社会公布参加社会保险情况以及社会保险基金的收入、支出、结余和收益情况。

第七十一条　【全国社会保障基金】国家设立全国社会保障基金,由中央财政预算拨款以及国务院批准的其他方式筹集的资金构成,用于社会保障支出的补充、调剂。全国社会保障基金由全国社会保障基金管理运营机构负责管理运营,在保证安全的前提下实现保值增值。

全国社会保障基金应当定期向社会公布收支、管理和投资运营的情况。国务院财政部门、社会保险行政部门、审计机关对全国社会保障基金的收支、管理和投资运营情况实施监督。

第九章　社会保险经办

第七十二条　【经办机构的设立和经费保障】统筹地区设立社会保险经办

机构。社会保险经办机构根据工作需要,经所在地的社会保险行政部门和机构编制管理机关批准,可以在本统筹地区设立分支机构和服务网点。

社会保险经办机构的人员经费和经办社会保险发生的基本运行费用、管理费用,由同级财政按照国家规定予以保障。

第七十三条 【经办机构的管理制度和职责】社会保险经办机构应当建立健全业务、财务、安全和风险管理制度。

社会保险经办机构应当按时足额支付社会保险待遇。

第七十四条 【经办机构权利义务】社会保险经办机构通过业务经办、统计、调查获取社会保险工作所需的数据,有关单位和个人应当及时、如实提供。

社会保险经办机构应当及时为用人单位建立档案,完整、准确地记录参加社会保险的人员、缴费等社会保险数据,妥善保管登记、申报的原始凭证和支付结算的会计凭证。

社会保险经办机构应当及时、完整、准确地记录参加社会保险的个人缴费和用人单位为其缴费,以及享受社会保险待遇等个人权益记录,定期将个人权益记录单免费寄送本人。

用人单位和个人可以免费向社会保险经办机构查询、核对其缴费和享受社会保险待遇记录,要求社会保险经办机构提供社会保险咨询等相关服务。

第七十五条 【信息系统建设】全国社会保险信息系统按照国家统一规划,由县级以上人民政府按照分级负责的原则共同建设。

第十章 社会保险监督

第七十六条 【人大常委会监督】各级人民代表大会常务委员会听取和审议本级人民政府对社会保险基金的收支、管理、投资运营以及监督检查情况的专项工作报告,组织对本法实施情况的执法检查等,依法行使监督职权。

第七十七条 【社会保险行政部门监督】县级以上人民政府社会保险行政部门应当加强对用人单位和个人遵守社会保险法律、法规情况的监督检查。

社会保险行政部门实施监督检查时,被检查的用人单位和个人应当如实提供与社会保险有关的资料,不得拒绝检查或者谎报、瞒报。

第七十八条 【财政部门、审计机关的监督】财政部门、审计机关按照各自职责,对社会保险基金的收支、管理和投资运营情况实施监督。

第七十九条 【社会保险行政部门的职责】社会保险行政部门对社会保险基金的收支、管理和投资运营情况进行监督检查,发现存在问题的,应当提出整改建议,依法作出处理决定或者向有关行政部门提出处理建议。社会保险基金检查结果应当定期向社会公布。

社会保险行政部门对社会保险基金实施监督检查，有权采取下列措施：

（一）查阅、记录、复制与社会保险基金收支、管理和投资运营相关的资料，对可能被转移、隐匿或者灭失的资料予以封存；

（二）询问与调查事项有关的单位和个人，要求其对与调查事项有关的问题作出说明、提供有关证明材料；

（三）对隐匿、转移、侵占、挪用社会保险基金的行为予以制止并责令改正。

第八十条 【社会保险监督委员会的监督】统筹地区人民政府成立由用人单位代表、参保人员代表，以及工会代表、专家等组成的社会保险监督委员会，掌握、分析社会保险基金的收支、管理和投资运营情况，对社会保险工作提出咨询意见和建议，实施社会监督。

社会保险经办机构应当定期向社会保险监督委员会汇报社会保险基金的收支、管理和投资运营情况。社会保险监督委员会可以聘请会计师事务所对社会保险基金的收支、管理和投资运营情况进行年度审计和专项审计。审计结果应当向社会公开。

社会保险监督委员会发现社会保险基金收支、管理和投资运营中存在问题的，有权提出改正建议；对社会保险经办机构及其工作人员的违法行为，有权向有关部门提出依法处理建议。

第八十一条 【信息保密责任】社会保险行政部门和其他有关行政部门、社会保险经办机构、社会保险费征收机构及其工作人员，应当依法为用人单位和个人的信息保密，不得以任何形式泄露。

第八十二条 【对违法行为的举报、投诉】任何组织或者个人有权对违反社会保险法律、法规的行为进行举报、投诉。

社会保险行政部门、卫生行政部门、社会保险经办机构、社会保险费征收机构和财政部门、审计机关对属于本部门、本机构职责范围的举报、投诉，应当依法处理；对不属于本部门、本机构职责范围的，应当书面通知并移交有权处理的部门、机构处理。有权处理的部门、机构应当及时处理，不得推诿。

第八十三条 【救济途径】用人单位或者个人认为社会保险费征收机构的行为侵害自己合法权益的，可以依法申请行政复议或者提起行政诉讼。

用人单位或者个人对社会保险经办机构不依法办理社会保险登记、核定社会保险费、支付社会保险待遇、办理社会保险转移接续手续或者侵害其他社会保险权益的行为，可以依法申请行政复议或者提起行政诉讼。

个人与所在用人单位发生社会保险争议的，可以依法申请调解、仲裁，提起诉讼。用人单位侵害个人社会保险权益的,个人也可以要求社会保险行政部门或者社会保险费征收机构依法处理。

第十一章 法 律 责 任

第八十四条 【不办理登记的责任】用人单位不办理社会保险登记的,由社会保险行政部门责令限期改正;逾期不改正的,对用人单位处应缴社会保险费数额一倍以上三倍以下的罚款,对其直接负责的主管人员和其他直接责任人员处五百元以上三千元以下的罚款。

第八十五条 【不出具证明的责任】用人单位拒不出具终止或者解除劳动关系证明的,依照《中华人民共和国劳动合同法》的规定处理。

第八十六条 【未按时足额缴费的责任】用人单位未按时足额缴纳社会保险费的,由社会保险费征收机构责令限期缴纳或者补足,并自欠缴之日起,按日加收万分之五的滞纳金;逾期仍不缴纳的,由有关行政部门处欠缴数额一倍以上三倍以下的罚款。

第八十七条 【骗取基金支出的责任】社会保险经办机构以及医疗机构、药品经营单位等社会保险服务机构以欺诈、伪造证明材料或者其他手段骗取社会保险基金支出的,由社会保险行政部门责令退回骗取的社会保险金,处骗取金额二倍以上五倍以下的罚款;属于社会保险服务机构的,解除服务协议;直接负责的主管人员和其他直接责任人员有执业资格的,依法吊销其执业资格。

第八十八条 【骗取保险待遇的责任】以欺诈、伪造证明材料或者其他手段骗取社会保险待遇的,由社会保险行政部门责令退回骗取的社会保险金,处骗取金额二倍以上五倍以下的罚款。

第八十九条 【经办机构的责任】社会保险经办机构及其工作人员有下列行为之一的,由社会保险行政部门责令改正;给社会保险基金、用人单位或者个人造成损失的,依法承担赔偿责任;对直接负责的主管人员和其他直接责任人员依法给予处分:

(一)未履行社会保险法定职责的;

(二)未将社会保险基金存入财政专户的;

(三)克扣或者拒不按时支付社会保险待遇的;

(四)丢失或者篡改缴费记录、享受社会保险待遇记录等社会保险数据、个人权益记录的;

(五)有违反社会保险法律、法规的其他行为的。

第九十条 【社会保险费征收机构的责任】社会保险费征收机构擅自更改

社会保险费缴费基数、费率,导致少收或者多收社会保险费的,由有关行政部门责令其追缴应当缴纳的社会保险费或者退还不应当缴纳的社会保险费;对直接负责的主管人员和其他直接责任人员依法给予处分。

第九十一条 【侵占、挪用基金的责任】违反本法规定,隐匿、转移、侵占、挪用社会保险基金或者违规投资运营的,由社会保险行政部门、财政部门、审计机关责令追回;有违法所得的,没收违法所得;对直接负责的主管人员和其他直接责任人员依法给予处分。

第九十二条 【泄露信息的责任】社会保险行政部门和其他有关行政部门、社会保险经办机构、社会保险费征收机构及其工作人员泄露用人单位和个人信息的,对直接负责的主管人员和其他直接责任人员依法给予处分;给用人单位或者个人造成损失的,应当承担赔偿责任。

第九十三条 【国家工作人员的行政处分责任】国家工作人员在社会保险管理、监督工作中滥用职权、玩忽职守、徇私舞弊的,依法给予处分。

第九十四条 【刑事责任】违反本法规定,构成犯罪的,依法追究刑事责任。

第十二章 附 则

第九十五条 【进城务工农村居民的社会保险】进城务工的农村居民依照本法规定参加社会保险。

第九十六条 【被征地农民的社会保险】征收农村集体所有的土地,应当足额安排被征地农民的社会保险费,按照国务院规定将被征地农民纳入相应的社会保险制度。

第九十七条 【外国人参加社会保险】外国人在中国境内就业的,参照本法规定参加社会保险。

第九十八条 【施行日期】本法自2011年7月1日起施行。

工伤保险条例

(2003年4月27日国务院令第375号公布 根据2010年12月20日国务院令第586号《关于修改〈工伤保险条例〉的决定》修订)

第一章 总 则

第一条 【立法目的】为了保障因工作遭受事故伤害或者患职业病的职工

获得医疗救治和经济补偿,促进工伤预防和职业康复,分散用人单位的工伤风险,制定本条例。

第二条　【适用范围】中华人民共和国境内的企业、事业单位、社会团体、民办非企业单位、基金会、律师事务所、会计师事务所等组织和有雇工的个体工商户(以下称用人单位)应当依照本条例规定参加工伤保险,为本单位全部职工或者雇工(以下称职工)缴纳工伤保险费。

中华人民共和国境内的企业、事业单位、社会团体、民办非企业单位、基金会、律师事务所、会计师事务所等组织的职工和个体工商户的雇工,均有依照本条例的规定享受工伤保险待遇的权利。

第三条　【保险费征缴的法律适用】工伤保险费的征缴按照《社会保险费征缴暂行条例》关于基本养老保险费、基本医疗保险费、失业保险费的征缴规定执行。

第四条　【用人单位基本义务】用人单位应当将参加工伤保险的有关情况在本单位内公示。

用人单位和职工应当遵守有关安全生产和职业病防治的法律法规,执行安全卫生规程和标准,预防工伤事故发生,避免和减少职业病危害。

职工发生工伤时,用人单位应当采取措施使工伤职工得到及时救治。

第五条　【工作管理与承办】国务院社会保险行政部门负责全国的工伤保险工作。

县级以上地方各级人民政府社会保险行政部门负责本行政区域内的工伤保险工作。

社会保险行政部门按照国务院有关规定设立的社会保险经办机构(以下称经办机构)具体承办工伤保险事务。

第六条　【意见征求】社会保险行政部门等部门制定工伤保险的政策、标准,应当征求工会组织、用人单位代表的意见。

第二章　工伤保险基金

第七条　【基金构成】工伤保险基金由用人单位缴纳的工伤保险费、工伤保险基金的利息和依法纳入工伤保险基金的其他资金构成。

第八条　【费率的确定】工伤保险费根据以支定收、收支平衡的原则,确定费率。

国家根据不同行业的工伤风险程度确定行业的差别费率,并根据工伤保险费使用、工伤发生率等情况在每个行业内确定若干费率档次。行业差别费率及行业内费率档次由国务院社会保险行政部门制定,报国务院批准后公布施行。

统筹地区经办机构根据用人单位工伤保险费使用、工伤发生率等情况,适用所属行业内相应的费率档次确定单位缴费费率。

第九条 【费率的调整】国务院社会保险行政部门应当定期了解全国各统筹地区工伤保险基金收支情况,及时提出调整行业差别费率及行业内费率档次的方案,报国务院批准后公布施行。

第十条 【保险费的缴纳】用人单位应当按时缴纳工伤保险费。职工个人不缴纳工伤保险费。

用人单位缴纳工伤保险费的数额为本单位职工工资总额乘以单位缴费费率之积。

对难以按照工资总额缴纳工伤保险费的行业,其缴纳工伤保险费的具体方式,由国务院社会保险行政部门规定。

第十一条 【基金的统筹】工伤保险基金逐步实行省级统筹。

跨地区、生产流动性较大的行业,可以采取相对集中的方式异地参加统筹地区的工伤保险。具体办法由国务院社会保险行政部门会同有关行业的主管部门制定。

第十二条 【基金的提取和使用】工伤保险基金存入社会保障基金财政专户,用于本条例规定的工伤保险待遇,劳动能力鉴定,工伤预防的宣传、培训等费用,以及法律、法规规定的用于工伤保险的其他费用的支付。

工伤预防费用的提取比例、使用和管理的具体办法,由国务院社会保险行政部门会同国务院财政、卫生行政、安全生产监督管理等部门规定。

任何单位或者个人不得将工伤保险基金用于投资运营、兴建或者改建办公场所、发放奖金,或者挪作其他用途。

第十三条 【储备金】工伤保险基金应当留有一定比例的储备金,用于统筹地区重大事故的工伤保险待遇支付;储备金不足支付的,由统筹地区的人民政府垫付。储备金占基金总额的具体比例和储备金的使用办法,由省、自治区、直辖市人民政府规定。

第三章 工 伤 认 定

第十四条 【应当认定为工伤的情形】职工有下列情形之一的,应当认定为工伤:

(一)在工作时间和工作场所内,因工作原因受到事故伤害的;

(二)工作时间前后在工作场所内,从事与工作有关的预备性或者收尾性工作受到事故伤害的；

（三）在工作时间和工作场所内，因履行工作职责受到暴力等意外伤害的；

（四）患职业病的；

（五）因工外出期间，由于工作原因受到伤害或者发生事故下落不明的；

（六）在上下班途中，受到非本人主要责任的交通事故或者城市轨道交通、客运轮渡、火车事故伤害的；

（七）法律、行政法规规定应当认定为工伤的其他情形。

第十五条 【视同工伤的情形与待遇】职工有下列情形之一的，视同工伤：

（一）在工作时间和工作岗位，突发疾病死亡或者在48小时之内经抢救无效死亡的；

（二）在抢险救灾等维护国家利益、公共利益活动中受到伤害的；

（三）职工原在军队服役，因战、因公负伤致残，已取得革命伤残军人证，到用人单位后旧伤复发的。

职工有前款第（一）项、第（二）项情形的，按照本条例的有关规定享受工伤保险待遇；职工有前款第（三）项情形的，按照本条例的有关规定享受除一次性伤残补助金以外的工伤保险待遇。

第十六条 【不为工伤的情形】职工符合本条例第十四条、第十五条的规定，但是有下列情形之一的，不得认定为工伤或者视同工伤：

（一）故意犯罪的；

（二）醉酒或者吸毒的；

（三）自残或者自杀的。

第十七条 【工伤认定的申请】职工发生事故伤害或者按照职业病防治法规定被诊断、鉴定为职业病，所在单位应当自事故伤害发生之日或者被诊断、鉴定为职业病之日起30日内，向统筹地区社会保险行政部门提出工伤认定申请。遇有特殊情况，经报社会保险行政部门同意，申请时限可以适当延长。

用人单位未按前款规定提出工伤认定申请的，工伤职工或者其近亲属、工会组织在事故伤害发生之日或者被诊断、鉴定为职业病之日起1年内，可以直接向用人单位所在地统筹地区社会保险行政部门提出工伤认定申请。

按照本条第一款规定应当由省级社会保险行政部门进行工伤认定的事项，根据属地原则由用人单位所在地的设区的市级社会保险行政部门办理。

用人单位未在本条第一款规定的时限内提交工伤认定申请，在此期间发生符合本条例规定的工伤待遇等有关费用由该用人单位负担。

第十八条 【工伤认定申请材料】提出工伤认定申请应当提交下列材料：

（一）工伤认定申请表；

（二）与用人单位存在劳动关系（包括事实劳动关系）的证明材料；

（三）医疗诊断证明或者职业病诊断证明书（或者职业病诊断鉴定书）。

工伤认定申请表应当包括事故发生的时间、地点、原因以及职工伤害程度等基本情况。

工伤认定申请人提供材料不完整的，社会保险行政部门应当一次性书面告知工伤认定申请人需要补正的全部材料。申请人按照书面告知要求补正材料后，社会保险行政部门应当受理。

第十九条　【对工伤事故的调查核实】社会保险行政部门受理工伤认定申请后，根据审核需要可以对事故伤害进行调查核实，用人单位、职工、工会组织、医疗机构以及有关部门应当予以协助。职业病诊断和诊断争议的鉴定，依照职业病防治法的有关规定执行。对依法取得职业病诊断证明书或者职业病诊断鉴定书的，社会保险行政部门不再进行调查核实。

职工或者其近亲属认为是工伤，用人单位不认为是工伤的，由用人单位承担举证责任。

第二十条　【工伤认定决定的作出】社会保险行政部门应当自受理工伤认定申请之日起60日内作出工伤认定的决定，并书面通知申请工伤认定的职工或者其近亲属和该职工所在单位。

社会保险行政部门对受理的事实清楚、权利义务明确的工伤认定申请，应当在15日内作出工伤认定的决定。

作出工伤认定决定需要以司法机关或者有关行政主管部门的结论为依据的，在司法机关或者有关行政主管部门尚未作出结论期间，作出工伤认定决定的时限中止。

社会保险行政部门工作人员与工伤认定申请人有利害关系的，应当回避。

第四章　劳动能力鉴定

第二十一条　【进行鉴定的条件】职工发生工伤，经治疗伤情相对稳定后存在残疾、影响劳动能力的，应当进行劳动能力鉴定。

第二十二条　【鉴定的等级和标准】劳动能力鉴定是指劳动功能障碍程度和生活自理障碍程度的等级鉴定。

劳动功能障碍分为十个伤残等级，最重的为一级，最轻的为十级。

生活自理障碍分为三个等级：生活完全不能自理、生活大部分不能自理和生活部分不能自理。

劳动能力鉴定标准由国务院社会保险行政部门会同国务院卫生行政部门等部门制定。

第二十三条 【鉴定的申请】劳动能力鉴定由用人单位、工伤职工或者其近亲属向设区的市级劳动能力鉴定委员会提出申请，并提供工伤认定决定和职工工伤医疗的有关资料。

第二十四条 【鉴定委员会的组成】省、自治区、直辖市劳动能力鉴定委员会和设区的市级劳动能力鉴定委员会分别由省、自治区、直辖市和设区的市级社会保险行政部门、卫生行政部门、工会组织、经办机构代表以及用人单位代表组成。

劳动能力鉴定委员会建立医疗卫生专家库。列入专家库的医疗卫生专业技术人员应当具备下列条件：

（一）具有医疗卫生高级专业技术职务任职资格；

（二）掌握劳动能力鉴定的相关知识；

（三）具有良好的职业品德。

第二十五条 【鉴定结论的作出】设区的市级劳动能力鉴定委员会收到劳动能力鉴定申请后，应当从其建立的医疗卫生专家库中随机抽取3名或者5名相关专家组成专家组，由专家组提出鉴定意见。设区的市级劳动能力鉴定委员会根据专家组的鉴定意见作出工伤职工劳动能力鉴定结论；必要时，可以委托具备资格的医疗机构协助进行有关的诊断。

设区的市级劳动能力鉴定委员会应当自收到劳动能力鉴定申请之日起60日内作出劳动能力鉴定结论，必要时，作出劳动能力鉴定结论的期限可以延长30日。劳动能力鉴定结论应当及时送达申请鉴定的单位和个人。

第二十六条 【再次鉴定】申请鉴定的单位或者个人对设区的市级劳动能力鉴定委员会作出的鉴定结论不服的，可以在收到该鉴定结论之日起15日内向省、自治区、直辖市劳动能力鉴定委员会提出再次鉴定申请。省、自治区、直辖市劳动能力鉴定委员会作出的劳动能力鉴定结论为最终结论。

第二十七条 【鉴定工作原则】劳动能力鉴定工作应当客观、公正。劳动能力鉴定委员会组成人员或者参加鉴定的专家与当事人有利害关系的，应当回避。

第二十八条 【复查鉴定】自劳动能力鉴定结论作出之日起1年后，工伤职工或者其近亲属、所在单位或者经办机构认为伤残情况发生变化的，可以申请劳动能力复查鉴定。

第二十九条 【再次鉴定与复查鉴定的期限】劳动能力鉴定委员会依照本

条例第二十六条和第二十八条的规定进行再次鉴定和复查鉴定的期限,依照本条例第二十五条第二款的规定执行。

第五章 工伤保险待遇

第三十条 【工伤医疗待遇】职工因工作遭受事故伤害或者患职业病进行治疗,享受工伤医疗待遇。

职工治疗工伤应当在签订服务协议的医疗机构就医,情况紧急时可以先到就近的医疗机构急救。

治疗工伤所需费用符合工伤保险诊疗项目目录、工伤保险药品目录、工伤保险住院服务标准的,从工伤保险基金支付。工伤保险诊疗项目目录、工伤保险药品目录、工伤保险住院服务标准,由国务院社会保险行政部门会同国务院卫生行政部门、食品药品监督管理部门等部门规定。

职工住院治疗工伤的伙食补助费,以及经医疗机构出具证明,报经办机构同意,工伤职工到统筹地区以外就医所需的交通、食宿费用从工伤保险基金支付,基金支付的具体标准由统筹地区人民政府规定。

工伤职工治疗非工伤引发的疾病,不享受工伤医疗待遇,按照基本医疗保险办法处理。

工伤职工到签订服务协议的医疗机构进行工伤康复的费用,符合规定的,从工伤保险基金支付。

第三十一条 【复议与诉讼不停止支付医疗费用】社会保险行政部门作出认定为工伤的决定后发生行政复议、行政诉讼的,行政复议和行政诉讼期间不停止支付工伤职工治疗工伤的医疗费用。

第三十二条 【辅助器具的配置】工伤职工因日常生活或者就业需要,经劳动能力鉴定委员会确认,可以安装假肢、矫形器、假眼、假牙和配置轮椅等辅助器具,所需费用按照国家规定的标准从工伤保险基金支付。

第三十三条 【停工留薪期待遇】职工因工作遭受事故伤害或者患职业病需要暂停工作接受工伤医疗的,在停工留薪期内,原工资福利待遇不变,由所在单位按月支付。

停工留薪期一般不超过 12 个月。伤情严重或者情况特殊,经设区的市级劳动能力鉴定委员会确认,可以适当延长,但延长不得超过 12 个月。工伤职工评定伤残等级后,停发原待遇,按照本章的有关规定享受伤残待遇。工伤职工在停工留薪期满后仍需治疗的,继续享受工伤医疗待遇。

生活不能自理的工伤职工在停工留薪期需要护理的,由所在单位负责。

第三十四条 【伤残职工的生活护理费】工伤职工已经评定伤残等级并经劳动能力鉴定委员会确认需要生活护理的,从工伤保险基金按月支付生活护理费。

生活护理费按照生活完全不能自理、生活大部分不能自理或者生活部分不能自理3个不同等级支付,其标准分别为统筹地区上年度职工月平均工资的50%、40%或者30%。

第三十五条 【一至四级伤残待遇】职工因工致残被鉴定为一级至四级伤残的,保留劳动关系,退出工作岗位,享受以下待遇:

(一)从工伤保险基金按伤残等级支付一次性伤残补助金,标准为:一级伤残为27个月的本人工资,二级伤残为25个月的本人工资,三级伤残为23个月的本人工资,四级伤残为21个月的本人工资;

(二)从工伤保险基金按月支付伤残津贴,标准为:一级伤残为本人工资的90%,二级伤残为本人工资的85%,三级伤残为本人工资的80%,四级伤残为本人工资的75%。伤残津贴实际金额低于当地最低工资标准的,由工伤保险基金补足差额;

(三)工伤职工达到退休年龄并办理退休手续后,停发伤残津贴,按照国家有关规定享受基本养老保险待遇。基本养老保险待遇低于伤残津贴的,由工伤保险基金补足差额。

职工因工致残被鉴定为一级至四级伤残的,由用人单位和职工个人以伤残津贴为基数,缴纳基本医疗保险费。

第三十六条 【五至六级伤残待遇】职工因工致残被鉴定为五级、六级伤残的,享受以下待遇:

(一)从工伤保险基金按伤残等级支付一次性伤残补助金,标准为:五级伤残为18个月的本人工资,六级伤残为16个月的本人工资;

(二)保留与用人单位的劳动关系,由用人单位安排适当工作。难以安排工作的,由用人单位按月发给伤残津贴,标准为:五级伤残为本人工资的70%,六级伤残为本人工资的60%,并由用人单位按照规定为其缴纳应缴纳的各项社会保险费。伤残津贴实际金额低于当地最低工资标准的,由用人单位补足差额。

经工伤职工本人提出,该职工可以与用人单位解除或者终止劳动关系,由工伤保险基金支付一次性工伤医疗补助金,由用人单位支付一次性伤残就业补助金。一次性工伤医疗补助金和一次性伤残就业补助金的具体标准由省、自治区、直辖市人民政府规定。

第三十七条 【七至十级伤残待遇】职工因工致残被鉴定为七级至十级伤

残的,享受以下待遇:

(一)从工伤保险基金按伤残等级支付一次性伤残补助金,标准为:七级伤残为13个月的本人工资,八级伤残为11个月的本人工资,九级伤残为9个月的本人工资,十级伤残为7个月的本人工资;

(二)劳动、聘用合同期满终止,或者职工本人提出解除劳动、聘用合同的,由工伤保险基金支付一次性工伤医疗补助金,由用人单位支付一次性伤残就业补助金。一次性工伤医疗补助金和一次性伤残就业补助金的具体标准由省、自治区、直辖市人民政府规定。

第三十八条　【工伤复发的待遇】工伤职工工伤复发,确认需要治疗的,享受本条例第三十条、第三十二条和第三十三条规定的工伤待遇。

第三十九条　【因工死亡待遇】职工因工死亡,其近亲属按照下列规定从工伤保险基金领取丧葬补助金、供养亲属抚恤金和一次性工亡补助金:

(一)丧葬补助金为6个月的统筹地区上年度职工月平均工资;

(二)供养亲属抚恤金按照职工本人工资的一定比例发给由因工死亡职工生前提供主要生活来源、无劳动能力的亲属。标准为:配偶每月40%,其他亲属每人每月30%,孤寡老人或者孤儿每人每月在上述标准的基础上增加10%。核定的各供养亲属的抚恤金之和不应高于因工死亡职工生前的工资。供养亲属的具体范围由国务院社会保险行政部门规定;

(三)一次性工亡补助金标准为上一年度全国城镇居民人均可支配收入的20倍。

伤残职工在停工留薪期内因工伤导致死亡的,其近亲属享受本条第一款规定的待遇。

一级至四级伤残职工在停工留薪期满后死亡的,其近亲属可以享受本条第一款第(一)项、第(二)项规定的待遇。

第四十条　【待遇的调整】伤残津贴、供养亲属抚恤金、生活护理费由统筹地区社会保险行政部门根据职工平均工资和生活费用变化等情况适时调整。调整办法由省、自治区、直辖市人民政府规定。

第四十一条　【因工下落不明的待遇】职工因工外出期间发生事故或者在抢险救灾中下落不明的,从事故发生当月起3个月内照发工资,从第4个月起停发工资,由工伤保险基金向其供养亲属按月支付供养亲属抚恤金。生活有困难的,可以预支一次性工亡补助金的50%。职工被人民法院宣告死亡的,按照本条例第三十九条职工因工死亡的规定处理。

第四十二条　【停止享受待遇情形】工伤职工有下列情形之一的,停止享受工伤保险待遇：

（一）丧失享受待遇条件的；

（二）拒不接受劳动能力鉴定的；

（三）拒绝治疗的。

第四十三条 【用人单位变故与职工借调的工伤保险责任】用人单位分立、合并、转让的，承继单位应当承担原用人单位的工伤保险责任；原用人单位已经参加工伤保险的，承继单位应当到当地经办机构办理工伤保险变更登记。

用人单位实行承包经营的，工伤保险责任由职工劳动关系所在单位承担。

职工被借调期间受到工伤事故伤害的，由原用人单位承担工伤保险责任，但原用人单位与借调单位可以约定补偿办法。

企业破产的，在破产清算时依法拨付应当由单位支付的工伤保险待遇费用。

第四十四条 【出境工作的工伤保险处理】职工被派遣出境工作，依据前往国家或者地区的法律应当参加当地工伤保险的，参加当地工伤保险，其国内工伤保险关系中止；不能参加当地工伤保险的，其国内工伤保险关系不中止。

第四十五条 【再次工伤的待遇】职工再次发生工伤，根据规定应当享受伤残津贴的，按照新认定的伤残等级享受伤残津贴待遇。

第六章 监督管理

第四十六条 【经办机构的职责】经办机构具体承办工伤保险事务，履行下列职责：

（一）根据省、自治区、直辖市人民政府规定，征收工伤保险费；

（二）核查用人单位的工资总额和职工人数，办理工伤保险登记，并负责保存用人单位缴费和职工享受工伤保险待遇情况的记录；

（三）进行工伤保险的调查、统计；

（四）按照规定管理工伤保险基金的支出；

（五）按照规定核定工伤保险待遇；

（六）为工伤职工或者其近亲属免费提供咨询服务。

第四十七条 【服务协议】经办机构与医疗机构、辅助器具配置机构在平等协商的基础上签订服务协议，并公布签订服务协议的医疗机构、辅助器具配置机构的名单。具体办法由国务院社会保险行政部门分别会同国务院卫生行政部门、民政部门等部门制定。

第四十八条 【费用核查结算】经办机构按照协议和国家有关目录、标准对工伤职工医疗费用、康复费用、辅助器具费用的使用情况进行核查,并按时足额结算费用。

第四十九条 【公示与建议】经办机构应当定期公布工伤保险基金的收支情况,及时向社会保险行政部门提出调整费率的建议。

第五十条 【听取意见】社会保险行政部门、经办机构应当定期听取工伤职工、医疗机构、辅助器具配置机构以及社会各界对改进工伤保险工作的意见。

第五十一条 【行政监督】社会保险行政部门依法对工伤保险费的征缴和工伤保险基金的支付情况进行监督检查。

财政部门和审计机关依法对工伤保险基金的收支、管理情况进行监督。

第五十二条 【群众监督】任何组织和个人对有关工伤保险的违法行为,有权举报。社会保险行政部门对举报应当及时调查,按照规定处理,并为举报人保密。

第五十三条 【工会监督】工会组织依法维护工伤职工的合法权益,对用人单位的工伤保险工作实行监督。

第五十四条 【争议处理】职工与用人单位发生工伤待遇方面的争议,按照处理劳动争议的有关规定处理。

第五十五条 【行政复议与行政诉讼】有下列情形之一的,有关单位或者个人可以依法申请行政复议,也可以依法向人民法院提起行政诉讼:

(一)申请工伤认定的职工或者其近亲属、该职工所在单位对工伤认定申请不予受理的决定不服的;

(二)申请工伤认定的职工或者其近亲属、该职工所在单位对工伤认定结论不服的;

(三)用人单位对经办机构确定的单位缴费费率不服的;

(四)签订服务协议的医疗机构、辅助器具配置机构认为经办机构未履行有关协议或者规定的;

(五)工伤职工或者其近亲属对经办机构核定的工伤保险待遇有异议的。

第七章 法律责任

第五十六条 【挪用工伤保险基金的责任】单位或者个人违反本条例第十二条规定挪用工伤保险基金,构成犯罪的,依法追究刑事责任;尚不构成犯罪的,依法给予处分或者纪律处分。被挪用的基金由社会保险行政部门追回,并入工伤保险基金;没收的违法所得依法上缴国库。

第五十七条 【社会保险行政部门工作人员的责任】社会保险行政部门工

作人员有下列情形之一的,依法给予处分;情节严重,构成犯罪的,依法追究刑事责任:

(一)无正当理由不受理工伤认定申请,或者弄虚作假将不符合工伤条件的人员认定为工伤职工的;

(二)未妥善保管申请工伤认定的证据材料,致使有关证据灭失的;

(三)收受当事人财物的。

第五十八条 【经办机构的责任】经办机构有下列行为之一的,由社会保险行政部门责令改正,对直接负责的主管人员和其他责任人员依法给予纪律处分;情节严重,构成犯罪的,依法追究刑事责任;造成当事人经济损失的,由经办机构依法承担赔偿责任:

(一)未按规定保存用人单位缴费和职工享受工伤保险待遇情况记录的;

(二)不按规定核定工伤保险待遇的;

(三)收受当事人财物的。

第五十九条 【不正当履行服务协议的责任】医疗机构、辅助器具配置机构不按服务协议提供服务的,经办机构可以解除服务协议。

经办机构不按时足额结算费用的,由社会保险行政部门责令改正;医疗机构、辅助器具配置机构可以解除服务协议。

第六十条 【骗取工伤保险待遇的责任】用人单位、工伤职工或者其近亲属骗取工伤保险待遇,医疗机构、辅助器具配置机构骗取工伤保险基金支出的,由社会保险行政部门责令退还,处骗取金额2倍以上5倍以下的罚款;情节严重,构成犯罪的,依法追究刑事责任。

第六十一条 【劳动能力鉴定违法的责任】从事劳动能力鉴定的组织或者个人有下列情形之一的,由社会保险行政部门责令改正,处2000元以上1万元以下的罚款;情节严重,构成犯罪的,依法追究刑事责任:

(一)提供虚假鉴定意见的;

(二)提供虚假诊断证明的;

(三)收受当事人财物的。

第六十二条 【用人单位应参加而未参加工伤保险的责任】用人单位依照本条例规定应当参加工伤保险而未参加的,由社会保险行政部门责令限期参加,补缴应当缴纳的工伤保险费,并自欠缴之日起,按日加收万分之五的滞纳金;逾期仍不缴纳的,处欠缴数额1倍以上3倍以下的罚款。

依照本条例规定应当参加工伤保险而未参加工伤保险的用人单位职工发生工伤的,由该用人单位按照本条例规定的工伤保险待遇项目和标准支付费用。

用人单位参加工伤保险并补缴应当缴纳的工伤保险费、滞纳金后，由工伤保险基金和用人单位依照本条例的规定支付新发生的费用。

第六十三条 【用人单位不协助事故调查核实的责任】用人单位违反本条例第十九条的规定，拒不协助社会保险行政部门对事故进行调查核实的，由社会保险行政部门责令改正，处2000元以上2万元以下的罚款。

第八章 附 则

第六十四条 【术语解释】本条例所称工资总额，是指用人单位直接支付给本单位全部职工的劳动报酬总额。

本条例所称本人工资，是指工伤职工因工作遭受事故伤害或者患职业病前12个月平均月缴费工资。本人工资高于统筹地区职工平均工资300%的，按照统筹地区职工平均工资的300%计算；本人工资低于统筹地区职工平均工资60%的，按照统筹地区职工平均工资的60%计算。

第六十五条 【公务员和参公事业单位、社会团体的工伤保险】公务员和参照公务员法管理的事业单位、社会团体的工作人员因工作遭受事故伤害或者患职业病的，由所在单位支付费用。具体办法由国务院社会保险行政部门会同国务院财政部门规定。

第六十六条 【非法用工单位的一次性赔偿】无营业执照或者未经依法登记、备案的单位以及被依法吊销营业执照或者撤销登记、备案的单位的职工受到事故伤害或者患职业病的，由该单位向伤残职工或者死亡职工的近亲属给予一次性赔偿，赔偿标准不得低于本条例规定的工伤保险待遇；用人单位不得使用童工，用人单位使用童工造成童工伤残、死亡的，由该单位向童工或者童工的近亲属给予一次性赔偿，赔偿标准不得低于本条例规定的工伤保险待遇。具体办法由国务院社会保险行政部门规定。

前款规定的伤残职工或者死亡职工的近亲属就赔偿数额与单位发生争议的，以及前款规定的童工或者童工的近亲属就赔偿数额与单位发生争议的，按照处理劳动争议的有关规定处理。

第六十七条 【施行时间与溯及力】本条例自2004年1月1日起施行。本条例施行前已受到事故伤害或者患职业病的职工尚未完成工伤认定的，按照本条例的规定执行。

工伤认定办法

(2010年12月31日人力资源和社会保障部令第8号公布
自2011年1月1日起施行)

第一条 为规范工伤认定程序,依法进行工伤认定,维护当事人的合法权益,根据《工伤保险条例》的有关规定,制定本办法。

第二条 社会保险行政部门进行工伤认定按照本办法执行。

第三条 工伤认定应当客观公正、简捷方便,认定程序应当向社会公开。

第四条 职工发生事故伤害或者按照职业病防治法规定被诊断、鉴定为职业病,所在单位应当自事故伤害发生之日或者被诊断、鉴定为职业病之日起30日内,向统筹地区社会保险行政部门提出工伤认定申请。遇有特殊情况,经报社会保险行政部门同意,申请时限可以适当延长。

按照前款规定应当向省级社会保险行政部门提出工伤认定申请的,根据属地原则应当向用人单位所在地设区的市级社会保险行政部门提出。

第五条 用人单位未在规定的时限内提出工伤认定申请的,受伤害职工或者其近亲属、工会组织在事故伤害发生之日或者被诊断、鉴定为职业病之日起1年内,可以直接按本办法第四条规定提出工伤认定申请。

第六条 提出工伤认定申请应当填写《工伤认定申请表》,并提交下列材料:

(一)劳动、聘用合同文本复印件或者与用人单位存在劳动关系(包括事实劳动关系)、人事关系的其他证明材料;

(二)医疗机构出具的受伤后诊断证明书或者职业病诊断证明书(或者职业病诊断鉴定书)。

第七条 工伤认定申请人提交的申请材料符合要求,属于社会保险行政部门管辖范围且在受理时限内的,社会保险行政部门应当受理。

第八条 社会保险行政部门收到工伤认定申请后,应当在15日内对申请人提交的材料进行审核,材料完整的,作出受理或者不予受理的决定;材料不完整的,应当以书面形式一次性告知申请人需要补正的全部材料。社会保险行政部门收到申请人提交的全部补正材料后,应当在15日内作出受理或者不予受理的决定。

社会保险行政部门决定受理的,应当出具《工伤认定申请受理决定书》;决定不予受理的,应当出具《工伤认定申请不予受理决定书》。

第九条 社会保险行政部门受理工伤认定申请后,可以根据需要对申请人提供的证据进行调查核实。

第十条 社会保险行政部门进行调查核实,应当由两名以上工作人员共同进行,并出示执行公务的证件。

第十一条 社会保险行政部门工作人员在工伤认定中,可以进行以下调查核实工作:

(一)根据工作需要,进入有关单位和事故现场;

(二)依法查阅与工伤认定有关的资料,询问有关人员并作出调查笔录;

(三)记录、录音、录像和复制与工伤认定有关的资料。调查核实工作的证据收集参照行政诉讼证据收集的有关规定执行。

第十二条 社会保险行政部门工作人员进行调查核实时,有关单位和个人应当予以协助。用人单位、工会组织、医疗机构以及有关部门应当负责安排相关人员配合工作,据实提供情况和证明材料。

第十三条 社会保险行政部门在进行工伤认定时,对申请人提供的符合国家有关规定的职业病诊断证明书或者职业病诊断鉴定书,不再进行调查核实。职业病诊断证明书或者职业病诊断鉴定书不符合国家规定的要求和格式的,社会保险行政部门可以要求出具证据部门重新提供。

第十四条 社会保险行政部门受理工伤认定申请后,可以根据工作需要,委托其他统筹地区的社会保险行政部门或者相关部门进行调查核实。

第十五条 社会保险行政部门工作人员进行调查核实时,应当履行下列义务:

(一)保守有关单位商业秘密以及个人隐私;

(二)为提供情况的有关人员保密。

第十六条 社会保险行政部门工作人员与工伤认定申请人有利害关系的,应当回避。

第十七条 职工或者其近亲属认为是工伤,用人单位不认为是工伤的,由该用人单位承担举证责任。用人单位拒不举证的,社会保险行政部门可以根据受伤害职工提供的证据或者调查取得的证据,依法作出工伤认定决定。

第十八条 社会保险行政部门应当自受理工伤认定申请之日起60日内作出工伤认定决定,出具《认定工伤决定书》或者《不予认定工伤决定书》。

第十九条 《认定工伤决定书》应当载明下列事项:

（一）用人单位全称；

（二）职工的姓名、性别、年龄、职业、身份证号码；

（三）受伤害部位、事故时间和诊断时间或职业病名称、受伤害经过和核实情况、医疗救治的基本情况和诊断结论；

（四）认定工伤或者视同工伤的依据；

（五）不服认定决定申请行政复议或者提起行政诉讼的部门和时限；

（六）作出认定工伤或者视同工伤决定的时间。

《不予认定工伤决定书》应当载明下列事项：

（一）用人单位全称；

（二）职工的姓名、性别、年龄、职业、身份证号码；

（三）不予认定工伤或者不视同工伤的依据；

（四）不服认定决定申请行政复议或者提起行政诉讼的部门和时限；

（五）作出不予认定工伤或者不视同工伤决定的时间。

《认定工伤决定书》和《不予认定工伤决定书》应当加盖社会保险行政部门工伤认定专用印章。

第二十条　社会保险行政部门受理工伤认定申请后，作出工伤认定决定需要以司法机关或者有关行政主管部门的结论为依据的，在司法机关或者有关行政主管部门尚未作出结论期间，作出工伤认定决定的时限中止，并书面通知申请人。

第二十一条　社会保险行政部门对于事实清楚、权利义务明确的工伤认定申请，应当自受理工伤认定申请之日起15日内作出工伤认定决定。

第二十二条　社会保险行政部门应当自工伤认定决定作出之日起20日内，将《认定工伤决定书》或者《不予认定工伤决定书》送达受伤害职工（或者其近亲属）和用人单位，并抄送社会保险经办机构。

《认定工伤决定书》和《不予认定工伤决定书》的送达参照民事法律有关送达的规定执行。

第二十三条　职工或者其近亲属、用人单位对不予受理决定不服或者对工伤认定决定不服的，可以依法申请行政复议或者提起行政诉讼。

第二十四条　工伤认定结束后，社会保险行政部门应当将工伤认定的有关资料保存50年。

第二十五条　用人单位拒不协助社会保险行政部门对事故伤害进行调查核实的，由社会保险行政部门责令改正，处2000元以上2万元以下的罚款。

第二十六条　本办法中的《工伤认定申请表》、《工伤认定申请受理决定书》《工伤认定申请不予受理决定书》《认定工伤决定书》《不予认定工伤决定书》的样式由国务院社会保险行政部门统一制定。

第二十七条 本办法自2011年1月1日起施行。劳动和社会保障部2003年9月23日颁布的《工伤认定办法》同时废止。

附件：（略）

失业保险条例

（1999年1月22日国务院令第258号发布施行）

第一章 总 则

第一条 为了保障失业人员失业期间的基本生活，促进其再就业，制定本条例。

第二条 城镇企业事业单位、城镇企业事业单位职工依照本条例的规定，缴纳失业保险费。

城镇企业事业单位失业人员依照本条例的规定，享受失业保险待遇。

本条所称城镇企业，是指国有企业、城镇集体企业、外商投资企业、城镇私营企业以及其他城镇企业。

第三条 国务院劳动保障行政部门主管全国的失业保险工作。县级以上地方各级人民政府劳动保障行政部门主管本行政区域内的失业保险工作。劳动保障行政部门按照国务院规定设立的经办失业保险业务的社会保险经办机构依照本条例的规定，具体承办失业保险工作。

第四条 失业保险费按照国家有关规定征缴。

第二章 失业保险基金

第五条 失业保险基金由下列各项构成：

（一）城镇企业事业单位、城镇企业事业单位职工缴纳的失业保险费；

（二）失业保险基金的利息；

（三）财政补贴；

（四）依法纳入失业保险基金的其他资金。

第六条 城镇企业事业单位按照本单位工资总额的百分之二缴纳失业保险费。城镇企业事业单位职工按照本人工资的百分之一缴纳失业保险费。城镇企业事业单位招用的农民合同制工人本人不缴纳失业保险费。

第七条 失业保险基金在直辖市和设区的市实行全市统筹；其他地区的统筹层次由省、自治区人民政府规定。

第八条 省、自治区可以建立失业保险调剂金。

失业保险调剂金以统筹地区依法应当征收的失业保险费为基数，按照省、自治区人民政府规定的比例筹集。

统筹地区的失业保险基金不敷使用时，由失业保险调剂金调剂、地方财政补贴。

失业保险调剂金的筹集、调剂使用以及地方财政补贴的具体办法，由省、自治区人民政府规定。

第九条 省、自治区、直辖市人民政府根据本行政区域失业人员数量和失业保险基金数额，报经国务院批准，可以适当调整本行政区域失业保险费的费率。

第十条 失业保险基金用于下列支出：

（一）失业保险金；

（二）领取失业保险金期间的医疗补助金；

（三）领取失业保险金期间死亡的失业人员的丧葬补助金和其供养的配偶、直系亲属的抚恤金；

（四）领取失业保险金期间接受职业培训、职业介绍的补贴，补贴的办法和标准由省、自治区、直辖市人民政府规定；

（五）国务院规定或者批准的与失业保险有关的其他费用。

第十一条 失业保险基金必须存入财政部门在国有商业银行开设的社会保障基金财政专户，实行收支两条线管理，由财政部门依法进行监督。

存入银行和按照国家规定购买国债的失业保险基金，分别按照城乡居民同期存款利率和国债利息计息。失业保险基金的利息并入失业保险基金。

失业保险基金专款专用，不得挪作他用，不得用于平衡财政收支。

第十二条 失业保险基金收支的预算、决算，由统筹地区社会保险经办机构编制，经同级劳动保障行政部门复核、同级财政部门审核，报同级人民政府审批。

第十三条 失业保险基金的财务制度和会计制度按照国家有关规定执行。

第三章 失业保险待遇

第十四条 具备下列条件的失业人员，可以领取失业保险金：

（一）按照规定参加失业保险，所在单位和本人已按照规定履行缴费义务满1年的；

（二）非因本人意愿中断就业的；

（三）已办理失业登记，并有求职要求的。

失业人员在领取失业保险金期间，按照规定同时享受其他失业保险待遇。

第十五条 失业人员在领取失业保险金期间有下列情形之一的，停止领取失业保险金，并同时停止享受其他失业保险待遇：

（一）重新就业的；

（二）应征服兵役的；

（三）移居境外的；

（四）享受基本养老保险待遇的；

（五）被判刑收监执行或者被劳动教养的；

（六）无正当理由，拒不接受当地人民政府指定的部门或者机构介绍的工作的；

（七）有法律、行政法规规定的其他情形的。

第十六条 城镇企业事业单位应当及时为失业人员出具终止或者解除劳动关系的证明，告知其按照规定享受失业保险待遇的权利，并将失业人员的名单自终止或者解除劳动关系之日起7日内报社会保险经办机构备案。

城镇企业事业单位职工失业后，应当持本单位为其出具的终止或者解除劳动关系的证明，及时到指定的社会保险经办机构办理失业登记。失业保险金自办理失业登记之日起计算。

失业保险金由社会保险经办机构按月发放。社会保险经办机构为失业人员开具领取失业保险金的单证，失业人员凭单证到指定银行领取失业保险金。

第十七条 失业人员失业前所在单位和本人按照规定累计缴费时间满1年不足5年的，领取失业保险金的期限最长为12个月；累计缴费时间满5年不足10年的，领取失业保险金的期限最长为18个月；累计缴费时间10年以上的，领取失业保险金的期限最长为24个月。重新就业后，再次失业的，缴费时间重新计算，领取失业保险金的期限可以与前次失业应领取而尚未领取的失业保险金的期限合并计算，但是最长不得超过24个月。

第十八条 失业保险金的标准，按照低于当地最低工资标准、高于城市居民最低生活保障标准的水平，由省、自治区、直辖市人民政府确定。

第十九条 失业人员在领取失业保险金期间患病就医的，可以按照规定向社会保险经办机构申请领取医疗补助金。医疗补助金的标准由省、自治区、直辖市人民政府规定。

第二十条 失业人员在领取失业保险金期间死亡的,参照当地对在职职工的规定,对其家属一次性发给丧葬补助金和抚恤金。

第二十一条 单位招用的农民合同制工人连续工作满1年,本单位并已缴纳失业保险费,劳动合同期满未续订或者提前解除劳动合同的,由社会保险经办机构根据其工作时间长短,对其支付一次性生活补助。补助的办法和标准由省、自治区、直辖市人民政府规定。

第二十二条 城镇企业事业单位成建制跨统筹地区转移,失业人员跨统筹地区流动的,失业保险关系随之转迁。

第二十三条 失业人员符合城市居民最低生活保障条件的,按照规定享受城市居民最低生活保障待遇。

第四章 管理和监督

第二十四条 劳动保障行政部门管理失业保险工作,履行下列职责:
(一)贯彻实施失业保险法律、法规;
(二)指导社会保险经办机构的工作;
(三)对失业保险费的征收和失业保险待遇的支付进行监督检查。

第二十五条 社会保险经办机构具体承办失业保险工作,履行下列职责:
(一)负责失业人员的登记、调查、统计;
(二)按照规定负责失业保险基金的管理;
(三)按照规定核定失业保险待遇,开具失业人员在指定银行领取失业保险金和其他补助金的单证;
(四)拨付失业人员职业培训、职业介绍补贴费用;
(五)为失业人员提供免费咨询服务;
(六)国家规定由其履行的其他职责。

第二十六条 财政部门和审计部门依法对失业保险基金的收支、管理情况进行监督。

第二十七条 社会保险经办机构所需经费列入预算,由财政拨付。

第五章 罚 则

第二十八条 不符合享受失业保险待遇条件,骗取失业保险金和其他失业保险待遇的,由社会保险经办机构责令退还;情节严重的,由劳动保障行政部门处骗取金额1倍以上3倍以下的罚款。

第二十九条 社会保险经办机构工作人员违反规定向失业人员开具领取失业保险金或者享受其他失业保险待遇单证,致使失业保险基金损失的,由劳动保障行政部门责令追回;情节严重的,依法给予行政处分。

第三十条 劳动保障行政部门和社会保险经办机构的工作人员滥用职权、徇私舞弊、玩忽职守,造成失业保险基金损失的,由劳动保障行政部门追回损失的失业保险基金;构成犯罪的,依法追究刑事责任;尚不构成犯罪的,依法给予行政处分。

第三十一条 任何单位、个人挪用失业保险基金的,追回挪用的失业保险基金;有违法所得的,没收违法所得,并入失业保险基金;构成犯罪的,依法追究刑事责任;尚不构成犯罪的,对直接负责的主管人员和其他直接责任人员依法给予行政处分。

第六章 附 则

第三十二条 省、自治区、直辖市人民政府根据当地实际情况,可以决定本条例适用于本行政区域内的社会团体及其专职人员、民办非企业单位及其职工、有雇工的城镇个体工商户及其雇工。

第三十三条 本条例自发布之日起施行。1993年4月12日国务院发布的《国有企业职工待业保险规定》同时废止。

失业保险金申领发放办法

(2000年10月26日劳动保障部令第8号公布 根据2018年12月14日人力资源社会保障部令第38号《关于修改部分规章的决定》第一次修订 根据2019年12月9日人力资源社会保障部令第42号《关于修改部分规章的决定》第二次修订 根据2024年6月14日人力资源社会保障部令第53号《关于修改和废止部分规章的决定》第三次修订)

第一章 总 则

第一条 为保证失业人员及时获得失业保险金及其他失业保险待遇,根据《失业保险条例》(以下简称《条例》),制定本办法。

第二条 参加失业保险的城镇企业事业单位职工以及按照省级人民政府

规定参加失业保险的其他单位人员失业后(以下统称失业人员),申请领取失业保险金、享受其他失业保险待遇适用本办法;按照规定应参加而尚未参加失业保险的不适用本办法。

第三条 劳动保障行政部门设立的经办失业保险业务的社会保险经办机构(以下简称经办机构)按照本办法规定受理失业人员领取失业保险金的申请,审核确认领取资格,核定领取失业保险金、享受其他失业保险待遇的期限及标准,负责发放失业保险金并提供其他失业保险待遇。

第二章　失业保险金申领

第四条 失业人员符合《条例》第十四条规定条件的,可以申请领取失业保险金,享受其他失业保险待遇。其中,非因本人意愿中断就业的是指下列人员:

(一)终止劳动合同的;

(二)被用人单位解除劳动合同的;

(三)被用人单位开除、除名和辞退的;

(四)根据《中华人民共和国劳动法》第三十二条第二、三项与用人单位解除劳动合同的;

(五)法律、行政法规另有规定的。

第五条 失业人员失业前所在单位,应将失业人员的名单自终止或者解除劳动合同之日起7日内报受理其失业保险业务的经办机构备案,并按要求提供终止或解除劳动合同证明等有关材料。

第六条 失业人员应在终止或者解除劳动合同之日起60日内到受理其单位失业保险业务的经办机构申领失业保险金。

第七条 失业人员申领失业保险金应填写《失业保险金申领表》,并出示下列证明材料:

(一)本人身份证明;

(二)所在单位出具的终止或者解除劳动合同的证明;

(三)失业登记;

(四)省级劳动保障行政部门规定的其他材料。

第八条 失业人员领取失业保险金,应由本人按月到经办机构领取,同时应向经办机构如实说明求职和接受职业指导、职业培训情况。

第九条 失业人员在领取失业保险金期间患病就医的,可以按照规定向经办机构申请领取医疗补助金。

第十条 失业人员在领取失业保险金期间死亡的,其家属可持失业人员死亡证明、领取人身份证明、与失业人员的关系证明,按规定向经办机构领取一次性丧葬补助金和其供养配偶、直系亲属的抚恤金。失业人员当月尚未领取的失业保险金可由其家属一并领取。

第十一条 失业人员在领取失业保险金期间,应积极求职,接受职业指导和职业培训。失业人员在领取失业保险金期间求职时,可以按规定享受就业服务减免费用等优惠政策。

第十二条 失业人员在领取失业保险金期间或期满后,符合享受当地城市居民最低生活保障条件的,可以按照规定申请享受城市居民最低生活保障待遇。

第十三条 失业人员在领取失业保险金期间,发生《条例》第十五条规定情形之一的,不得继续领取失业保险金和享受其他失业保险待遇。

第三章 失业保险金发放

第十四条 经办机构自受理失业人员领取失业保险金申请之日起10日内,对申领者的资格进行审核认定,并将结果及有关事项告知本人。经审核合格者,从其办理失业登记之日起计发失业保险金。

第十五条 经办机构根据失业人员累计缴费时间核定其领取失业保险金的期限。失业人员累计缴费时间按照下列原则确定:

(一)实行个人缴纳失业保险费前,按国家规定计算的工龄视同缴费时间,与《条例》发布后缴纳失业保险费的时间合并计算。

(二)失业人员在领取失业保险金期间重新就业后再次失业的,缴费时间重新计算,其领取失业保险金的期限可以与前次失业应领取而尚未领取的失业保险金的期限合并计算,但是最长不得超过24个月。失业人员在领取失业保险金期间重新就业后不满一年再次失业的,可以继续申领其前次失业应领取而尚未领取的失业保险金。

第十六条 失业保险金以及医疗补助金、丧葬补助金、抚恤金、职业培训和职业介绍补贴等失业保险待遇的标准按照各省、自治区、直辖市人民政府的有关规定执行。

第十七条 失业保险金应按月发放,由经办机构开具单证,失业人员凭单证到指定银行领取。

第十八条 对领取失业保险金期限即将届满的失业人员,经办机构应提前一个月告知本人。

失业人员在领取失业保险金期间,发生《条例》第十五条规定情形之一的,经办机构有权即行停止其失业保险金发放,并同时停止其享受其他失业保险待遇。

第十九条 经办机构应当通过准备书面资料、开设服务窗口、设立咨询电话等方式,为失业人员、用人单位和社会公众提供咨询服务。

第二十条 经办机构应按规定负责失业保险金申领、发放的统计工作。

第四章 失业保险关系转迁

第二十一条 对失业人员失业前所在单位与本人户籍不在同一统筹地区的,其失业保险金的发放和其他失业保险待遇的提供由两地劳动保障行政部门进行协商,明确具体办法。协商未能取得一致的,由上一级劳动保障行政部门确定。

第二十二条 失业人员失业保险关系跨省、自治区、直辖市转迁的,失业保险费用应随失业保险关系相应划转。需划转的失业保险费用包括失业保险金、医疗补助金和职业培训、职业介绍补贴。其中,医疗补助金和职业培训、职业介绍补贴按失业人员应享受的失业保险金总额的一半计算。

第二十三条 失业人员失业保险关系在省、自治区范围内跨统筹地区转迁,失业保险费用的处理由省级劳动保障行政部门规定。

第二十四条 失业人员跨统筹地区转移的,凭失业保险关系迁出地经办机构出具的证明材料到迁入地经办机构领取失业保险金。

第五章 附 则

第二十五条 经办机构发现不符合条件,或以涂改、伪造有关材料等非法手段骗取失业保险金和其他失业保险待遇的,应责令其退还;对情节严重的,经办机构可以提请劳动保障行政部门对其进行处罚。

第二十六条 经办机构工作人员违反本办法规定的,由经办机构或主管该经办机构的劳动保障行政部门责令其改正;情节严重的,依法给予行政处分;给失业人员造成损失的,依法赔偿。

第二十七条 失业人员因享受失业保险待遇与经办机构发生争议的,可以依法申请行政复议或者提起行政诉讼。

第二十八条 符合《条例》规定的劳动合同期满未续订或者提前解除劳动合同的农民合同制工人申领一次性生活补助,按各省、自治区、直辖市办法执行。

第二十九条 《失业保险金申领表》的样式,由劳动和社会保障部统一制定。

第三十条 本办法自二〇〇一年一月一日起施行。

附件1:失业保险金申领登记表(略)

附件2:(略)

八、劳动争议纠纷

中华人民共和国劳动争议调解仲裁法

(2007年12月29日第十届全国人民代表大会常务委员会第三十一次会议通过 2007年12月29日中华人民共和国主席令第80号公布 自2008年5月1日起施行)

目 录

第一章 总 则

第二章 调 解

第三章 仲 裁

　第一节 一般规定

　第二节 申请和受理

　第三节 开庭和裁决

第四章 附 则

第一章 总 则

第一条 【立法目的】为了公正及时解决劳动争议,保护当事人合法权益,促进劳动关系和谐稳定,制定本法。

第二条 【调整范围】中华人民共和国境内的用人单位与劳动者发生的下列劳动争议,适用本法:

(一)因确认劳动关系发生的争议;

(二)因订立、履行、变更、解除和终止劳动合同发生的争议;

(三)因除名、辞退和辞职、离职发生的争议;

（四）因工作时间、休息休假、社会保险、福利、培训以及劳动保护发生的争议；

（五）因劳动报酬、工伤医疗费、经济补偿或者赔偿金等发生的争议；

（六）法律、法规规定的其他劳动争议。

*（一）因确认劳动关系发生的争议

劳动关系，是指用人单位招用劳动者为其成员，劳动者在用人单位的管理下提供有报酬的劳动而产生的权利义务关系。因确认劳动关系是否存在而产生的争议属于劳动争议，适用《劳动争议调解仲裁法》。在实践中，一些用人单位不与劳动者签订劳动合同，一旦发生纠纷，劳动者往往因为拿不出劳动合同这一确定劳动关系存在的凭证而难以维权。为了更好地维护劳动者的合法权益，《劳动争议调解仲裁法》将因确认劳动关系发生的争议纳入了劳动争议的处理范围，劳动者可以就确认劳动关系是否存在这一事由，依法向劳动争议调解仲裁机构申请权利救济。

（二）因订立、履行、变更、解除和终止劳动合同发生的争议

劳动合同，是指劳动者与用人单位确立劳动关系、明确双方权利和义务的协议。用人单位与劳动者的劳动关系，涉及订立、履行、变更、解除和终止劳动合同的全过程。对于这一过程中任何一个环节发生的争议，都可以适用《劳动争议调解仲裁法》来解决。根据《劳动合同法》的规定，用人单位应当自用工之日起即与劳动者建立劳动关系，同时订立书面劳动合同。劳动合同的履行，是指劳动合同在依法订立生效后，双方当事人按照劳动合同约定的条款，完成劳动合同规定的义务，实现劳动合同规定的权利的活动。变更劳动合同，是指用人单位和劳动者双方对依法订立的劳动合同的条款所作的修改和增减，这是在履行劳动合同中发生的一种特殊情况。劳动合同的解除，是指用人单位和劳动者双方在合同期满前，提前终止劳动合同的法律效力，解除双方的权利义务关系的行为。劳动合同的终止，是指劳动合同规定的劳动合同履行期限届满，或者因为双方或者一方当事人出现法定的情形而使劳动合同无法履行，因而双方的劳动合同权利义务关系结束的情形。

（三）因除名、辞退和辞职、离职发生的争议

这一类劳动争议由于用人单位和劳动者解除和终止劳动关系而引发。根据《事业单位人事管理条例》规定，事业单位工作人员连续旷工超过15个工作日，或者1年内累计旷工超过30个工作日的，事业单位可以解除聘用合同。辞退，是指用人单位依照法律规定的条件和程序，解除与其工作人员的工作关系。辞职，是指劳动者根据本人意愿，请求辞去所担任的职务，解除与所在单位的工

作关系的行为。离职,是指劳动者离开工作岗位,解除与所在单位的劳动关系的行为。因除名、辞退和辞职、离职发生的争议涉及解除和终止劳动关系,适用《劳动争议调解仲裁法》。

《劳动合同法》规定了过失性辞退和无过失性辞退的情形。《劳动合同法》第39条规定,劳动者有下列情形之一的,用人单位可以解除劳动合同:(1)在试用期间被证明不符合录用条件的;(2)严重违反用人单位的规章制度的;(3)严重失职,营私舞弊,给用人单位造成重大损害的;(4)劳动者同时与其他用人单位建立劳动关系,对完成本单位的工作任务造成严重影响,或者经用人单位提出,拒不改正的;(5)因以欺诈、胁迫的手段或者乘人之危,使对方在违背真实意思的情况下订立或者变更劳动合同,致使劳动合同无效的;(6)被依法追究刑事责任的。《劳动合同法》第40条规定,有下列情形之一的,用人单位提前30日以书面形式通知劳动者本人或者额外支付劳动者1个月工资后,可以解除劳动合同:(1)劳动者患病或者非因工负伤,在规定的医疗期满后不能从事原工作,也不能从事由用人单位另行安排的工作的;(2)劳动者不能胜任工作,经过培训或者调整工作岗位,仍不能胜任工作的;(3)劳动合同订立时所依据的客观情况发生重大变化,致使劳动合同无法履行,经用人单位与劳动者协商,未能就变更劳动合同内容达成协议的。

(四)因工作时间、休息休假、社会保险、福利、培训以及劳动保护发生的争议

因工作时间、休息休假发生的争议,主要涉及用人单位规定的工作时间是否符合有关法律的规定,劳动者是否能够享受到国家规定的法定节假日和带薪休假的权利等而引起的争议。因社会保险发生的劳动争议,主要涉及用人单位是否依照有关法律、法规的规定为劳动者缴纳养老、工伤、医疗、失业、生育等社会保险费用而引起的争议。因福利、培训发生的劳动争议,主要涉及用人单位与劳动者因劳动合同中规定的有关福利待遇、培训等约定事项的履行而产生的争议。因劳动保护发生的劳动争议,主要涉及用人单位是否为劳动者提供符合法律规定的劳动安全、卫生条件等标准而产生的争议。

(五)因劳动报酬、工伤医疗费、经济补偿或者赔偿金等发生的争议

经济补偿,是指根据《劳动合同法》的规定,用人单位解除和终止劳动合同时,应给予劳动者的补偿。根据《劳动合同法》的规定,劳动者因用人单位的过错而单方提出与用人单位解除劳动合同的;或者用人单位因为劳动者存在过错之外的原因而单方决定与劳动者解除劳动合同的;或者用人单位提出动议,与劳动者协商一致解除劳动合同的,应当向劳动者支付经济补偿。同时,在用人

单位与劳动者终止固定期限劳动合同或者发生企业破产、责令关闭、吊销执照、提前解散等情形时,也应当向劳动者支付经济补偿。

赔偿金,是指根据《劳动合同法》的规定,用人单位应当向劳动者支付的赔偿金和劳动者应当向用人单位支付的赔偿金。

(六)法律、法规规定的其他劳动争议

这是一项兜底的规定。除了上述劳动争议事项外,法律、行政法规或者地方性法规规定的其他劳动争议,也要纳入《劳动争议调解仲裁法》的调整范围。

第三条 【劳动争议处理的原则】解决劳动争议,应当根据事实,遵循合法、公正、及时、着重调解的原则,依法保护当事人的合法权益。

第四条 【劳动争议当事人的协商和解】发生劳动争议,劳动者可以与用人单位协商,也可以请工会或者第三方共同与用人单位协商,达成和解协议。

*考虑到劳动者与用人单位相比,通常处于弱势地位,如果单纯由劳动者与用人单位进行协商和解,由于双方存在地位上的不平衡,通常很难达成和解协议,因此本法规定劳动者可以请工会或者第三方共同与用人单位进行协商,目的是通过工会和第三方的介入,促成用人单位与劳动者的协商,进而达成和解协议,充分发挥"协商"这一方式在处理劳动争议方面的作用。这里的"第三方"可以是本单位的人员,也可以是本单位以外的双方都信任的人员。

协商和解成功后,当事人双方应当签订和解协议。这里应当指出的是,协商这一程序,完全是建立在双方当事人自愿的基础上,任何一方,或者第三方都不得强迫另一方当事人进行协商。如果一方当事人不愿协商、协商不成或者达成和解协议后不履行的,另一方当事人仍然可以向劳动争议调解组织申请调解,或者向劳动争议仲裁机构申请仲裁。

第五条 【劳动争议处理的基本程序】发生劳动争议,当事人不愿协商、协商不成或者达成和解协议后不履行的,可以向调解组织申请调解;不愿调解、调解不成或者达成调解协议后不履行的,可以向劳动争议仲裁委员会申请仲裁;对仲裁裁决不服的,除本法另有规定的外,可以向人民法院提起诉讼。

*"一调一裁两审"制度将仲裁作为诉讼的一个前置程序,不经仲裁,当事人不能直接向人民法院提起诉讼。

1.申请调解。劳动争议的调解,是指在劳动争议调解委员会的主持下,在双方当事人自愿的基础上,通过宣传法律、法规、规章和政策,劝导当事人化解矛盾,自愿就争议事项达成协议,使劳动争议及时得到解决的一种活动。发生劳动争议,当事人不愿协商、协商不成或者达成和解协议后不履行的,可以向劳动调解组织申请调解。

2. 申请仲裁。发生劳动争议，当事人不愿调解、调解不成或者达成调解协议后不履行的，可以向劳动争议仲裁委员会申请仲裁。劳动仲裁，是指劳动争议仲裁机构对劳动争议当事人争议的事项，根据劳动方面的法律、法规、规章和政策的规定，依法作出裁决，从而解决劳动争议的一项劳动法律制度。劳动仲裁不同于《仲裁法》规定的一般经济纠纷的仲裁，二者的不同点在于：(1)申请程序不同。一般经济纠纷的仲裁，要求双方当事人在事先或事后达成仲裁协议，然后才能据此向仲裁机构提出仲裁申请；而劳动争议的仲裁，则不要求当事人事先或事后达成仲裁协议，只要当事人一方提出申请，有关仲裁机构即可受理。(2)仲裁机构设置不同。《仲裁法》规定的仲裁机构，主要在直辖市、省会城市及根据需要在其他设区的市设立；而劳动争议仲裁机构，主要是在省、自治区的市、县设立，或者在直辖市的区、县设立。(3)裁决的效力不同。《仲裁法》规定一般经济纠纷的仲裁，"实行一裁终局制度"，即仲裁裁决作出后，当事人就同一纠纷再次申请仲裁或者向人民法院起诉的，仲裁委员会或者人民法院不予受理；劳动争议仲裁，当事人对裁决不服的，除《劳动争议调解仲裁法》规定的几类特殊劳动争议外，可以向人民法院提起诉讼。

3. 向人民法院提起诉讼。如果当事人对劳动争议仲裁委员会的仲裁裁决不服，除本法另有规定的外，可以向人民法院提起诉讼。这里的"除本法另有规定的外"，是指本法第47条规定的一裁终局的情形。

第六条 【举证责任】发生劳动争议，当事人对自己提出的主张，有责任提供证据。与争议事项有关的证据属于用人单位掌握管理的，用人单位应当提供；用人单位不提供的，应当承担不利后果。

*举证责任的基本含义包括以下三层：第一，当事人对自己提出的主张，应当提出证据；第二，当事人对自己提供的证据，应当予以证明，以表明所提供的证据能够证明其主张；第三，若当事人对自己的主张不能提供证据或者提供证据后不能证明自己的主张，将可能导致对自己不利的法律后果。

1."谁主张，谁举证"。我国《民事诉讼法》第67条规定，当事人对自己提出的主张，有责任提供证据。劳动争议发生以后，调解、仲裁作为非诉讼程序，与诉讼活动一样首先应当查清事实真相，对于双方当事人主张的事实辨明真伪，才能进一步解决劳动争议，满足或者保护当事人合理的利益主张。在劳动争议的调解、仲裁阶段，当事人应当像参加诉讼活动一样，积极举证，提供证据证明自己所主张的事实。

2. 用人单位的特殊举证责任。举证责任分配的基础是公平原则和当事人提供证据的可能性、现实性。公平原则要求举证责任在原告、被告之间的分配应当符合各自的能力要求，符合权利义务要求，并给予弱者一定的保护。

第七条　【劳动争议处理的代表人制度】发生劳动争议的劳动者一方在十人以上，并有共同请求的，可以推举代表参加调解、仲裁或者诉讼活动。

＊当事人必须推举他们之中的人做代表，而不能选当事人之外的人。关于劳动者推举出的代表人行为的效力，《劳动争议调解仲裁法》没有明确规定。作为一般的民事活动，推举代表人是当事人的意思表示，因此代表人一旦产生，其参加调解、仲裁、诉讼的行为对其所代表的当事人发生效力。但是在某些方面，代表人的行为对其所代表的当事人是无效的，可以参照《民事诉讼法》第56、57条的规定执行。

第八条　【劳动争议处理的协调劳动关系三方机制】县级以上人民政府劳动行政部门会同工会和企业方面代表建立协调劳动关系三方机制，共同研究解决劳动争议的重大问题。

第九条　【劳动监察】用人单位违反国家规定，拖欠或者未足额支付劳动报酬，或者拖欠工伤医疗费、经济补偿或者赔偿金的，劳动者可以向劳动行政部门投诉，劳动行政部门应当依法处理。

第二章　调　　解

第十条　【调解组织】发生劳动争议，当事人可以到下列调解组织申请调解：

（一）企业劳动争议调解委员会；

（二）依法设立的基层人民调解组织；

（三）在乡镇、街道设立的具有劳动争议调解职能的组织。

企业劳动争议调解委员会由职工代表和企业代表组成。职工代表由工会成员担任或者由全体职工推举产生，企业代表由企业负责人指定。企业劳动争议调解委员会主任由工会成员或者双方推举的人员担任。

第十一条　【担任调解员的条件】劳动争议调解组织的调解员应当由公道正派、联系群众、热心调解工作，并具有一定法律知识、政策水平和文化水平的成年公民担任。

第十二条　【调解申请】当事人申请劳动争议调解可以书面申请，也可以口头申请。口头申请的，调解组织应当当场记录申请人基本情况、申请调解的争议事项、理由和时间。

＊书面申请就是采取书写调解申请书的方式，提出调解申请。本法对调解

申请书的内容没有作明确规定，实践中，调解申请书应当包括以下内容：(1)申请人的姓名、住址、身份证件号码以及联系方式；被申请人的名称、地址以及法定代表人或者主要负责人的姓名、职务等。(2)发生争议的事实、申请人的主张和理由等。口头申请调解是一种比较灵活的处理劳动争议的形式。口头申请的，调解组织应当当场记录申请人的基本情况，申请调解的争议事项、理由和时间。由于调解程序有时限要求，根据本法第14条第3款的规定，自劳动争议调解组织收到调解申请之日起15日内未达成调解协议的，当事人可以依法申请仲裁。因此，口头申请需要记录申请时间，作为调解组织收到调解申请的时间依据。

第十三条 【调解方式】调解劳动争议，应当充分听取双方当事人对事实和理由的陈述，耐心疏导，帮助其达成协议。

第十四条 【调解协议】经调解达成协议的，应当制作调解协议书。

调解协议书由双方当事人签名或者盖章，经调解员签名并加盖调解组织印章后生效，对双方当事人具有约束力，当事人应当履行。

自劳动争议调解组织收到调解申请之日起十五日内未达成调解协议的，当事人可以依法申请仲裁。

第十五条 【申请仲裁】达成调解协议后，一方当事人在协议约定期限内不履行调解协议的，另一方当事人可以依法申请仲裁。

第十六条 【支付令】因支付拖欠劳动报酬、工伤医疗费、经济补偿或者赔偿金事项达成调解协议，用人单位在协议约定期限内不履行的，劳动者可以持调解协议书依法向人民法院申请支付令。人民法院应当依法发出支付令。

＊劳动者申请支付令适用《民事诉讼法》的有关规定。根据《民事诉讼法》的规定，申请支付令的程序是：

1.向人民法院提交申请书。劳动者向人民法院提交的申请书应当写明请求给付劳动报酬、工伤医疗费、经济补偿或者赔偿金的数额和所根据的事实、证据。由于劳动者申请支付令的前提是达成了调解协议，因此，劳动者一般只需要提供调解协议书即可。

2.向有管辖权的基层人民法院申请。《民事诉讼法》第24条规定："因合同纠纷提起的诉讼，由被告住所地或者合同履行地人民法院管辖。"调解协议具有合同的性质，因此，劳动者可以按照《民事诉讼法》第24条的规定确定申请支付令的管辖法院，选择用人单位所在地或者合同履行地基层人民法院管辖。如果两个以上人民法院都有管辖权，根据《民事诉讼法》第36条的规定，劳动者可以向其中一个人民法院申请支付令，劳动者向两个以上有管辖权的人民法院申请支付令的，由最先立案的人民法院管辖。

3. 受理。一般来说，申请支付令属于本法列举的因支付拖欠劳动报酬、工伤医疗费、经济补偿或者赔偿金事项达成调解协议范围的，人民法院都应当受理。

4. 审查和决定。劳动者申请支付令的依据是劳动者与用人单位达成的调解协议，双方权利义务关系比较明确，因此，人民法院只要审查调解协议是否合法就可以了，一般只进行书面审查，不需要询问当事人和开庭审查。如果人民法院经过书面审查，认为调解协议合法，应当在15日内向用人单位发出支付令；如果调解协议不合法，就裁定予以驳回。

5. 清偿或者提出书面异议。支付令发出后，用人单位要么按照支付令的要求向劳动者支付拖欠劳动报酬、工伤医疗费、经济补偿或者赔偿金，要么提出书面异议。如果异议成立，人民法院就会裁定终结督促程序，支付令自行失效。

6. 申请执行。用人单位在收到人民法院发出的支付令之日起15日内不提出书面异议，又不履行支付令的，劳动者可以向人民法院申请执行，人民法院应当按照《民事诉讼法》规定的执行程序强制执行。

第三章　仲　　裁

第一节　一　般　规　定

第十七条　【劳动争议仲裁委员会设立】劳动争议仲裁委员会按照统筹规划、合理布局和适应实际需要的原则设立。省、自治区人民政府可以决定在市、县设立；直辖市人民政府可以决定在区、县设立。直辖市、设区的市也可以设立一个或者若干个劳动争议仲裁委员会。劳动争议仲裁委员会不按行政区划层层设立。

第十八条　【制定仲裁规则及指导劳动争议仲裁工作】国务院劳动行政部门依照本法有关规定制定仲裁规则。省、自治区、直辖市人民政府劳动行政部门对本行政区域的劳动争议仲裁工作进行指导。

第十九条　【劳动争议仲裁委员会组成及职责】劳动争议仲裁委员会由劳动行政部门代表、工会代表和企业方面代表组成。劳动争议仲裁委员会组成人员应当是单数。

劳动争议仲裁委员会依法履行下列职责：
（一）聘任、解聘专职或者兼职仲裁员；
（二）受理劳动争议案件；
（三）讨论重大或者疑难的劳动争议案件；
（四）对仲裁活动进行监督。

劳动争议仲裁委员会下设办事机构,负责办理劳动争议仲裁委员会的日常工作。

第二十条 【仲裁员资格条件】劳动争议仲裁委员会应当设仲裁员名册。

仲裁员应当公道正派并符合下列条件之一:

(一)曾任审判员的;

(二)从事法律研究、教学工作并具有中级以上职称的;

(三)具有法律知识、从事人力资源管理或者工会等专业工作满五年的;

(四)律师执业满三年的。

第二十一条 【仲裁管辖】劳动争议仲裁委员会负责管辖本区域内发生的劳动争议。

劳动争议由劳动合同履行地或者用人单位所在地的劳动争议仲裁委员会管辖。双方当事人分别向劳动合同履行地和用人单位所在地的劳动争议仲裁委员会申请仲裁的,由劳动合同履行地的劳动争议仲裁委员会管辖。

*劳动争议仲裁管辖,是指确定各个劳动争议仲裁委员会审理劳动争议案件的分工和权限,明确当事人应当到哪一个劳动争议仲裁委员会申请劳动争议仲裁,由哪一个劳动争议仲裁委员会受理的法律制度。

根据本条第2款的规定,劳动争议由劳动合同履行地或者用人单位所在地的劳动争议仲裁委员会管辖。这里的用人单位所在地一般是指用人单位的注册地,用人单位的注册地与经常营业地不一致的,用人单位所在地指用人单位经常营业地。

我国的劳动争议仲裁实行的是特殊地域管辖,不实行级别管辖或者协定管辖。特殊地域管辖,是指依照当事人之间的某一个特殊的联结点确定的管辖。本法以劳动合同履行地和用人单位所在地作为联结点确定劳动争议仲裁管辖,因此是特殊地域管辖。同时,本法不允许双方当事人协议选择劳动合同履行地或者用人单位所在地以外的其他劳动争议仲裁委员会进行管辖。

劳动争议仲裁不实行级别管辖。在出现管辖权争议时,法律明确规定由劳动合同履行地的劳动争议仲裁委员会管辖。

劳动争议的管辖还存在移送管辖情形。移送管辖,是指劳动争议仲裁委员会将已经受理的无管辖权的劳动争议案件移送给有管辖权的劳动争议仲裁委员会。当劳动争议仲裁委员会发现受理的劳动争议案件不属于本仲裁委员会管辖时,应当及时移送给有管辖权的劳动争议仲裁委员会。

第二十二条 【仲裁案件当事人】发生劳动争议的劳动者和用人单位为劳动争议仲裁案件的双方当事人。

劳务派遣单位或者用工单位与劳动者发生劳动争议的,劳务派遣单位和用工单位为共同当事人。

＊在认定被申请人资格时应注意以下几个问题:

第一,用人单位发生变更的,应以变更后的用人单位作为被申请人。用人单位与其他用人单位合并的,合并前发生的劳动争议,由合并后的用人单位作为当事人;用人单位分立为若干用人单位的,其分立前发生的劳动争议,由分立后承继其劳动权利和义务的实际用人单位作为当事人。用人单位分立为若干单位后,承继其劳动权利和义务的单位不明确的,分立后的单位均为当事人。

第二,用人单位终止的,应区分情况以用人单位的主管部门、开办单位或者依法成立的清算组作为被申请人。

第三,劳动者在其用人单位与其他平等主体之间的承包经营期间,与发包方和承包方双方或者一方发生劳动争议,发包方和承包方为劳动争议的共同当事人。

当事人申请劳动争议仲裁应当具备以下条件:(1)当事人必须是与申请仲裁的劳动争议有直接利害关系的劳动者或者用人单位;(2)申请仲裁的争议必须是劳动争议;(3)申请仲裁的劳动争议必须属于本法第2条规定的劳动争议仲裁的受案范围;(4)当事人必须向有管辖权的劳动争议仲裁委员会申请仲裁;(5)有明确的被申请人、具体的仲裁请求及事实依据;(6)除非遇到不可抗力或者有其他正当理由,申请仲裁必须在本法规定的时效期限内提出。

第二十三条 【仲裁案件第三人】与劳动争议案件的处理结果有利害关系的第三人,可以申请参加仲裁活动或者由劳动争议仲裁委员会通知其参加仲裁活动。

＊一般来说,劳动争议必须有申请人和被申请人两方当事人,但在个别情况下,也可能出现第三人参加劳动争议仲裁活动的情形。在第三人参加劳动争议仲裁活动时应注意以下几个方面的问题:(1)第三人与案件处理结果有法律上的利害关系。(2)第三人参加仲裁活动有两种方式,即第三人申请参加仲裁,或者由劳动争议仲裁委员会通知第三人参加仲裁。(3)第三人参加仲裁的时间应在劳动争议仲裁程序开始后且尚未作出仲裁裁决之前。(4)凡是涉及第三人利益的劳动争议仲裁案件,第三人未参加仲裁的,仲裁裁决对其不发生法律效力。(5)参加仲裁活动的第三人,如对仲裁裁决其承担责任不服,可以依法向人民法院提起诉讼。(6)在仲裁中,第三人的具体权利义务主要表现为:①有权了解申请人申诉、被申请人答辩的事实和理由;②有权要求查阅和复制案卷的有关材料,了解仲裁的进展情况;③有权陈述自己的意见,并向劳动争议仲裁委员

会递交自己对该争议的意见书;④无权对案件的管辖权提出异议;⑤无权放弃或者变更申请人或者被申请人的仲裁请求;⑥无权撤回仲裁申请等。

另外,根据《劳动合同法》第91条的规定,用人单位招用与其他用人单位尚未解除或者终止劳动合同的劳动者,给其他用人单位造成损失的,应当承担连带赔偿责任。在这种情形下,原用人单位与劳动者发生劳动争议的,可以列新用人单位为第三人。

第二十四条　【委托代理】当事人可以委托代理人参加仲裁活动。委托他人参加仲裁活动,应当向劳动争议仲裁委员会提交有委托人签名或者盖章的委托书,委托书应当载明委托事项和权限。

第二十五条　【法定代理和指定代理】丧失或者部分丧失民事行为能力的劳动者,由其法定代理人代为参加仲裁活动;无法定代理人的,由劳动争议仲裁委员会为其指定代理人。劳动者死亡的,由其近亲属或者代理人参加仲裁活动。

第二十六条　【仲裁公开】劳动争议仲裁公开进行,但当事人协议不公开进行或者涉及国家秘密、商业秘密和个人隐私的除外。

第二节　申请和受理

第二十七条　【仲裁时效】劳动争议申请仲裁的时效期间为一年。仲裁时效期间从当事人知道或者应当知道其权利被侵害之日起计算。

前款规定的仲裁时效,因当事人一方向对方当事人主张权利,或者向有关部门请求权利救济,或者对方当事人同意履行义务而中断。从中断时起,仲裁时效期间重新计算。

因不可抗力或者有其他正当理由,当事人不能在本条第一款规定的仲裁时效期间申请仲裁的,仲裁时效中止。从中止时效的原因消除之日起,仲裁时效期间继续计算。

劳动关系存续期间因拖欠劳动报酬发生争议的,劳动者申请仲裁不受本条第一款规定的仲裁时效期间的限制;但是,劳动关系终止的,应当自劳动关系终止之日起一年内提出。

*仲裁时效中断的法定事由有三种情形:(1)向对方当事人主张权利。例如,劳动者向用人单位讨要被拖欠的工资或者经济补偿。(2)向有关部门请求权利救济。例如,劳动者向劳动监察部门或者工会反映用人单位违法要求加班,请求保护休息权利;又如,劳动者或用人单位向劳动争议调解组织申请调解。(3)对方当事人同意履行义务。例如,劳动者向用人单位讨要被拖欠的工资,用人单位同意支付。需要注意的是,认定时效是否中断,需要由请求确认仲裁时效中断的一方当事人提供有上述三种情形之一的证据。因此,需要当事人有证据意识,注意保留和收集证据。

仲裁时效的中止,是指在仲裁时效进行中的某一阶段,因发生法定事由致使权利人不能行使请求权,暂停计算仲裁时效,待阻碍时效进行的事由消除后,继续进行仲裁时效期间的计算。仲裁时效的中止是因权利人不能行使请求权而发生,因而发生仲裁时效中止的事由应是阻碍权利人行使权利的客观事实及无法预知的客观障碍。在发生仲裁时效中止时,已经进行的诉讼时效仍然有效,而仲裁时效中止的时间不计入仲裁时效期间。也就是说,将仲裁时效中止前后仲裁时效进行的时间合并计算仲裁时效期间。

第二十八条　【仲裁申请】申请人申请仲裁应当提交书面仲裁申请,并按照被申请人人数提交副本。

仲裁申请书应当载明下列事项:

(一)劳动者的姓名、性别、年龄、职业、工作单位和住所,用人单位的名称、住所和法定代表人或者主要负责人的姓名、职务;

(二)仲裁请求和所根据的事实、理由;

(三)证据和证据来源、证人姓名和住所。

书写仲裁申请确有困难的,可以口头申请,由劳动争议仲裁委员会记入笔录,并告知对方当事人。

第二十九条　【仲裁申请的受理和不予受理】劳动争议仲裁委员会收到仲裁申请之日起五日内,认为符合受理条件的,应当受理,并通知申请人;认为不符合受理条件的,应当书面通知申请人不予受理,并说明理由。对劳动争议仲裁委员会不予受理或者逾期未作出决定的,申请人可以就该劳动争议事项向人民法院提起诉讼。

第三十条　【仲裁申请送达与仲裁答辩书的提供】劳动争议仲裁委员会受理仲裁申请后,应当在五日内将仲裁申请书副本送达被申请人。

被申请人收到仲裁申请书副本后,应当在十日内向劳动争议仲裁委员会提交答辩书。劳动争议仲裁委员会收到答辩书后,应当在五日内将答辩书副本送达申请人。被申请人未提交答辩书的,不影响仲裁程序的进行。

第三节　开庭和裁决

第三十一条　【仲裁庭组成】劳动争议仲裁委员会裁决劳动争议案件实行仲裁庭制。仲裁庭由三名仲裁员组成,设首席仲裁员。简单劳动争议案件可以由一名仲裁员独任仲裁。

第三十二条 【书面通知仲裁庭组成情况】劳动争议仲裁委员会应当在受理仲裁申请之日起五日内将仲裁庭的组成情况书面通知当事人。

第三十三条 【仲裁员回避】仲裁员有下列情形之一，应当回避，当事人也有权以口头或者书面方式提出回避申请：

（一）是本案当事人或者当事人、代理人的近亲属的；

（二）与本案有利害关系的；

（三）与本案当事人、代理人有其他关系，可能影响公正裁决的；

（四）私自会见当事人、代理人，或者接受当事人、代理人的请客送礼的。

劳动争议仲裁委员会对回避申请应当及时作出决定，并以口头或者书面方式通知当事人。

第三十四条 【仲裁员的法律责任】仲裁员有本法第三十三条第四项规定情形，或者有索贿受贿、徇私舞弊、枉法裁决行为的，应当依法承担法律责任。劳动争议仲裁委员会应当将其解聘。

第三十五条 【开庭通知与延期开庭】仲裁庭应当在开庭五日前，将开庭日期、地点书面通知双方当事人。当事人有正当理由的，可以在开庭三日前请求延期开庭。是否延期，由劳动争议仲裁委员会决定。

＊延期开庭，是指在仲裁庭通知当事人开庭审理日期后且开庭3日前，由于出现法定事由，导致仲裁审理程序无法按期进行的，当事人提出延期审理的请求，经仲裁委员会同意，将仲裁审理推延到另一日期进行的行为。延期开庭由当事人提出请求后，仲裁庭作出决定，这里的当事人指双方当事人，既可以是申请人，也可以是被申请人。

《民事诉讼法》第149条规定："有下列情形之一的，可以延期开庭审理：（一）必须到庭的当事人和其他诉讼参与人有正当理由没有到庭的；（二）当事人临时提出回避申请的；（三）需要通知新的证人到庭，调取新的证据，重新鉴定、勘验，或者需要补充调查的；（四）其他应当延期的情形。"正当理由主要包括以下几种情形：（1）当事人由于不可抗力的事由或其他特殊情况不能到庭的，如当事人患重大疾病或遭受其他身体伤害影响其行使权利的。（2）当事人在仲裁审理中临时提出回避申请的。申请回避是当事人的一项重要权利，一般来说当事人应当在知道仲裁庭成员名单后开庭之前提出回避申请。但是，当事人事先并不知道仲裁员存在应当回避的情形，或者当事人可以申请回避的情形，如仲裁员接受另一方当事人的贿赂等，发生在仲裁审理过程中的，当事人仍有权提出回避申请。（3）需要调取新的证据进行重新鉴定、勘验的。实践中，劳动争议仲裁委员会应当参照有关法律、法规的规定，结合实际情况，判断当事人的申请是否有正当理由。

第三十六条 【视为撤回仲裁申请和缺席裁决】申请人收到书面通知，无正当理由拒不到庭或者未经仲裁庭同意中途退庭的，可以视为撤回仲裁申请。

被申请人收到书面通知，无正当理由拒不到庭或者未经仲裁庭同意中途退庭的，可以缺席裁决。

*视为撤回仲裁申请，是指劳动争议仲裁的申请人虽然未主动提出撤回仲裁的申请，但是，申请人出现法律规定的情形用行动已经表明其不愿意继续进行仲裁的，可以按照申请人撤回仲裁申请处理，从而终结对劳动争议案件的仲裁。这里需要注意的是，申请人必须收到书面的开庭通知，无正当理由拒不到庭，或者申请人未经仲裁庭同意中途退庭的，才可视为撤回仲裁申请。否则，可能导致延期开庭，而不是视为撤回仲裁申请。

缺席裁决，是指只有申请人到庭参与仲裁审理时，仲裁庭仅就到庭人的申请进行调查，审查核实证据，听取意见，并对未到庭的被申请人提供的书面资料进行审查后，即作出仲裁裁决的仲裁活动。同样需要注意的是，被申请人必须是经仲裁庭书面通知，无正当理由拒不到庭或者未经仲裁庭同意中途退庭的，才可以进行缺席裁决，否则也可能导致延期开庭。

第三十七条 【鉴定】仲裁庭对专门性问题认为需要鉴定的，可以交由当事人约定的鉴定机构鉴定；当事人没有约定或者无法达成约定的，由仲裁庭指定的鉴定机构鉴定。

根据当事人的请求或者仲裁庭的要求，鉴定机构应当派鉴定人参加开庭。当事人经仲裁庭许可，可以向鉴定人提问。

第三十八条 【质证、辩论、陈述最后意见】当事人在仲裁过程中有权进行质证和辩论。质证和辩论终结时，首席仲裁员或者独任仲裁员应当征询当事人的最后意见。

第三十九条 【证据及举证责任】当事人提供的证据经查证属实的，仲裁庭应当将其作为认定事实的根据。

劳动者无法提供由用人单位掌握管理的与仲裁请求有关的证据，仲裁庭可以要求用人单位在指定期限内提供。用人单位在指定期限内不提供的，应当承担不利后果。

第四十条 【仲裁庭审笔录】仲裁庭应当将开庭情况记入笔录。当事人和其他仲裁参加人认为对自己陈述的记录有遗漏或者差错的，有权申请补正。如果不予补正，应当记录该申请。

笔录由仲裁员、记录人员、当事人和其他仲裁参加人签名或者盖章。

第四十一条 【当事人自行和解】当事人申请劳动争议仲裁后,可以自行和解。达成和解协议的,可以撤回仲裁申请。

*劳动争议仲裁当事人自行和解,是指在劳动争议案件中,一方当事人申请劳动争议仲裁后,当事人之间通过协商就已经提交仲裁的劳动争议自行达成解决方案的行为。当事人申请劳动争议仲裁庭根据和解协议制作调解书的,仲裁庭在对和解协议依法进行审查,确认意思真实、合法有效后,可以根据和解协议制作调解书。仲裁庭对和解协议审查确认后制作的调解书,应当由仲裁员签名,并加盖劳动争议仲裁委员会的印章。调解书应当写明仲裁请求和当事人协议的结果。

当事人撤回仲裁申请后,如果一方当事人逾期不履行和解协议,另一方当事人可以向劳动争议仲裁机构重新申请仲裁。由于和解协议不具有强制执行力,因此当事人不能直接向人民法院申请强制执行。但是,仲裁庭根据当事人的申请,对和解协议进行审查确认后制作的调解书具有强制执行力,一方当事人逾期不履行的,另一方当事人可以依照《民事诉讼法》的有关规定直接向人民法院申请强制执行。

第四十二条 【仲裁庭调解】仲裁庭在作出裁决前,应当先行调解。

调解达成协议的,仲裁庭应当制作调解书。

调解书应当写明仲裁请求和当事人协议的结果。调解书由仲裁员签名,加盖劳动争议仲裁委员会印章,送达双方当事人。调解书经双方当事人签收后,发生法律效力。

调解不成或者调解书送达前,一方当事人反悔的,仲裁庭应当及时作出裁决。

*调解书,是指仲裁庭制作的对当事人劳动争议进行调解的过程和结果进行记载的具有约束力的法律文书,是经双方当事人协商并经仲裁庭批准的协议。与裁决书一经作出就发生法律效力不同,调解书不是作出后马上生效,而是要由双方当事人签收后才生效。

调解书的法律效力主要表现在:(1)使仲裁程序终结。调解书一经生效,仲裁程序即告结束,仲裁机构不再对该案进行审理。这是调解书在程序上的法律后果。(2)纠纷当事人的权利义务关系被确定。这是调解书在实体上的法律后果。(3)任何机关或组织都要受调解书约束。也就是说,对于仲裁机构出具了调解书的争议,任何机关或组织都不得再作处理。

调解不成或调解书送达前一方当事人反悔的,仲裁庭应及时作出裁决。这是因为达成调解协议的过程就是仲裁庭的审理过程,制作调解书就意味着仲裁庭的审理已经完毕。若当事人拒绝签收调解书,仲裁庭没有必要再经过仲裁程序重复已经完成的审理,直接裁决即可。因当事人拒绝签收调解书而使调解无效时,仲裁庭可以直接作出裁决,以免久调不决,使当事人的权利义务关系长期处于不确定状态。

第四十三条 【仲裁审理时限及先行裁决】仲裁庭裁决劳动争议案件,应当自劳动争议仲裁委员会受理仲裁申请之日起四十五日内结束。案情复杂需要延期的,经劳动争议仲裁委员会主任批准,可以延期并书面通知当事人,但是延长期限不得超过十五日。逾期未作出仲裁裁决的,当事人可以就该劳动争议事项向人民法院提起诉讼。

仲裁庭裁决劳动争议案件时,其中一部分事实已经清楚,可以就该部分先行裁决。

第四十四条 【先予执行】仲裁庭对追索劳动报酬、工伤医疗费、经济补偿或者赔偿金的案件,根据当事人的申请,可以裁决先予执行,移送人民法院执行。

仲裁庭裁决先予执行的,应当符合下列条件:

(一)当事人之间权利义务关系明确;

(二)不先予执行将严重影响申请人的生活。

劳动者申请先予执行的,可以不提供担保。

*先予执行的着眼点是满足申请人的迫切需要。仲裁庭审理劳动争议案件,从受理到作出仲裁裁决,从裁决生效到当事人主动履行或强制执行需要一个过程。在这段时间里,个别劳动者可能因为经济困难,难以维持正常的生活或者生产经营活动。先予执行制度就是为了解决当事人的燃眉之急,在最终裁决前由仲裁庭裁决被申请人先给付申请人一定数额的款项或者财物,以维持原告正常的生活或者生产。

《民事诉讼法》第109条规定:"人民法院对下列案件,根据当事人的申请,可以裁定先予执行:(一)追索赡养费、扶养费、抚养费、抚恤金、医疗费用的;(二)追索劳动报酬的;(三)因情况紧急需要先予执行的。"追索劳动报酬案件被列入可以裁定先予执行的案件之中,可见先予执行制度在处理劳动争议程序中的必要性。

本法所规定的先予执行,有以下几点需要注意:(1)仅对特定类型案件可以申请先予执行。这些特定类型案件,是指追索劳动报酬、工伤医疗费、经济补偿或者赔偿金的案件。其他类型的案件不适用先予执行。(2)必须根据当事人的申请。只有当事人进行了申请,仲裁庭才能作出先予执行的裁决。如果当事人不申请,仲裁庭不能主动作出先予执行的裁决。

一般来说,在劳动争议仲裁案件中,劳动者生活会面临暂时性困难,这时候再让劳动者提供担保对其来说无异于雪上加霜,考虑到这种实际情况,本条规定:"劳动者申请先予执行的,可以不提供担保。"

第四十五条 【作出裁决】裁决应当按照多数仲裁员的意见作出,少数仲裁员的不同意见应当记入笔录。仲裁庭不能形成多数意见时,裁决应当按照首席仲裁员的意见作出。

第四十六条 【裁决书】裁决书应当载明仲裁请求、争议事实、裁决理由、裁决结果和裁决日期。裁决书由仲裁员签名,加盖劳动争议仲裁委员会印章。对裁决持不同意见的仲裁员,可以签名,也可以不签名。

第四十七条 【终局裁决】下列劳动争议,除本法另有规定的外,仲裁裁决为终局裁决,裁决书自作出之日起发生法律效力:

(一)追索劳动报酬、工伤医疗费、经济补偿或者赔偿金,不超过当地月最低工资标准十二个月金额的争议;

(二)因执行国家的劳动标准在工作时间、休息休假、社会保险等方面发生的争议。

* 适用一裁终局的劳动争议仲裁案件有两类:一是小额仲裁案件;二是标准明确的仲裁案件。这两类案件在全部劳动争议案件总数中所占比例较大,因此,一裁终局可以解决多数劳动争议案件处理周期长的问题。

1.小额仲裁案件。小额仲裁案件包括以下几种:(1)追索劳动报酬的案件。劳动报酬,是指劳动者从用人单位得到的全部工资收入。这类案件具有案件频发、涉及人数众多、社会影响大等特点,因此能否及时高效地解决这类案件直接关系到社会的和谐稳定。(2)追索工伤医疗费的案件。工伤医疗费是工伤保险待遇的一项,主要包括以下内容:①工伤职工治疗工伤或者治疗职业病所需的挂号费、住院费、医疗费、药费、就医路费全额报销。②工伤职工需要住院治疗的,按照当地因公出差伙食补助标准的2/3发给住院伙食补助费;经批准转外地治疗的,所需交通、食宿费用按照本企业职工因公出差标准报销。(3)追索经济补偿的案件。参见《劳动合同法》第46、47条。(4)追索赔偿金的案件。参见《劳动合同法》第48、83、85、87条。

2.标准明确的仲裁案件。国家劳动标准,是指国家对劳动领域内规律性出现的事物或行为进行规范,以定量或定性形式所作出的统一规定。我国对劳动标准建设一直相当重视,形成了以《劳动法》为核心的劳动标准体系,基本涵盖了劳动领域的主要方面。国家劳动标准包括工作时间、休息休假、社会保险等方面。国家劳动标准具有以下特点:(1)通过规范性文件加以规定。(2)标准明确。往往用定量的方式对国家劳动标准加以规定。(3)适用范围广泛。国家劳动标准涵盖了劳动领域的主要方面。

第四十八条　【劳动者提起诉讼】劳动者对本法第四十七条规定的仲裁裁决不服的,可以自收到仲裁裁决书之日起十五日内向人民法院提起诉讼。

＊理解本条,应注意以下几个方面:(1)诉讼申请人只能是劳动者,用人单位不能直接提起诉讼。(2)本条对劳动者提起诉讼没有法定条件的限制,只规定了劳动者对本法第47条规定的仲裁裁决不服的,就可以提起诉讼。劳动者对诉与不诉有选择权。劳动者认为仲裁裁决对其有利,可以选择仲裁生效;劳动者认为仲裁裁决对其不利,可以继续提起诉讼。(3)本条规定的诉讼期间是自收到仲裁裁决书之日起15日内。(4)劳动者期满不起诉的,视为放弃诉权,裁决书对劳动者发生法律效力。

第四十九条　【用人单位申请撤销终局裁决】用人单位有证据证明本法第四十七条规定的仲裁裁决有下列情形之一,可以自收到仲裁裁决书之日起三十日内向劳动争议仲裁委员会所在地的中级人民法院申请撤销裁决:

(一)适用法律、法规确有错误的;

(二)劳动争议仲裁委员会无管辖权的;

(三)违反法定程序的;

(四)裁决所根据的证据是伪造的;

(五)对方当事人隐瞒了足以影响公正裁决的证据的;

(六)仲裁员在仲裁该案时有索贿受贿、徇私舞弊、枉法裁决行为的。

人民法院经组成合议庭审查核实裁决有前款规定情形之一的,应当裁定撤销。

仲裁裁决被人民法院裁定撤销的,当事人可以自收到裁定书之日起十五日内就该劳动争议事项向人民法院提起诉讼。

＊一裁终局的裁决发生法律效力后,用人单位不得就同一争议事项再次向仲裁委员会申请仲裁或向人民法院起诉。为了保护用人单位的救济权利,本条规定用人单位可以向人民法院申请撤销仲裁裁决。

申请撤销仲裁裁决的情形如下:

1.适用法律、法规确有错误的。主要是指:(1)适用已失效或尚未生效的法律、法规的;(2)援引法条错误的;(3)违反法律关于溯及力规定的。

2.劳动争议仲裁委员会无管辖权的。本法第21条规定,劳动争议仲裁委员会负责管辖本区域内发生的劳动争议。劳动争议由劳动合同履行地或者用人单位所在地的劳动争议仲裁委员会管辖。双方当事人分别向劳动合同履行地和用人单位所在地的劳动争议仲裁委员会申请仲裁的,由劳动合同履行地的劳动争议仲裁委员会管辖。

3.违反法定程序的。主要是指:(1)仲裁庭的组成不合法的;(2)违反了有关回避规定的;(3)违反了有关期间规定的;(4)审理程序违法的,等等。

4.裁决所根据的证据是伪造的。伪造证据,是指制造虚假的证据,对证据内容进行篡改,使其与真实情况不符。例如,制造虚假的书证、物证、鉴定意见等。

5.对方当事人隐瞒了足以影响公正裁决的证据的。足以影响公正裁决的证据包括证明案件基本事实的证据、证明主体之间权利义务关系的证据等。

6.仲裁员在仲裁该案时有索贿受贿、徇私舞弊、枉法裁决行为的。索贿是受贿人以公开或暗示的方法,主动向行贿人索取贿赂,有的甚至公然以要挟的方式迫使当事人行贿。受贿,是指仲裁员利用职务上的便利,收受他人财物并为他人谋取利益的行为。徇私舞弊,是指仲裁员利用职务上的便利为他人谋取利益。枉法裁决,是指依法承担仲裁职责的人员,在仲裁活动中故意违背事实和法律作枉法裁决。

第五十条 【不服仲裁裁决提起诉讼】当事人对本法第四十七条规定以外的其他劳动争议案件的仲裁裁决不服,可以自收到仲裁裁决书之日起十五日内向人民法院提起诉讼;期满不起诉的,裁决书发生法律效力。

*对一裁终局以外的其他劳动争议,当事人不愿协商、协商不成或者达成和解协议后不履行的,可以向调解组织申请调解;不愿调解、调解不成或者达成调解协议后不履行的,可以向劳动争议仲裁委员会申请仲裁;对仲裁裁决不服的,可以向人民法院提起诉讼。也就是说,对一裁终局以外的其他劳动争议,采用"一调一裁两审,仲裁前置"的模式。

仲裁裁决作出后,当事人对仲裁裁决不服的,可以自收到裁决书之日起15日内向人民法院提起诉讼;期满不起诉的,裁决书发生法律效力。裁决书发生法律效力后的法律后果表现在两个方面:(1)裁决书具有既判力。裁决书发生法律效力后,当事人不能就同一争议事项再向人民法院起诉,也不能再申请仲裁机构仲裁。(2)裁决书具有执行力。当事人对发生法律效力的裁决书,应当依照规定的期限履行。一方当事人逾期不履行的,另一方当事人可以依照《民事诉讼法》的有关规定向人民法院申请执行。

第五十一条 【生效调解书、裁决书的执行】当事人对发生法律效力的调解书、裁决书,应当依照规定的期限履行。一方当事人逾期不履行的,另一方当事人可以依照民事诉讼法的有关规定向人民法院申请执行。受理申请的人民法院应当依法执行。

第四章 附 则

第五十二条 【事业单位劳动争议的处理】事业单位实行聘用制的工作人员与本单位发生劳动争议的,依照本法执行;法律、行政法规或者国务院另有规定的,依照其规定。

第五十三条 【仲裁不收费】劳动争议仲裁不收费。劳动争议仲裁委员会的经费由财政予以保障。

第五十四条 【施行日期】本法自2008年5月1日起施行。

企业劳动争议协商调解规定

(2011年11月30日人力资源和社会保障部令第17号公布
自2012年1月1日起施行)

第一章 总 则

第一条 为规范企业劳动争议协商、调解行为,促进劳动关系和谐稳定,根据《中华人民共和国劳动争议调解仲裁法》,制定本规定。

第二条 企业劳动争议协商、调解,适用本规定。

第三条 企业应当依法执行职工大会、职工代表大会、厂务公开等民主管理制度,建立集体协商、集体合同制度,维护劳动关系和谐稳定。

第四条 企业应当建立劳资双方沟通对话机制,畅通劳动者利益诉求表达渠道。

劳动者认为企业在履行劳动合同、集体合同,执行劳动保障法律、法规和企业劳动规章制度等方面存在问题的,可以向企业劳动争议调解委员会(以下简称调解委员会)提出。调解委员会应当及时核实情况,协调企业进行整改或者向劳动者做出说明。

劳动者也可以通过调解委员会向企业提出其他合理诉求。调解委员会应当及时向企业转达,并向劳动者反馈情况。

第五条 企业应当加强对劳动者的人文关怀,关心劳动者的诉求,关注劳动者的心理健康，引导劳动者理性维权，预防劳动争议发生。

第六条 协商、调解劳动争议，应当根据事实和有关法律法规的规定，遵循平等、自愿、合法、公正、及时的原则。

第七条 人力资源和社会保障行政部门应当指导企业开展劳动争议预防调解工作，具体履行下列职责：

（一）指导企业遵守劳动保障法律、法规和政策；

（二）督促企业建立劳动争议预防预警机制；

（三）协调工会、企业代表组织建立企业重大集体性劳动争议应急调解协调机制，共同推动企业劳动争议预防调解工作；

（四）检查辖区内调解委员会的组织建设、制度建设和队伍建设情况。

第二章 协　　商

第八条 发生劳动争议，一方当事人可以通过与另一方当事人约见、面谈等方式协商解决。

第九条 劳动者可以要求所在企业工会参与或者协助其与企业进行协商。工会也可以主动参与劳动争议的协商处理，维护劳动者合法权益。

劳动者可以委托其他组织或者个人作为其代表进行协商。

第十条 一方当事人提出协商要求后，另一方当事人应当积极做出口头或者书面回应。5日内不做出回应的，视为不愿协商。

协商的期限由当事人书面约定，在约定的期限内没有达成一致的，视为协商不成。当事人可以书面约定延长期限。

第十一条 协商达成一致，应当签订书面和解协议。和解协议对双方当事人具有约束力，当事人应当履行。

经仲裁庭审查，和解协议程序和内容合法有效的，仲裁庭可以将其作为证据使用。但是，当事人为达成和解的目的作出妥协所涉及的对争议事实的认可，不得在其后的仲裁中作为对其不利的证据。

第十二条 发生劳动争议，当事人不愿协商、协商不成或者达成和解协议后，一方当事人在约定的期限内不履行和解协议的，可以依法向调解委员会或者乡镇、街道劳动就业社会保障服务所（中心）等其他依法设立的调解组织申请调解，也可以依法向劳动人事争议仲裁委员会（以下简称仲裁委员会）申请仲裁。

第三章 调　　解

第十三条 大中型企业应当依法设立调解委员会，并配备专职或者兼职工作人员。

有分公司、分店、分厂的企业，可以根据需要在分支机构设立调解委员会。总部调解委员会指导分支机构调解委员会开展劳动争议预防调解工作。

调解委员会可以根据需要在车间、工段、班组设立调解小组。

第十四条 小微型企业可以设立调解委员会，也可以由劳动者和企业共同推举人员，开展调解工作。

第十五条 调解委员会由劳动者代表和企业代表组成，人数由双方协商确定，双方人数应当对等。劳动者代表由工会委员会成员担任或者由全体劳动者推举产生，企业代表由企业负责人指定。调解委员会主任由工会委员会成员或者双方推举的人员担任。

第十六条 调解委员会履行下列职责：

（一）宣传劳动保障法律、法规和政策；

（二）对本企业发生的劳动争议进行调解；

（三）监督和解协议、调解协议的履行；

（四）聘任、解聘和管理调解员；

（五）参与协调履行劳动合同、集体合同、执行企业劳动规章制度等方面出现的问题；

（六）参与研究涉及劳动者切身利益的重大方案；

（七）协助企业建立劳动争议预防预警机制。

第十七条 调解员履行下列职责：

（一）关注本企业劳动关系状况，及时向调解委员会报告；

（二）接受调解委员会指派，调解劳动争议案件；

（三）监督和解协议、调解协议的履行；

（四）完成调解委员会交办的其他工作。

第十八条 调解员应当公道正派、联系群众、热心调解工作，具有一定劳动保障法律政策知识和沟通协调能力。调解员由调解委员会聘任的本企业工作人员担任，调解委员会成员均为调解员。

第十九条 调解员的聘期至少为1年，可以续聘。调解员不能履行调解职责时，调解委员会应当及时调整。

第二十条 调解员依法履行调解职责，需要占用生产或者工作时间的，企业应当予以支持，并按照正常出勤对待。

第二十一条 发生劳动争议，当事人可以口头或者书面形式向调解委员会提出调解申请。

申请内容应当包括申请人基本情况、调解请求、事实与理由。

口头申请的,调解委员会应当当场记录。

第二十二条 调解委员会接到调解申请后,对属于劳动争议受理范围且双方当事人同意调解的,应当在3个工作日内受理。对不属于劳动争议受理范围或者一方当事人不同意调解的,应当做好记录,并书面通知申请人。

第二十三条 发生劳动争议,当事人没有提出调解申请,调解委员会可以在征得双方当事人同意后主动调解。

第二十四条 调解委员会调解劳动争议一般不公开进行。但是,双方当事人要求公开调解的除外。

第二十五条 调解委员会根据案件情况指定调解员或者调解小组进行调解,在征得当事人同意后,也可以邀请有关单位和个人协助调解。

调解员应当全面听取双方当事人的陈述,采取灵活多样的方式方法,开展耐心、细致的说服疏导工作,帮助当事人自愿达成调解协议。

第二十六条 经调解达成调解协议的,由调解委员会制作调解协议书。调解协议书应当写明双方当事人基本情况、调解请求事项、调解的结果和协议履行期限、履行方式等。

调解协议书由双方当事人签名或者盖章,经调解员签名并加盖调解委员会印章后生效。

调解协议书一式三份,双方当事人和调解委员会各执一份。

第二十七条 生效的调解协议对双方当事人具有约束力,当事人应当履行。

双方当事人可以自调解协议生效之日起15日内共同向仲裁委员会提出仲裁审查申请。仲裁委员会受理后,应当对调解协议进行审查,并根据《劳动人事争议仲裁办案规则》第五十四条规定,对程序和内容合法有效的调解协议,出具调解书。

第二十八条 双方当事人未按前条规定提出仲裁审查申请,一方当事人在约定的期限内不履行调解协议的,另一方当事人可以依法申请仲裁。

仲裁委员会受理仲裁申请后,应当对调解协议进行审查,调解协议合法有效且不损害公共利益或者第三人合法利益的,在没有新证据出现的情况下,仲裁委员会可以依据调解协议作出仲裁裁决。

第二十九条 调解委员会调解劳动争议,应当自受理调解申请之日起15日内结束。但是,双方当事人同意延期的可以延长。

在前款规定期限内未达成调解协议的,视为调解不成。

第三十条 当事人不愿调解、调解不成或者达成调解协议后,一方当事人在约定的期限内不履行调解协议的,调解委员会应当做好记录,由双方当事人签名或者盖章,并书面告知当事人可以向仲裁委员会申请仲裁。

第三十一条 有下列情形之一的,按照《劳动人事争议仲裁办案规则》第十条的规定属于仲裁时效中断,从中断时起,仲裁时效期间重新计算:

(一)一方当事人提出协商要求后,另一方当事人不同意协商或者在5日内不做出回应的;

(二)在约定的协商期限内,一方或者双方当事人不同意继续协商的;

(三)在约定的协商期限内未达成一致的;

(四)达成和解协议后,一方或者双方当事人在约定的期限内不履行和解协议的;

(五)一方当事人提出调解申请后,另一方当事人不同意调解的;

(六)调解委员会受理调解申请后,在第二十九条规定的期限内一方或者双方当事人不同意调解的;

(七)在第二十九条规定的期限内未达成调解协议的;

(八)达成调解协议后,一方当事人在约定期限内不履行调解协议的。

第三十二条 调解委员会应当建立健全调解登记、调解记录、督促履行、档案管理、业务培训、统计报告、工作考评等制度。

第三十三条 企业应当支持调解委员会开展调解工作,提供办公场所,保障工作经费。

第三十四条 企业未按照本规定成立调解委员会,劳动争议或者群体性事件频发,影响劳动关系和谐,造成重大社会影响的,由县级以上人力资源和社会保障行政部门予以通报;违反法律法规规定的,依法予以处理。

第三十五条 调解员在调解过程中存在严重失职或者违法违纪行为,侵害当事人合法权益的,调解委员会应当予以解聘。

第四章 附 则

第三十六条 民办非企业单位、社会团体开展劳动争议协商、调解工作参照本规定执行。

第三十七条 本规定自2012年1月1日起施行。

劳动人事争议仲裁办案规则

(2017年5月8日人力资源和社会保障部令第33号公布
自2017年7月1日起施行)

第一章 总 则

第一条 为公正及时处理劳动人事争议(以下简称争议),规范仲裁办案程序,根据《中华人民共和国劳动争议调解仲裁法》(以下简称调解仲裁法)以及《中华人民共和国公务员法》(以下简称公务员法)、《事业单位人事管理条例》、《中国人民解放军文职人员条例》和有关法律、法规、国务院有关规定,制定本规则。

第二条 本规则适用下列争议的仲裁:

(一)企业、个体经济组织、民办非企业单位等组织与劳动者之间,以及机关、事业单位、社会团体与其建立劳动关系的劳动者之间,因确认劳动关系,订立、履行、变更、解除和终止劳动合同,工作时间、休息休假、社会保险、福利、培训以及劳动保护,劳动报酬、工伤医疗费、经济补偿或者赔偿金等发生的争议;

(二)实施公务员法的机关与聘任制公务员之间、参照公务员法管理的机关(单位)与聘任工作人员之间因履行聘任合同发生的争议;

(三)事业单位与其建立人事关系的工作人员之间因终止人事关系以及履行聘用合同发生的争议;

(四)社会团体与其建立人事关系的工作人员之间因终止人事关系以及履行聘用合同发生的争议;

(五)军队文职人员用人单位与聘用制文职人员之间因履行聘用合同发生的争议;

(六)法律、法规规定由劳动人事争议仲裁委员会(以下简称仲裁委员会)处理的其他争议。

第三条 仲裁委员会处理争议案件,应当遵循合法、公正的原则,先行调解,及时裁决。

第四条 仲裁委员会下设实体化的办事机构,称为劳动人事争议仲裁院(以下简称仲裁院)。

第五条 劳动者一方在十人以上并有共同请求的争议,或者因履行集体合同发生的劳动争议,仲裁委员会应当优先立案,优先审理。

第二章 一般规定

第六条 发生争议的用人单位未办理营业执照、被吊销营业执照、营业执照到期继续经营、被责令关闭、被撤销以及用人单位解散、歇业、不能承担相关责任的,应当将用人单位和其出资人、开办单位或者主管部门作为共同当事人。

第七条 劳动者与个人承包经营者发生争议,依法向仲裁委员会申请仲裁的,应当将发包的组织和个人承包经营者作为共同当事人。

第八条 劳动合同履行地为劳动者实际工作场所地,用人单位所在地为用人单位注册、登记地或者主要办事机构所在地。用人单位未经注册、登记的,其出资人、开办单位或者主管部门所在地为用人单位所在地。

双方当事人分别向劳动合同履行地和用人单位所在地的仲裁委员会申请仲裁的,由劳动合同履行地的仲裁委员会管辖。有多个劳动合同履行地的,由最先受理的仲裁委员会管辖。劳动合同履行地不明确的,由用人单位所在地的仲裁委员会管辖。

案件受理后,劳动合同履行地或者用人单位所在地发生变化的,不改变争议仲裁的管辖。

第九条 仲裁委员会发现已受理案件不属于其管辖范围的,应当移送至有管辖权的仲裁委员会,并书面通知当事人。

对上述移送案件,受移送的仲裁委员会应当依法受理。受移送的仲裁委员会认为移送的案件按照规定不属于其管辖,或者仲裁委员会之间因管辖争议协商不成的,应当报请共同的上一级仲裁委员会主管部门指定管辖。

第十条 当事人提出管辖异议的,应当在答辩期满前书面提出。仲裁委员会应当审查当事人提出的管辖异议,异议成立的,将案件移送至有管辖权的仲裁委员会并书面通知当事人;异议不成立的,应当书面决定驳回。

当事人逾期提出的,不影响仲裁程序的进行。

第十一条 当事人申请回避,应当在案件开庭审理前提出,并说明理由。回避事由在案件开庭审理后知晓的,也可以在庭审辩论终结前提出。

当事人在庭审辩论终结后提出回避申请的,不影响仲裁程序的进行。

仲裁委员会应当在回避申请提出的三日内,以口头或者书面形式作出决定。以口头形式作出的,应当记入笔录。

第十二条 仲裁员、记录人员是否回避,由仲裁委员会主任或者其委托的仲裁院负责人决定。仲裁委员会主任担任案件仲裁员是否回避,由仲裁委员会决定。

在回避决定作出前，被申请回避的人员应当暂停参与该案处理，但因案件需要采取紧急措施的除外。

第十三条 当事人对自己提出的主张有责任提供证据。与争议事项有关的证据属于用人单位掌握管理的，用人单位应当提供；用人单位不提供的，应当承担不利后果。

第十四条 法律没有具体规定，按照本规则第十三条规定无法确定举证责任承担，仲裁庭可以根据公平原则和诚实信用原则，综合当事人举证能力等因素确定举证责任的承担。

第十五条 承担举证责任的当事人应当在仲裁委员会指定的期限内提供有关证据。当事人在该期限内提供证据确有困难的，可以向仲裁委员会申请延长期限，仲裁委员会根据当事人的申请适当延长。当事人逾期提供证据的，仲裁委员会应当责令其说明理由；拒不说明理由或者理由不成立的，仲裁委员会可以根据不同情形不予采纳该证据，或者采纳该证据但予以训诫。

第十六条 当事人因客观原因不能自行收集的证据，仲裁委员会可以根据当事人的申请，参照民事诉讼有关规定予以收集；仲裁委员会认为有必要的，也可以决定参照民事诉讼有关规定予以收集。

第十七条 仲裁委员会依法调查取证时，有关单位和个人应当协助配合。

仲裁委员会调查取证时，不得少于两人，并应当向被调查对象出示工作证件和仲裁委员会出具的介绍信。

第十八条 争议处理中涉及证据形式、证据提交、证据交换、证据质证、证据认定等事项，本规则未规定的，可以参照民事诉讼证据规则的有关规定执行。

第十九条 仲裁期间包括法定期间和仲裁委员会指定期间。

仲裁期间的计算，本规则未规定的，仲裁委员会可以参照民事诉讼关于期间计算的有关规定执行。

第二十条 仲裁委员会送达仲裁文书必须有送达回证，由受送达人在送达回证上记明收到日期，并签名或者盖章。受送达人在送达回证上的签收日期为送达日期。

因企业停业等原因导致无法送达且劳动者一方在十人以上的，或者受送达人拒绝签收仲裁文书的，通过在受送达人住所留置、张贴仲裁文书，并采用拍照、录像等方式记录的，自留置、张贴之日起经过三日即视为送达，不受本条第一款的限制。

仲裁文书的送达方式，本规则未规定的，仲裁委员会可以参照民事诉讼关于送达方式的有关规定执行。

第二十一条 案件处理终结后,仲裁委员会应当将处理过程中形成的全部材料立卷归档。

第二十二条 仲裁案卷分正卷和副卷装订。

正卷包括:仲裁申请书、受理(不予受理)通知书、答辩书、当事人及其他仲裁参加人的身份证明材料、授权委托书、调查证据、勘验笔录、当事人提供的证据材料、委托鉴定材料、开庭通知、庭审笔录、延期通知书、撤回仲裁申请书、调解书、裁决书、决定书、案件移送函、送达回证等。

副卷包括:立案审批表、延期审理审批表、中止审理审批表、调查提纲、阅卷笔录、会议笔录、评议记录、结案审批表等。

第二十三条 仲裁委员会应当建立案卷查阅制度。对案卷正卷材料,应当允许当事人及其代理人依法查阅、复制。

第二十四条 仲裁裁决结案的案卷,保存期不少于十年;仲裁调解和其他方式结案的案卷,保存期不少于五年;国家另有规定的,从其规定。

保存期满后的案卷,应当按照国家有关档案管理的规定处理。

第二十五条 在仲裁活动中涉及国家秘密或者军事秘密的,按照国家或者军队有关保密规定执行。

当事人协议不公开或者涉及商业秘密和个人隐私的,经相关当事人书面申请,仲裁委员会应当不公开审理。

第三章 仲裁程序

第一节 申请和受理

第二十六条 本规则第二条第(一)、(三)、(四)、(五)项规定的争议,申请仲裁的时效期间为一年。仲裁时效期间从当事人知道或者应当知道其权利被侵害之日起计算。

本规则第二条第(二)项规定的争议,申请仲裁的时效期间适用公务员法有关规定。

劳动人事关系存续期间因拖欠劳动报酬发生争议的,劳动者申请仲裁不受本条第一款规定的仲裁时效期间的限制;但是,劳动人事关系终止的,应当自劳动人事关系终止之日起一年内提出。

第二十七条 在申请仲裁的时效期间内,有下列情形之一的,仲裁时效中断:

(一)一方当事人通过协商、申请调解等方式向对方当事人主张权利的;

（二）一方当事人通过向有关部门投诉，向仲裁委员会申请仲裁，向人民法院起诉或者申请支付令等方式请求权利救济的；

（三）对方当事人同意履行义务的。

从中断时起，仲裁时效期间重新计算。

第二十八条 因不可抗力，或者有无民事行为能力或者限制民事行为能力劳动者的法定代理人未确定等其他正当理由，当事人不能在规定的仲裁时效期间申请仲裁的，仲裁时效中止。从中止时效的原因消除之日起，仲裁时效期间继续计算。

第二十九条 申请人申请仲裁应当提交书面仲裁申请，并按照被申请人人数提交副本。

仲裁申请书应当载明下列事项：

（一）劳动者的姓名、性别、出生日期、身份证件号码、住所、通讯地址和联系电话，用人单位的名称、住所、通讯地址、联系电话和法定代表人或者主要负责人的姓名、职务；

（二）仲裁请求和所根据的事实、理由；

（三）证据和证据来源，证人姓名和住所。

书写仲裁申请确有困难的，可以口头申请，由仲裁委员会记入笔录，经申请人签名、盖章或者捺印确认。

对于仲裁申请书不规范或者材料不齐备的，仲裁委员会应当当场或者在五日内一次性告知申请人需要补正的全部材料。

仲裁委员会收取当事人提交的材料应当出具收件回执。

第三十条 仲裁委员会对符合下列条件的仲裁申请应当予以受理，并在收到仲裁申请之日起五日内向申请人出具受理通知书：

（一）属于本规则第二条规定的争议范围；

（二）有明确的仲裁请求和事实理由；

（三）申请人是与本案有直接利害关系的自然人、法人或者其他组织，有明确的被申请人；

（四）属于本仲裁委员会管辖范围。

第三十一条 对不符合本规则第三十条第（一）、（二）、（三）项规定之一的仲裁申请，仲裁委员会不予受理，并在收到仲裁申请之日起五日内向申请人出具不予受理通知书；对不符合本规则第三十条第（四）项规定的仲裁申请，仲裁委员会应当在收到仲裁申请之日起五日内，向申请人作出书面说明并告知申请人向有管辖权的仲裁委员会申请仲裁。

对仲裁委员会逾期未作出决定或者决定不予受理的,申请人可以就该争议事项向人民法院提起诉讼。

第三十二条 仲裁委员会受理案件后,发现不应当受理的,除本规则第九条规定外,应当撤销案件,并自决定撤销案件后五日内,以决定书的形式通知当事人。

第三十三条 仲裁委员会受理仲裁申请后,应当在五日内将仲裁申请书副本送达被申请人。

被申请人收到仲裁申请书副本后,应当在十日内向仲裁委员会提交答辩书。仲裁委员会收到答辩书后,应当在五日内将答辩书副本送达申请人。被申请人逾期未提交答辩书的,不影响仲裁程序的进行。

第三十四条 符合下列情形之一,申请人基于同一事实、理由和仲裁请求又申请仲裁的,仲裁委员会不予受理:

(一)仲裁委员会已经依法出具不予受理通知书的;

(二)案件已在仲裁、诉讼过程中或者调解书、裁决书、判决书已经发生法律效力的。

第三十五条 仲裁处理结果作出前,申请人可以自行撤回仲裁申请。申请人再次申请仲裁的,仲裁委员会应当受理。

第三十六条 被申请人可以在答辩期间提出反申请,仲裁委员会应当自收到被申请人反申请之日起五日内决定是否受理并通知被申请人。

决定受理的,仲裁委员会可以将反申请和申请合并处理。

反申请应当另行申请仲裁的,仲裁委员会应当书面告知被申请人另行申请仲裁;反申请不属于本规则规定应当受理的,仲裁委员会应当向被申请人出具不予受理通知书。

被申请人答辩期满后对申请人提出反申请的,应当另行申请仲裁。

第二节 开庭和裁决

第三十七条 仲裁委员会应当在受理仲裁申请之日起五日内组成仲裁庭并将仲裁庭的组成情况书面通知当事人。

第三十八条 仲裁庭应当在开庭五日前,将开庭日期、地点书面通知双方当事人。当事人有正当理由的,可以在开庭三日前请求延期开庭。是否延期,由仲裁委员会根据实际情况决定。

第三十九条 申请人收到书面开庭通知,无正当理由拒不到庭或者未经仲裁庭同意中途退庭的,可以按撤回仲裁申请处理;申请人重新申请仲裁的,仲裁委员会不予受理。被申请人收到书面开庭通知，无正当理由拒不到庭或者未经仲裁庭同意中途退庭的，仲裁庭可以继续开庭审理，并缺席裁决。

第四十条 当事人申请鉴定的，鉴定费由申请鉴定方先行垫付，案件处理终结后，由鉴定结果对其不利方负担。鉴定结果不明确的，由申请鉴定方负担。

第四十一条 开庭审理前，记录人员应当查明当事人和其他仲裁参与人是否到庭，宣布仲裁庭纪律。

开庭审理时，由仲裁员宣布开庭、案由和仲裁员、记录人员名单，核对当事人，告知当事人有关的权利义务，询问当事人是否提出回避申请。

开庭审理中，仲裁员应当听取申请人的陈述和被申请人的答辩，主持庭审调查、质证和辩论、征询当事人最后意见，并进行调解。

第四十二条 仲裁庭应当将开庭情况记入笔录。当事人或者其他仲裁参与人认为对自己陈述的记录有遗漏或者差错的，有权当庭申请补正。仲裁庭认为申请无理由或者无必要的，可以不予补正，但是应当记录该申请。

仲裁员、记录人员、当事人和其他仲裁参与人应当在庭审笔录上签名或者盖章。当事人或者其他仲裁参与人拒绝在庭审笔录上签名或者盖章的，仲裁庭应当记明情况附卷。

第四十三条 仲裁参与人和其他人应当遵守仲裁庭纪律，不得有下列行为：

（一）未经准许进行录音、录像、摄影；

（二）未经准许以移动通信等方式现场传播庭审活动；

（三）其他扰乱仲裁庭秩序、妨害审理活动进行的行为。

仲裁参与人或者其他人有前款规定的情形之一的，仲裁庭可以训诫、责令退出仲裁庭，也可以暂扣进行录音、录像、摄影、传播庭审活动的器材，并责令其删除有关内容。拒不删除的，可以采取必要手段强制删除，并将上述事实记入庭审笔录。

第四十四条 申请人在举证期限届满前可以提出增加或者变更仲裁请求；仲裁庭对申请人增加或者变更的仲裁请求审查后认为应当受理的，应当通知被申请人并给予答辩期，被申请人明确表示放弃答辩期的除外。

申请人在举证期限届满后提出增加或者变更仲裁请求的，应当另行申请仲裁。

第四十五条 仲裁庭裁决案件，应当自仲裁委员会受理仲裁申请之日起四十五日内结束。案情复杂需要延期的，经仲裁委员会主任或者其委托的仲裁院负责人书面批准，可以延期并书面通知当事人，但延长期限不得超过十五日。

第四十六条　有下列情形的,仲裁期限按照下列规定计算:

(一)仲裁庭追加当事人或者第三人的,仲裁期限从决定追加之日起重新计算;

(二)申请人需要补正材料的,仲裁委员会收到仲裁申请的时间从材料补正之日起重新计算;

(三)增加、变更仲裁请求的,仲裁期限从受理增加、变更仲裁请求之日起重新计算;

(四)仲裁申请和反申请合并处理的,仲裁期限从受理反申请之日起重新计算;

(五)案件移送管辖的,仲裁期限从接受移送之日起重新计算;

(六)中止审理期间、公告送达期间不计入仲裁期限内;

(七)法律、法规规定应当另行计算的其他情形。

第四十七条　有下列情形之一的,经仲裁委员会主任或者其委托的仲裁院负责人批准,可以中止案件审理,并书面通知当事人:

(一)劳动者一方当事人死亡,需要等待继承人表明是否参加仲裁的;

(二)劳动者一方当事人丧失民事行为能力,尚未确定法定代理人参加仲裁的;

(三)用人单位终止,尚未确定权利义务承继者的;

(四)一方当事人因不可抗拒的事由,不能参加仲裁的;

(五)案件审理需要以其他案件的审理结果为依据,且其他案件尚未审结的;

(六)案件处理需要等待工伤认定、伤残等级鉴定以及其他鉴定结论的;

(七)其他应当中止仲裁审理的情形。

中止审理的情形消除后,仲裁庭应当恢复审理。

第四十八条　当事人因仲裁庭逾期未作出仲裁裁决而向人民法院提起诉讼并立案受理的,仲裁委员会应当决定该案件终止审理;当事人未就该争议事项向人民法院提起诉讼的,仲裁委员会应当继续处理。

第四十九条　仲裁庭裁决案件时,其中一部分事实已经清楚的,可以就该部分先行裁决。当事人对先行裁决不服的,可以按照调解仲裁法有关规定处理。

第五十条　仲裁庭裁决案件时,申请人根据调解仲裁法第四十七条第(一)项规定,追索劳动报酬、工伤医疗费、经济补偿或者赔偿金,如果仲裁裁决涉及数项,对单项裁决数额不超过当地月最低工资标准十二个月金额的事项,应当适用终局裁决。

前款经济补偿包括《中华人民共和国劳动合同法》(以下简称劳动合同法)规定的竞业限制期限内给予的经济补偿、解除或者终止劳动合同的经济补偿等；赔偿金包括劳动合同法规定的未签订书面劳动合同第二倍工资、违法约定试用期的赔偿金、违法解除或者终止劳动合同的赔偿金等。

根据调解仲裁法第四十七条第(二)项的规定，因执行国家的劳动标准在工作时间、休息休假、社会保险等方面发生的争议，应当适用终局裁决。

仲裁庭裁决案件时，裁决内容同时涉及终局裁决和非终局裁决的，应当分别制作裁决书，并告知当事人相应的救济权利。

第五十一条 仲裁庭对追索劳动报酬、工伤医疗费、经济补偿或者赔偿金的案件，根据当事人的申请，可以裁决先予执行，移送人民法院执行。

仲裁庭裁决先予执行的，应当符合下列条件：

(一)当事人之间权利义务关系明确的；

(二)不先予执行将严重影响申请人的生活的。

劳动者申请先予执行的，可以不提供担保。

第五十二条 裁决应当按照多数仲裁员的意见作出，少数仲裁员的不同意见应当记入笔录。仲裁庭不能形成多数意见时，裁决应当按照首席仲裁员的意见作出。

第五十三条 裁决书应当载明仲裁请求、争议事实、裁决理由、裁决结果、当事人权利和裁决日期。裁决书由仲裁员签名，加盖仲裁委员会印章。对裁决持不同意见的仲裁员，可以签名，也可以不签名。

第五十四条 对裁决书中的文字、计算错误或者仲裁庭已经裁决但在裁决书中遗漏的事项，仲裁庭应当及时制作决定书予以补正并送达当事人。

第五十五条 当事人对裁决不服向人民法院提起诉讼的，按照调解仲裁法有关规定处理。

第三节 简易处理

第五十六条 争议案件符合下列情形之一的，可以简易处理：

(一)事实清楚、权利义务关系明确、争议不大的；

(二)标的额不超过本省、自治区、直辖市上年度职工年平均工资的；

(三)双方当事人同意简易处理的。

仲裁委员会决定简易处理的，可以指定一名仲裁员独任仲裁，并应当告知当事人。

第五十七条 争议案件有下列情形之一的,不得简易处理:
(一)涉及国家利益、社会公共利益的;
(二)有重大社会影响的;
(三)被申请人下落不明的;
(四)仲裁委员会认为不宜简易处理的。

第五十八条 简易处理的案件,经与被申请人协商同意,仲裁庭可以缩短或者取消答辩期。

第五十九条 简易处理的案件,仲裁庭可以用电话、短信、传真、电子邮件等简便方式送达仲裁文书,但送达调解书、裁决书除外。

以简便方式送达的开庭通知,未经当事人确认或者没有其他证据证明当事人已经收到的,仲裁庭不得按撤回仲裁申请处理或者缺席裁决。

第六十条 简易处理的案件,仲裁庭可以根据案件情况确定举证期限、开庭日期、审理程序、文书制作等事项,但应当保障当事人陈述意见的权利。

第六十一条 仲裁庭在审理过程中,发现案件不宜简易处理的,应当在仲裁期限届满前决定转为按照一般程序处理,并告知当事人。

案件转为按照一般程序处理的,仲裁期限自仲裁委员会受理仲裁申请之日起计算,双方当事人已经确认的事实,可以不再进行举证、质证。

第四节 集体劳动人事争议处理

第六十二条 处理劳动者一方在十人以上并有共同请求的争议案件,或者因履行集体合同发生的劳动争议案件,适用本节规定。

符合本规则第五十六条第一款规定情形之一的集体劳动人事争议案件,可以简易处理,不受本节规定的限制。

第六十三条 发生劳动者一方在十人以上并有共同请求的争议的,劳动者可以推举三至五名代表参加仲裁活动。代表人参加仲裁的行为对其所代表的当事人发生效力,但代表人变更、放弃仲裁请求或者承认对方当事人的仲裁请求,进行和解,必须经被代表的当事人同意。

因履行集体合同发生的劳动争议,经协商解决不成的,工会可以依法申请仲裁;尚未建立工会的,由上级工会指导劳动者推举产生的代表依法申请仲裁。

第六十四条 仲裁委员会应当自收到当事人集体劳动人事争议仲裁申请之日起五日内作出受理或者不予受理的决定。决定受理的,应当自受理之日起五日内将仲裁庭组成人员、答辩期限、举证期限、开庭日期和地点等事项一次性通知当事人。

第六十五条　仲裁委员会处理集体劳动人事争议案件,应当由三名仲裁员组成仲裁庭,设首席仲裁员。

仲裁委员会处理因履行集体合同发生的劳动争议,应当按照三方原则组成仲裁庭处理。

第六十六条　仲裁庭处理集体劳动人事争议,开庭前应当引导当事人自行协商,或者先行调解。

仲裁庭处理集体劳动人事争议案件,可以邀请法律工作者、律师、专家学者等第三方共同参与调解。

协商或者调解未能达成协议的,仲裁庭应当及时裁决。

第六十七条　仲裁庭开庭场所可以设在发生争议的用人单位或者其他便于及时处理争议的地点。

第四章　调解程序

第一节　仲裁调解

第六十八条　仲裁委员会处理争议案件,应当坚持调解优先,引导当事人通过协商、调解方式解决争议,给予必要的法律释明以及风险提示。

第六十九条　对未经调解、当事人直接申请仲裁的争议,仲裁委员会可以向当事人发出调解建议书,引导其到调解组织进行调解。当事人同意先行调解的,应当暂缓受理;当事人不同意先行调解的,应当依法受理。

第七十条　开庭之前,经双方当事人同意,仲裁庭可以委托调解组织或者其他具有调解能力的组织、个人进行调解。

自当事人同意之日起十日内未达成调解协议的,应当开庭审理。

第七十一条　仲裁庭审理争议案件时,应当进行调解。必要时可以邀请有关单位、组织或者个人参与调解。

第七十二条　仲裁调解达成协议的,仲裁庭应当制作调解书。

调解书应当写明仲裁请求和当事人协议的结果。调解书由仲裁员签名,加盖仲裁委员会印章,送达双方当事人。调解书经双方当事人签收后,发生法律效力。

调解不成或者调解书送达前,一方当事人反悔的,仲裁庭应当及时作出裁决。

第七十三条　当事人就部分仲裁请求达成调解协议的,仲裁庭可以就该部分先行出具调解书。

第二节　调解协议的仲裁审查

第七十四条　经调解组织调解达成调解协议的,双方当事人可以自调解协议生效之日起十五日内,共同向有管辖权的仲裁委员会提出仲裁审查申请。

当事人申请审查调解协议,应当向仲裁委员会提交仲裁审查申请书、调解协议和身份证明、资格证明以及其他与调解协议相关的证明材料,并提供双方当事人的送达地址、电话号码等联系方式。

第七十五条　仲裁委员会收到当事人仲裁审查申请,应当及时决定是否受理。决定受理的,应当出具受理通知书。

有下列情形之一的,仲裁委员会不予受理:

(一)不属于仲裁委员会受理争议范围的;

(二)不属于本仲裁委员会管辖的;

(三)超出规定的仲裁审查申请期间的;

(四)确认劳动关系的;

(五)调解协议已经人民法院司法确认的。

第七十六条　仲裁委员会审查调解协议,应当自受理仲裁审查申请之日起五日内结束。因特殊情况需要延期的,经仲裁委员会主任或者其委托的仲裁院负责人批准,可以延长五日。

调解书送达前,一方或者双方当事人撤回仲裁审查申请的,仲裁委员会应当准许。

第七十七条　仲裁委员会受理仲裁审查申请后,应当指定仲裁员对调解协议进行审查。

仲裁委员会经审查认为调解协议的形式和内容合法有效的,应当制作调解书。调解书的内容应当与调解协议的内容相一致。调解书经双方当事人签收后,发生法律效力。

第七十八条　调解协议具有下列情形之一的,仲裁委员会不予制作调解书:

(一)违反法律、行政法规强制性规定的;

(二)损害国家利益、社会公共利益或者公民、法人、其他组织合法权益的;

(三)当事人提供证据材料有弄虚作假嫌疑的;

(四)违反自愿原则的;

(五)内容不明确的;

(六)其他不能制作调解书的情形。

仲裁委员会决定不予制作调解书的,应当书面通知当事人。

第七十九条 当事人撤回仲裁审查申请或者仲裁委员会决定不予制作调解书的,应当终止仲裁审查。

第五章 附 则

第八十条 本规则规定的"三日"、"五日"、"十日"指工作日,"十五日"、"四十五日"指自然日。

第八十一条 本规则自2017年7月1日起施行。2009年1月1日人力资源社会保障部公布的《劳动人事争议仲裁办案规则》(人力资源和社会保障部令第2号)同时废止。

劳动人事争议仲裁组织规则

(2017年5月8日人力资源和社会保障部令第34号公布
自2017年7月1日起施行)

第一章 总 则

第一条 为公正及时处理劳动人事争议(以下简称争议),根据《中华人民共和国劳动争议调解仲裁法》(以下简称调解仲裁法)和《中华人民共和国公务员法》、《事业单位人事管理条例》、《中国人民解放军文职人员条例》等有关法律、法规,制定本规则。

第二条 劳动人事争议仲裁委员会(以下简称仲裁委员会)由人民政府依法设立,专门处理争议案件。

第三条 人力资源社会保障行政部门负责指导本行政区域的争议调解仲裁工作,组织协调处理跨地区、有影响的重大争议,负责仲裁员的管理、培训等工作。

第二章 仲裁委员会及其办事机构

第四条 仲裁委员会按照统筹规划、合理布局和适应实际需要的原则设立,由省、自治区、直辖市人民政府依法决定。

第五条 仲裁委员会由干部主管部门代表、人力资源社会保障等相关行政部门代表、军队文职人员工作管理部门代表、工会代表和用人单位方面代表等组成。

仲裁委员会组成人员应当是单数。

第六条 仲裁委员会设主任一名,副主任和委员若干名。

仲裁委员会主任由政府负责人或者人力资源社会保障行政部门主要负责人担任。

第七条 仲裁委员会依法履行下列职责:

(一)聘任、解聘专职或者兼职仲裁员;

(二)受理争议案件;

(三)讨论重大或者疑难的争议案件;

(四)监督本仲裁委员会的仲裁活动;

(五)制定本仲裁委员会的工作规则;

(六)其他依法应当履行的职责。

第八条 仲裁委员会应当每年至少召开两次全体会议,研究本仲裁委员会职责履行情况和重要工作事项。

仲裁委员会主任或者三分之一以上的仲裁委员会组成人员提议召开仲裁委员会会议的,应当召开。

仲裁委员会的决定实行少数服从多数原则。

第九条 仲裁委员会下设实体化的办事机构,具体承担争议调解仲裁等日常工作。办事机构称为劳动人事争议仲裁院(以下简称仲裁院),设在人力资源社会保障行政部门。

仲裁院对仲裁委员会负责并报告工作。

第十条 仲裁委员会的经费依法由财政予以保障。仲裁经费包括人员经费、公用经费、仲裁专项经费等。

仲裁院可以通过政府购买服务等方式聘用记录人员、安保人员等办案辅助人员。

第十一条 仲裁委员会组成单位可以派兼职仲裁员常驻仲裁院,参与争议调解仲裁活动。

第三章 仲 裁 庭

第十二条 仲裁委员会处理争议案件实行仲裁庭制度,实行一案一庭制。

仲裁委员会可以根据案件处理实际需要设立派驻仲裁庭、巡回仲裁庭、流动仲裁庭,就近就地处理争议案件。

第十三条 处理下列争议案件应当由三名仲裁员组成仲裁庭,设首席仲裁员：

（一）十人以上并有共同请求的争议案件；

（二）履行集体合同发生的争议案件；

（三）有重大影响或者疑难复杂的争议案件；

（四）仲裁委员会认为应当由三名仲裁员组庭处理的其他争议案件。

简单争议案件可以由一名仲裁员独任仲裁。

第十四条 记录人员负责案件庭审记录等相关工作。

记录人员不得由本庭仲裁员兼任。

第十五条 仲裁庭组成不符合规定的，仲裁委员会应当予以撤销并重新组庭。

第十六条 仲裁委员会应当有专门的仲裁场所。仲裁场所应当悬挂仲裁徽章，张贴仲裁庭纪律及注意事项等，并配备仲裁庭专业设备、档案储存设备、安全监控设备和安检设施等。

第十七条 仲裁工作人员在仲裁活动中应当统一着装，佩戴仲裁徽章。

第四章 仲 裁 员

第十八条 仲裁员是由仲裁委员会聘任、依法调解和仲裁争议案件的专业工作人员。

仲裁员分为专职仲裁员和兼职仲裁员。专职仲裁员和兼职仲裁员在调解仲裁活动中享有同等权利，履行同等义务。

兼职仲裁员进行仲裁活动，所在单位应当予以支持。

第十九条 仲裁委员会应当依法聘任一定数量的专职仲裁员，也可以根据办案工作需要，依法从干部主管部门、人力资源社会保障行政部门、军队文职人员工作管理部门、工会、企业组织等相关机构的人员以及专家学者、律师中聘任兼职仲裁员。

第二十条 仲裁员享有以下权利：

（一）履行职责应当具有的职权和工作条件；

（二）处理争议案件不受干涉；

（三）人身、财产安全受到保护；

（四）参加聘前培训和在职培训；

（五）法律、法规规定的其他权利。

第二十一条 仲裁员应当履行以下义务：

（一）依法处理争议案件；

(二)维护国家利益和公共利益,保护当事人合法权益;

(三)严格执行廉政规定,恪守职业道德;

(四)自觉接受监督;

(五)法律、法规规定的其他义务。

第二十二条 仲裁委员会聘任仲裁员时,应当从符合调解仲裁法第二十条规定的仲裁员条件的人员中选聘。

仲裁委员会应当根据工作需要,合理配备专职仲裁员和办案辅助人员。专职仲裁员数量不得少于三名,办案辅助人员不得少于一名。

第二十三条 仲裁委员会应当设仲裁员名册,并予以公告。

省、自治区、直辖市人力资源社会保障行政部门应当将本行政区域内仲裁委员会聘任的仲裁员名单报送人力资源社会保障部备案。

第二十四条 仲裁员聘期一般为五年。仲裁委员会负责仲裁员考核,考核结果作为解聘和续聘仲裁员的依据。

第二十五条 仲裁委员会应当制定仲裁员工作绩效考核标准,重点考核办案质量和效率、工作作风、遵纪守法情况等。考核结果分为优秀、合格、不合格。

第二十六条 仲裁员有下列情形之一的,仲裁委员会应当予以解聘:

(一)聘期届满不再续聘的;

(二)在聘期内因工作岗位变动或者其他原因不再履行仲裁员职责的;

(三)年度考核不合格的;

(四)因违纪、违法犯罪不能继续履行仲裁员职责的;

(五)其他应当解聘的情形。

第二十七条 人力资源社会保障行政部门负责对拟聘任的仲裁员进行聘前培训。

拟聘为省、自治区、直辖市仲裁委员会仲裁员及副省级市仲裁委员会仲裁员的,参加人力资源社会保障部组织的聘前培训;拟聘为地(市)、县(区)仲裁委员会仲裁员的,参加省、自治区、直辖市人力资源社会保障行政部门组织的仲裁员聘前培训。

第二十八条 人力资源社会保障行政部门负责每年对本行政区域内的仲裁员进行政治思想、职业道德、业务能力和作风建设培训。

仲裁员每年脱产培训的时间累计不少于四十学时。

第二十九条 仲裁委员会应当加强仲裁员作风建设,培育和弘扬具有行业特色的仲裁文化。

第三十条 人力资源社会保障部负责组织制定仲裁员培训大纲,开发培训教材,建立师资库和考试题库。

第三十一条　建立仲裁员职业保障机制,拓展仲裁员职业发展空间。

第五章　仲　裁　监　督

第三十二条　仲裁委员会应当建立仲裁监督制度,对申请受理、办案程序、处理结果、仲裁工作人员行为等进行监督。

第三十三条　仲裁员不得有下列行为:

(一)徇私枉法,偏袒一方当事人;

(二)滥用职权,侵犯当事人合法权益;

(三)利用职权为自己或者他人谋取私利;

(四)隐瞒证据或者伪造证据;

(五)私自会见当事人及其代理人,接受当事人及其代理人的请客送礼;

(六)故意拖延办案、玩忽职守;

(七)泄露案件涉及的国家秘密、商业秘密和个人隐私或者擅自透露案件处理情况;

(八)在受聘期间担任所在仲裁委员会受理案件的代理人;

(九)其他违法违纪的行为。

第三十四条　仲裁员有本规则第三十三条规定情形的,仲裁委员会视情节轻重,给予批评教育、解聘等处理;被解聘的,五年内不得再次被聘为仲裁员。仲裁员所在单位根据国家有关规定对其给予处分;构成犯罪的,依法追究刑事责任。

第三十五条　记录人员等办案辅助人员应当认真履行职责,严守工作纪律,不得有玩忽职守、偏袒一方当事人、泄露案件涉及的国家秘密、商业秘密和个人隐私或者擅自透露案件处理情况等行为。

办案辅助人员违反前款规定的,应当按照有关法律法规和本规则第三十四条的规定处理。

第六章　附　　　则

第三十六条　被聘任为仲裁员的,由人力资源社会保障部统一免费发放仲裁员证和仲裁徽章。

第三十七条　仲裁委员会对被解聘、辞职以及其他原因不再聘任的仲裁员,应当及时收回仲裁员证和仲裁徽章,并予以公告。

第三十八条　本规则自 2017 年 7 月 1 日起施行。2010 年 1 月 20 日人力资源社会保障部公布的《劳动人事争议仲裁组织规则》(人力资源和社会保障部令第5号)同时废止。

最高人民法院关于审理劳动争议案件适用法律问题的解释(一)

(2020年12月25日最高人民法院审判委员会第1825次会议通过 2020年12月29日公布 法释〔2020〕26号 自2021年1月1日起施行)

为正确审理劳动争议案件,根据《中华人民共和国民法典》《中华人民共和国劳动法》《中华人民共和国劳动合同法》《中华人民共和国劳动争议调解仲裁法》《中华人民共和国民事诉讼法》等相关法律规定,结合审判实践,制定本解释。

第一条 劳动者与用人单位之间发生的下列纠纷,属于劳动争议,当事人不服劳动争议仲裁机构作出的裁决,依法提起诉讼的,人民法院应予受理:

(一)劳动者与用人单位在履行劳动合同过程中发生的纠纷;

(二)劳动者与用人单位之间没有订立书面劳动合同,但已形成劳动关系后发生的纠纷;

(三)劳动者与用人单位因劳动关系是否已经解除或者终止,以及应否支付解除或者终止劳动关系经济补偿金发生的纠纷;

(四)劳动者与用人单位解除或者终止劳动关系后,请求用人单位返还其收取的劳动合同定金、保证金、抵押金、抵押物发生的纠纷,或者办理劳动者的人事档案、社会保险关系等移转手续发生的纠纷;

(五)劳动者以用人单位未为其办理社会保险手续,且社会保险经办机构不能补办导致其无法享受社会保险待遇为由,要求用人单位赔偿损失发生的纠纷;

(六)劳动者退休后,与尚未参加社会保险统筹的原用人单位因追索养老金、医疗费、工伤保险待遇和其他社会保险待遇而发生的纠纷;

(七)劳动者因为工伤、职业病,请求用人单位依法给予工伤保险待遇发生的纠纷;

(八)劳动者依据劳动合同法第八十五条规定,要求用人单位支付加付赔偿金发生的纠纷；

（九）因企业自主进行改制发生的纠纷。

第二条 下列纠纷不属于劳动争议：

（一）劳动者请求社会保险经办机构发放社会保险金的纠纷；

（二）劳动者与用人单位因住房制度改革产生的公有住房转让纠纷；

（三）劳动者对劳动能力鉴定委员会的伤残等级鉴定结论或者对职业病诊断鉴定委员会的职业病诊断鉴定结论的异议纠纷；

（四）家庭或者个人与家政服务人员之间的纠纷；

（五）个体工匠与帮工、学徒之间的纠纷；

（六）农村承包经营户与受雇人之间的纠纷。

第三条 劳动争议案件由用人单位所在地或者劳动合同履行地的基层人民法院管辖。

劳动合同履行地不明确的，由用人单位所在地的基层人民法院管辖。

法律另有规定的，依照其规定。

第四条 劳动者与用人单位均不服劳动争议仲裁机构的同一裁决，向同一人民法院起诉的，人民法院应当并案审理，双方当事人互为原告和被告，对双方的诉讼请求，人民法院应当一并作出裁决。在诉讼过程中，一方当事人撤诉的，人民法院应当根据另一方当事人的诉讼请求继续审理。双方当事人就同一仲裁裁决分别向有管辖权的人民法院起诉的，后受理的人民法院应当将案件移送给先受理的人民法院。

第五条 劳动争议仲裁机构以无管辖权为由对劳动争议案件不予受理，当事人提起诉讼的，人民法院按照以下情形分别处理：

（一）经审查认为该劳动争议仲裁机构对案件确无管辖权的，应当告知当事人向有管辖权的劳动争议仲裁机构申请仲裁；

（二）经审查认为该劳动争议仲裁机构有管辖权的，应当告知当事人申请仲裁，并将审查意见书面通知该劳动争议仲裁机构；劳动争议仲裁机构仍不受理，当事人就该劳动争议事项提起诉讼的，人民法院应予受理。

第六条 劳动争议仲裁机构以当事人申请仲裁的事项不属于劳动争议为由，作出不予受理的书面裁决、决定或者通知，当事人不服依法提起诉讼的，人民法院应当分别情况予以处理：

（一）属于劳动争议案件的，应当受理；

（二）虽不属于劳动争议案件，但属于人民法院主管的其他案件，应当依法受理。

第七条 劳动争议仲裁机构以申请仲裁的主体不适格为由,作出不予受理的书面裁决、决定或者通知,当事人不服依法提起诉讼,经审查确属主体不适格的,人民法院不予受理;已经受理的,裁定驳回起诉。

第八条 劳动争议仲裁机构为纠正原仲裁裁决错误重新作出裁决,当事人不服依法提起诉讼的,人民法院应当受理。

第九条 劳动争议仲裁机构仲裁的事项不属于人民法院受理的案件范围,当事人不服依法提起诉讼的,人民法院不予受理;已经受理的,裁定驳回起诉。

第十条 当事人不服劳动争议仲裁机构作出的预先支付劳动者劳动报酬、工伤医疗费、经济补偿或者赔偿金的裁决,依法提起诉讼的,人民法院不予受理。

用人单位不履行上述裁决中的给付义务,劳动者依法申请强制执行的,人民法院应予受理。

第十一条 劳动争议仲裁机构作出的调解书已经发生法律效力,一方当事人反悔提起诉讼的,人民法院不予受理;已经受理的,裁定驳回起诉。

第十二条 劳动争议仲裁机构逾期未作出受理决定或仲裁裁决,当事人直接提起诉讼的,人民法院应予受理,但申请仲裁的案件存在下列事由的除外:

(一)移送管辖的;

(二)正在送达或者送达延误的;

(三)等待另案诉讼结果、评残结论的;

(四)正在等待劳动争议仲裁机构开庭的;

(五)启动鉴定程序或者委托其他部门调查取证的;

(六)其他正当事由。

当事人以劳动争议仲裁机构逾期未作出仲裁裁决为由提起诉讼的,应当提交该仲裁机构出具的受理通知书或者其他已接受仲裁申请的凭证、证明。

第十三条 劳动者依据劳动合同法第三十条第二款和调解仲裁法第十六条规定向人民法院申请支付令,符合民事诉讼法第十七章督促程序规定的,人民法院应予受理。

依据劳动合同法第三十条第二款规定申请支付令被人民法院裁定终结督促程序后,劳动者就劳动争议事项直接提起诉讼的,人民法院应当告知其先向劳动争议仲裁机构申请仲裁。

依据调解仲裁法第十六条规定申请支付令被人民法院裁定终结督促程序后,劳动者依据调解协议直接提起诉讼的,人民法院应予受理。

第十四条 人民法院受理劳动争议案件后,当事人增加诉讼请求的,如该诉讼请求与讼争的劳动争议具有不可分性,应当合并审理;如属独立的劳动争议,应当告知当事人向劳动争议仲裁机构申请仲裁。

第十五条 劳动者以用人单位的工资欠条为证据直接提起诉讼,诉讼请求不涉及劳动关系其他争议的,视为拖欠劳动报酬争议,人民法院按照普通民事纠纷受理。

第十六条 劳动争议仲裁机构作出仲裁裁决后,当事人对裁决中的部分事项不服,依法提起诉讼的,劳动争议仲裁裁决不发生法律效力。

第十七条 劳动争议仲裁机构对多个劳动者的劳动争议作出仲裁裁决后,部分劳动者对仲裁裁决不服,依法提起诉讼的,仲裁裁决对提起诉讼的劳动者不发生法律效力;对未提起诉讼的部分劳动者,发生法律效力,如其申请执行的,人民法院应当受理。

第十八条 仲裁裁决的类型以仲裁裁决书确定为准。仲裁裁决书未载明该裁决为终局裁决或者非终局裁决,用人单位不服该仲裁裁决向基层人民法院提起诉讼的,应当按照以下情形分别处理:

(一)经审查认为该仲裁裁决为非终局裁决的,基层人民法院应予受理;

(二)经审查认为该仲裁裁决为终局裁决的,基层人民法院不予受理,但应告知用人单位可以自收到不予受理裁定书之日起三十日内向劳动争议仲裁机构所在地的中级人民法院申请撤销该仲裁裁决;已经受理的,裁定驳回起诉。

第十九条 仲裁裁决书未载明该裁决为终局裁决或者非终局裁决,劳动者依据调解仲裁法第四十七条第一项规定,追索劳动报酬、工伤医疗费、经济补偿或者赔偿金,如果仲裁裁决涉及数项,每项确定的数额均不超过当地月最低工资标准十二个月金额的,应当按照终局裁决处理。

第二十条 劳动争议仲裁机构作出的同一仲裁裁决同时包含终局裁决事项和非终局裁决事项,当事人不服该仲裁裁决向人民法院提起诉讼的,应当按照非终局裁决处理。

第二十一条 劳动者依据调解仲裁法第四十八条规定向基层人民法院提起诉讼,用人单位依据调解仲裁法第四十九条规定向劳动争议仲裁机构所在地的中级人民法院申请撤销仲裁裁决的,中级人民法院应当不予受理;已经受理的,应当裁定驳回申请。

被人民法院驳回起诉或者劳动者撤诉的,用人单位可以自收到裁定书之日起三十日内,向劳动争议仲裁机构所在地的中级人民法院申请撤销仲裁裁决。

第二十二条 用人单位依据调解仲裁法第四十九条规定向中级人民法院申请撤销仲裁裁决,中级人民法院作出的驳回申请或者撤销仲裁裁决的裁定为终审裁定。

第二十三条　中级人民法院审理用人单位申请撤销终局裁决的案件,应当组成合议庭开庭审理。经过阅卷、调查和询问当事人,对没有新的事实、证据或者理由,合议庭认为不需要开庭审理的,可以不开庭审理。

中级人民法院可以组织双方当事人调解。达成调解协议的,可以制作调解书。一方当事人逾期不履行调解协议的,另一方可以申请人民法院强制执行。

第二十四条　当事人申请人民法院执行劳动争议仲裁机构作出的发生法律效力的裁决书、调解书,被申请人提出证据证明劳动争议仲裁裁决书、调解书有下列情形之一,并经审查核实的,人民法院可以根据民事诉讼法第二百三十七条规定,裁定不予执行:

(一)裁决的事项不属于劳动争议仲裁范围,或者劳动争议仲裁机构无权仲裁的;

(二)适用法律、法规确有错误的;

(三)违反法定程序的;

(四)裁决所根据的证据是伪造的;

(五)对方当事人隐瞒了足以影响公正裁决的证据的;

(六)仲裁员在仲裁该案时有索贿受贿、徇私舞弊、枉法裁决行为的;

(七)人民法院认定执行该劳动争议仲裁裁决违背社会公共利益的。

人民法院在不予执行的裁定书中,应当告知当事人在收到裁定书之次日起三十日内,可以就该劳动争议事项向人民法院提起诉讼。

第二十五条　劳动争议仲裁机构作出终局裁决,劳动者向人民法院申请执行,用人单位向劳动争议仲裁机构所在地的中级人民法院申请撤销的,人民法院应当裁定中止执行。

用人单位撤回撤销终局裁决申请或者其申请被驳回的,人民法院应当裁定恢复执行。仲裁裁决被撤销的,人民法院应当裁定终结执行。

用人单位向人民法院申请撤销仲裁裁决被驳回后,又在执行程序中以相同理由提出不予执行抗辩的,人民法院不予支持。

第二十六条　用人单位与其它单位合并的,合并前发生的劳动争议,由合并后的单位为当事人;用人单位分立为若干单位的,其分立前发生的劳动争议,由分立后的实际用人单位为当事人。

用人单位分立为若干单位后,具体承受劳动权利义务的单位不明确的,分立后的单位均为当事人。

第二十七条　用人单位招用尚未解除劳动合同的劳动者,原用人单位与劳动者发生的劳动争议，可以列新的用人单位为第三人。

原用人单位以新的用人单位侵权为由提起诉讼的，可以列劳动者为第三人。

原用人单位以新的用人单位和劳动者共同侵权为由提起诉讼的，新的用人单位和劳动者列为共同被告。

第二十八条 劳动者在用人单位与其他平等主体之间的承包经营期间，与发包方和承包方双方或者一方发生劳动争议，依法提起诉讼的，应当将承包方和发包方作为当事人。

第二十九条 劳动者与未办理营业执照、营业执照被吊销或者营业期限届满仍继续经营的用人单位发生争议的，应当将用人单位或者其出资人列为当事人。

第三十条 未办理营业执照、营业执照被吊销或者营业期限届满仍继续经营的用人单位，以挂靠等方式借用他人营业执照经营的，应当将用人单位和营业执照出借方列为当事人。

第三十一条 当事人不服劳动争议仲裁机构作出的仲裁裁决，依法提起诉讼，人民法院审查认为仲裁裁决遗漏了必须共同参加仲裁的当事人的，应当依法追加遗漏的人为诉讼当事人。

被追加的当事人应当承担责任的，人民法院应当一并处理。

第三十二条 用人单位与其招用的已经依法享受养老保险待遇或者领取退休金的人员发生用工争议而提起诉讼的，人民法院应当按劳务关系处理。

企业停薪留职人员、未达到法定退休年龄的内退人员、下岗待岗人员以及企业经营性停产放长假人员，因与新的用人单位发生用工争议而提起诉讼的，人民法院应当按劳动关系处理。

第三十三条 外国人、无国籍人未依法取得就业证件即与中华人民共和国境内的用人单位签订劳动合同，当事人请求确认与用人单位存在劳动关系的，人民法院不予支持。

持有《外国专家证》并取得《外国人来华工作许可证》的外国人，与中华人民共和国境内的用人单位建立用工关系的，可以认定为劳动关系。

第三十四条 劳动合同期满后，劳动者仍在原用人单位工作，原用人单位未表示异议的，视为双方同意以原条件继续履行劳动合同。一方提出终止劳动关系的，人民法院应予支持。

根据劳动合同法第十四条规定，用人单位应当与劳动者签订无固定期限劳动合同而未签订的，人民法院可以视为双方之间存在无固定期限劳动合同关系，并以原劳动合同确定双方的权利义务关系。

第三十五条 劳动者与用人单位就解除或者终止劳动合同办理相关手续、支付工资报酬、加班费、经济补偿或者赔偿金等达成的协议，不违反法律、行政法规的强制性规定，且不存在欺诈、胁迫或者乘人之危情形的，应当认定有效。

前款协议存在重大误解或者显失公平情形，当事人请求撤销的，人民法院应予支持。

第三十六条 当事人在劳动合同或者保密协议中约定了竞业限制，但未约定解除或者终止劳动合同后给予劳动者经济补偿，劳动者履行了竞业限制义务，要求用人单位按照劳动者在劳动合同解除或者终止前十二个月平均工资的30%按月支付经济补偿的，人民法院应予支持。

前款规定的月平均工资的30%低于劳动合同履行地最低工资标准的，按照劳动合同履行地最低工资标准支付。

第三十七条 当事人在劳动合同或者保密协议中约定了竞业限制和经济补偿，当事人解除劳动合同时，除另有约定外，用人单位要求劳动者履行竞业限制义务，或者劳动者履行了竞业限制义务后要求用人单位支付经济补偿的，人民法院应予支持。

第三十八条 当事人在劳动合同或者保密协议中约定了竞业限制和经济补偿，劳动合同解除或者终止后，因用人单位的原因导致三个月未支付经济补偿，劳动者请求解除竞业限制约定的，人民法院应予支持。

第三十九条 在竞业限制期限内，用人单位请求解除竞业限制协议的，人民法院应予支持。

在解除竞业限制协议时，劳动者请求用人单位额外支付劳动者三个月的竞业限制经济补偿的，人民法院应予支持。

第四十条 劳动者违反竞业限制约定，向用人单位支付违约金后，用人单位要求劳动者按照约定继续履行竞业限制义务的，人民法院应予支持。

第四十一条 劳动合同被确认为无效，劳动者已付出劳动的，用人单位应当按照劳动合同法第二十八条、第四十六条、第四十七条的规定向劳动者支付劳动报酬和经济补偿。

由于用人单位原因订立无效劳动合同，给劳动者造成损害的，用人单位应当赔偿劳动者因合同无效所造成的经济损失。

第四十二条 劳动者主张加班费的，应当就加班事实的存在承担举证责任。但劳动者有证据证明用人单位掌握加班事实存在的证据，用人单位不提供的，由用人单位承担不利后果。

第四十三条　用人单位与劳动者协商一致变更劳动合同，虽未采用书面形式，但已经实际履行了口头变更的劳动合同超过一个月，变更后的劳动合同内容不违反法律、行政法规且不违背公序良俗，当事人以未采用书面形式为由主张劳动合同变更无效的，人民法院不予支持。

第四十四条　因用人单位作出的开除、除名、辞退、解除劳动合同、减少劳动报酬、计算劳动者工作年限等决定而发生的劳动争议，用人单位负举证责任。

第四十五条　用人单位有下列情形之一，迫使劳动者提出解除劳动合同的，用人单位应当支付劳动者的劳动报酬和经济补偿，并可支付赔偿金：

（一）以暴力、威胁或者非法限制人身自由的手段强迫劳动的；

（二）未按照劳动合同约定支付劳动报酬或者提供劳动条件的；

（三）克扣或者无故拖欠劳动者工资的；

（四）拒不支付劳动者延长工作时间工资报酬的；

（五）低于当地最低工资标准支付劳动者工资的。

第四十六条　劳动者非因本人原因从原用人单位被安排到新用人单位工作，原用人单位未支付经济补偿，劳动者依据劳动合同法第三十八条规定与新用人单位解除劳动合同，或者新用人单位向劳动者提出解除、终止劳动合同，在计算支付经济补偿或赔偿金的工作年限时，劳动者请求把在原用人单位的工作年限合并计算为新用人单位工作年限的，人民法院应予支持。

用人单位符合下列情形之一的，应当认定属于"劳动者非因本人原因从原用人单位被安排到新用人单位工作"：

（一）劳动者仍在原工作场所、工作岗位工作，劳动合同主体由原用人单位变更为新用人单位；

（二）用人单位以组织委派或任命形式对劳动者进行工作调动；

（三）因用人单位合并、分立等原因导致劳动者工作调动；

（四）用人单位及其关联企业与劳动者轮流订立劳动合同；

（五）其他合理情形。

第四十七条　建立了工会组织的用人单位解除劳动合同符合劳动合同法第三十九条、第四十条规定，但未按照劳动合同法第四十三条规定事先通知工会，劳动者以用人单位违法解除劳动合同为由请求用人单位支付赔偿金的，人民法院应予支持，但起诉前用人单位已经补正有关程序的除外。

第四十八条　劳动合同法施行后，因用人单位经营期限届满不再继续经营导致劳动合同不能继续履行，劳动者请求用人单位支付经济补偿的，人民法院应予支持。

第四十九条 在诉讼过程中,劳动者向人民法院申请采取财产保全措施,人民法院经审查认为申请人经济确有困难,或者有证据证明用人单位存在欠薪逃匿可能的,应当减轻或者免除劳动者提供担保的义务,及时采取保全措施。

人民法院作出的财产保全裁定中,应当告知当事人在劳动争议仲裁机构的裁决书或者在人民法院的裁判文书生效后三个月内申请强制执行。逾期不申请的,人民法院应当裁定解除保全措施。

第五十条 用人单位根据劳动合同法第四条规定,通过民主程序制定的规章制度,不违反国家法律、行政法规及政策规定,并已向劳动者公示的,可以作为确定双方权利义务的依据。

用人单位制定的内部规章制度与集体合同或者劳动合同约定的内容不一致,劳动者请求优先适用合同约定的,人民法院应予支持。

第五十一条 当事人在调解仲裁法第十条规定的调解组织主持下达成的具有劳动权利义务内容的调解协议,具有劳动合同的约束力,可以作为人民法院裁判的根据。

当事人在调解仲裁法第十条规定的调解组织主持下仅就劳动报酬争议达成调解协议,用人单位不履行调解协议确定的给付义务,劳动者直接提起诉讼的,人民法院可以按照普通民事纠纷受理。

第五十二条 当事人在人民调解委员会主持下仅就给付义务达成的调解协议,双方认为有必要的,可以共同向人民调解委员会所在地的基层人民法院申请司法确认。

第五十三条 用人单位对劳动者作出的开除、除名、辞退等处理,或者因其他原因解除劳动合同确有错误的,人民法院可以依法判决予以撤销。

对于追索劳动报酬、养老金、医疗费以及工伤保险待遇、经济补偿金、培训费及其他相关费用等案件,给付数额不当的,人民法院可以予以变更。

第五十四条 本解释自2021年1月1日起施行。

附录二 典 型 案 例

新就业形态劳动者权益保障典型案例

案例 1

企业与网约货车司机之间存在用工事实、构成支配性劳动管理的,应当认定存在劳动关系
——某运输公司诉杨某劳动争议案

基本案情

杨某在某运输公司从事混凝土运输工作,双方未订立书面劳动合同。杨某入职后先通过微信群接受某运输公司派单,后在某平台注册账号绑定该公司,由该公司审批通过之后,通过平台接受该公司派单。某运输公司根据接单数、运输量、是否超时、有无罚款等按月向杨某支付运费报酬。杨某与某运输公司产生争议,申请劳动仲裁,请求确认劳动关系。劳动仲裁裁决杨某与某运输公司存在劳动关系。某运输公司不服仲裁裁决,诉至法院。

裁判结果及理由

一审法院判决确认杨某与某运输公司存在劳动关系。某运输公司不服,提起上诉。二审法院判决驳回上诉,维持原判。

法院生效裁判认为,本案主要争议焦点为某运输公司与杨某是否存在劳动关系。《中华人民共和国劳动合同法》第七条规定:"用人单位自用工之日起即与劳动者建立劳动关系",据此,人民法院应当根据用工事实认定企业和劳动者的法律关系。而劳动关系的本质特征是支配性劳动管理。本案中,其一,某运输公司确认杨某在某平台注册的账号须选择该公司绑定,并经公司审批。杨某在工作过程中需要服从某运输公司安排,某运输公司存在对杨某进行扣罚等劳动管理行为。杨某对运输任务、运输价格均不具有自主决定权。其二,某运输公司与杨某按月结算工资,某运输公司确认杨某基本每天都有接单,相关运输

收入构成杨某主要经济来源。其三,杨某从事的是混凝土运输工作,属于某运输公司的业务组成。综上,某运输公司与杨某之间存在用工事实,构成支配性劳动管理,应当认定双方存在劳动关系。

典型意义

互联网平台及数字技术要素的加入一定程度上改变了传统劳动管理方式,但未改变劳动管理的性质。参照指导性案例237号"郎溪某服务外包有限公司诉徐某申确认劳动关系纠纷案"裁判要点,支配性劳动管理是劳动关系的本质特征。如何判断存在"支配性劳动管理",可以参照指导性案例237号"郎溪某服务外包有限公司诉徐某申确认劳动关系纠纷案"、指导性案例238号"圣某欢诉江苏某网络科技有限公司确认劳动关系纠纷案"、《最高人民法院关于为稳定就业提供司法服务和保障的意见》(法发〔2022〕36号)第7条、《劳动和社会保障部关于确立劳动关系有关事项的通知》(劳社部发〔2005〕12号)第一条等作出认定。故此,认定企业与网约货车司机之间是否存在劳动关系,应当根据用工事实进行实质审查,综合考量企业是否通过制定奖惩规则等对司机进行劳动管理,司机能否自主决定运输任务、运输价格,劳动报酬是否构成司机主要收入来源,司机从事的运输工作是否属于企业业务有机组成部分等要素,存在用工事实、构成支配性劳动管理的,依法认定双方存在劳动关系。

案例2

是否属于新就业形态相关责任保险中的"业务有关工作",应当依据具体理赔情形,结合相关行为对于完成业务工作的必要性等因素综合审查认定

——某餐饮配送公司诉某保险公司责任保险合同纠纷案

基本案情

某餐饮配送公司向某保险公司投保雇主责任险,被保险人为某餐饮配送公司,保险金额(每人限额)65万元,雇员工种为外卖骑手,雇员1人"阚某"。保单"特别约定"栏载明,本保单附加个人第三者责任:承保对被雇佣人员在本保险单有效期内从事本保险单所载明的被保险人业务有关工作时,由于意外或者疏忽,造成被保险人及其雇员以外的第三者人身伤亡或者财产损失的直接实际损失,保障限额40万元。阚某经某餐饮配送公司指派,驾驶电动自行车前往公司定点医院办理健康证明,途中与钱某发生碰撞,致钱某受伤。交警部门认定

阚某负事故全部责任，钱某无责。某餐饮配送公司实际赔偿钱某7.1万元后，向某保险公司申请理赔。某保险公司认为，该交通事故未发生在阚某送餐途中，办理健康证明不属于从事"被保险人业务有关工作"，该交通事故赔偿责任不属于保险责任范围，拒绝赔偿。某餐饮配送公司诉至法院，请求判令某保险公司在保险责任范围内赔偿7.1万元。

裁判结果及理由

一审法院判决某保险公司赔偿某餐饮配送公司保险金7.1万元。一审判决已经发生法律效力。

法院生效裁判认为，本案主要争议焦点为案涉保险事故是否属于雇主责任险附加个人第三者责任险的保险责任范围，即外卖骑手阚某办理健康证明是否属于保单"特别约定"载明的从事"被保险人业务有关工作"。认定"被保险人业务有关工作"，应当结合被保险人经营范围、劳动者工种、所从事有关工作对于其完成业务工作的必要性以及是否受企业指派等因素综合考量。《中华人民共和国食品安全法》第四十五条规定，从事接触直接入口食品工作的食品生产经营人员应当每年进行健康检查，取得健康证明后方可上岗工作。因此，健康证明是包括餐饮外卖配送人员在内的餐饮工作人员必须办理的证件，是否办理健康证明与外卖骑手主要工作紧密相关，直接影响其后续能否实施接单配送行为。另外，本案中阚某前往定点医院办证亦是受某餐饮配送公司指派。因此，阚某办理健康证明应当属于从事与某餐饮配送公司业务有关工作，在此过程中发生的致人损害事故属于案涉附加个人第三者责任险保险责任范围，某保险公司应当依照保单约定赔付某餐饮配送公司保险金。

典型意义

新就业形态劳动者工作时间、工作地点、工作内容相对灵活，司法实践中，认定是否属于相关责任保险中约定的"业务有关工作"，应当依据保险合同约定的具体理赔情形，结合法律规定、企业经营范围、劳动者从业类型、从事有关行为对于完成业务工作的必要性及是否受企业指派等因素综合考量。设置雇主责任险、第三者责任险等商业保险，目的是分散新就业形态劳动者职业伤害和致第三人损害风险，保障劳动者、受害人权益。不论劳动者与企业是否建立劳动关系，企业是否参加新就业形态人员职业伤害保障试点，均鼓励企业通过购买雇主责任险、第三者责任险等商业保险，保障遭受职业伤害的新就业形态劳动者及因劳动者执行工作任务造成损害的第三人，及时获得医疗救治或者经济补偿等，分散平台企业和平台用工合作企业风险，推动新业态经济健康规范发展。

案例 3

劳动者获得新就业形态人员职业伤害保障待遇后，有权请求第三人依法承担侵权责任
——冯某诉某物业公司身体权纠纷案

基本案情

外卖骑手冯某骑行电动自行车进入上海市某小区时，左手持手机放在车把上，通过进出口处被正在关闭的电动门撞及车辆后部，倒地受伤，经医院诊断为颈部脊髓损伤等。事发后，经某企业服务外包公司申请，上海市某区人力资源社会保障局作出职业伤害确认结论书，载明：冯某受到的事故伤害，符合《新就业形态就业人员职业伤害保障办法（试行）》第十条第一款第一项、《上海市新就业形态就业人员职业伤害保障试点实施办法》第十二条第一款第一项之规定，属于职业伤害确认范围，现予以确认为职业伤害。冯某伤情经上海市某区劳动能力鉴定委员会鉴定为因工致残程度十级。上海市社会保险事业管理中心核定冯某鉴定检测费、一次性伤残补助金，由某保险公司向冯某支付，摘要为"职业伤害保障待遇"。此后，冯某诉至法院，要求该小区物业公司赔偿残疾赔偿金等。

裁判结果及理由

一审法院判决某物业公司赔偿残疾赔偿金等；某物业公司不服，提起上诉。二审法院判决驳回上诉，维持原判。

法院生效裁判认为，某物业公司在操作电动门时未能为冯某安全通过留下足够时间，致冯某通过时受伤，对损害发生承担主要责任，冯某自身存在未安全操控电动车的行为，对损害发生承担次要责任。根据人力资源社会保障部等十部门《关于开展新就业形态就业人员职业伤害保障试点工作的通知》及《上海市新就业形态就业人员职业伤害保障试点实施办法》等规定，冯某系提供外卖配送劳动并获得报酬的新就业形态人员，其在工作期间受伤，被认定属于职业伤害。职业伤害保障具有社会保险性质，而某物业公司的侵权责任，属于第三人侵权损害赔偿范畴，该两种制度的特点和功能不同。冯某已获得的职业伤害保障待遇赔偿项目为一次性伤残补助金及鉴定检测费，系其基于该市某区劳动能力鉴定委员会鉴定的因职业伤害致残程度十级所获得的赔偿；冯某提起诉讼向侵权人主张残疾赔偿金等，该项侵权赔偿责任不因冯某已获得职业伤害保障待遇而减轻或者免除。综上，依法判定某物业公司承担冯某损害相应比例的赔偿

责任,其余部分由冯某自行承担。

典型意义

新就业形态人员职业伤害保障试点工作开展以来,劳动者权益保障水平进一步提高,平台企业经营风险有效分散,凸显社会保险制度的兜底性。党的二十届三中全会通过的《中共中央关于进一步全面深化改革、推进中国式现代化的决定》提出,健全灵活就业人员、农民工、新就业形态人员社保制度。下一步,将推动健全新就业形态人员社保制度,扩大新就业形态人员职业伤害保障试点范围,进一步保障"职有所安"。处理涉及新就业形态人员职业伤害保障待遇与新就业形态劳动者损害赔偿案件时,应当充分考虑新就业形态人员职业伤害保障的制度功能,案件处理结果应当与有关试点制度安排相向而行。

参照《最高人民法院关于审理人身损害赔偿案件适用法律若干问题的解释》第三条"依法应当参加工伤保险统筹的用人单位的劳动者,因工伤事故遭受人身损害,劳动者或者其近亲属向人民法院起诉请求用人单位承担民事赔偿责任的,告知其按《工伤保险条例》的规定处理;因用人单位以外的第三人侵权造成劳动者人身损害,赔偿权利人请求第三人承担民事赔偿责任的,人民法院应予支持"之规定,参加新就业形态人员职业伤害保障统筹的劳动者,因执行工作任务受到损害,按相关职业伤害保障试点规定处理;因企业以外的第三人侵权造成劳动者损害,劳动者请求第三人承担民事赔偿责任的,人民法院应予支持。具体赔偿项目上,本案的一次性伤残补助金和残疾赔偿金,属于涉及身体、健康、生命权益等受到损害无法用金钱衡量的赔偿项目,不能以受害人获得一次性伤残补助金减轻或者免除第三人应承担的残疾赔偿金。

案例4

新就业形态劳动者执行工作任务致人损害,相关商业保险属责任保险的,受害人可以依法在侵权责任纠纷中一并向保险人主张赔付
——陈某诉张某、某物流公司、某保险公司等
非机动车交通事故责任纠纷案

基本案情

某物流公司经授权在特定区域内经营某订餐平台的即时配送业务。张某经某物流公司同意注册为某订餐平台的骑手,接受该物流公司指派的订单配送

任务,并由该公司发放工资。某物流公司作为投保人、被保险人在某保险公司处投保雇主责任险,含"配送人员意外险及个人责任保险",雇员名称为张某。张某通过某订餐平台接单,驾驶电动自行车送餐途中,与陈某发生碰撞致陈某骨折。陈某诉至法院,请求判令张某、某物流公司、某保险公司赔偿医疗费、住院伙食补助费、残疾赔偿金等。

裁判结果及理由

一审法院判决某保险公司赔偿陈某保险金,不足部分由某物流公司赔付。一审判决已经发生法律效力。

法院生效裁判认为,《中华人民共和国保险法》第六十五条规定,"保险人对责任保险的被保险人给第三者造成的损害,可以依照法律的规定或者合同的约定,直接向该第三者赔偿保险金。""责任保险是指以被保险人对第三者依法应负的赔偿责任为保险标的的保险。"某物流公司投保的雇主责任险所包括的"个人责任保险",保障范围是骑手造成的第三者损失,以骑手或其用工单位等被保险人对第三者依法应负的赔偿责任为保险标的,属于明确的财产保险中责任保险类别。依据前述规定,保险人可以直接向该第三者赔偿保险金。从减轻各方当事人诉累、发挥保险化解社会矛盾纠纷功能考虑,判令某保险公司在本案中直接向陈某赔偿保险金。

关于保险赔偿金不足部分的赔偿义务主体。根据张某在某订餐平台的骑手基础档案信息载明其所在的"代理商"为某物流公司,某物流公司向张某发放工资等事实,应当认定张某接受某物流公司劳动管理,交通事故发生时张某系执行某物流公司工作任务;某物流公司对保险赔偿金不足部分向陈某承担赔偿责任。

典型意义

外卖骑手执行工作任务造成第三者损害,企业购买了商业第三者责任保险,当事人请求将承保商业保险的保险公司列为共同被告的,人民法院应予准许;保险法规定或者保险合同约定的受害方直接向保险人请求赔偿的条件已成就的,人民法院应当判令保险公司直接承担赔偿责任,以更好发挥保险化解社会矛盾纠纷功能,及时有效保障受害人合法权益。保险赔偿金不足部分,受害人依据《中华人民共和国民法典》第一千一百九十一条第一款、《最高人民法院关于适用〈中华人民共和国民法典〉侵权责任编的解释(一)》第十五条第一款,请求指派工作任务的企业承担侵权责任的,人民法院应予支持;企业有证据证明劳动者致人损害的行为与执行工作任务无关的除外。

劳动人事争议典型案例(第四批)

案例1

工伤职工能否根据诊断证明书主张延长停工留薪期

基本案情

彭某系某城建公司职工,该公司为彭某缴纳了工伤保险费。2021年10月,彭某在拆迁工作中受伤并住院治疗。后彭某被认定为工伤,停工留薪期为12个月,期间某城建公司按照法律规定按月向其支付停工留薪期工资。2022年9月起,某城建公司多次通过书面、电话、微信等方式通知彭某,如需延长停工留薪期,应提供有关材料并经劳动能力鉴定委员会现场鉴定后确认。但彭某一直不予配合,仅提交了某医院出具的"建议2022年11月至2023年1月继续病休"的诊断证明书,且拒绝与某城建公司人事经理沟通。2022年11月起,某城建公司以停工留薪满期为由开始向彭某发放病假工资。2023年2月,彭某向劳动人事争议仲裁委员会(以下简称仲裁委员会)申请仲裁。

申请人请求

请求裁决某城建公司按照停工留薪期工资标准支付2022年11月至2023年1月期间的工资差额。

处理结果

仲裁委员会裁决:驳回彭某的仲裁请求。

案例分析

本案的争议焦点是仅凭医院诊断证明书,能否延长工伤职工停工留薪期。《中华人民共和国社会保险法》第三十九条第一项规定:"因工伤发生的下列费用,按照国家规定由用人单位支付:(一)治疗工伤期间的工资福利。"《工伤保险条例》(中华人民共和国国务院令第375号)第三十三条规定:"职工因工作遭受事故伤害或者患职业病需要暂停工作接受工伤医疗的,在停工留薪期内,原工资福利待遇不变,由所在单位按月支付。停工留薪期一般不超过12个月。伤情严重或者情况特殊,经设区的市级劳动能力鉴定委员会确认,可以适当延长,但延长不得超过12个月。"《工伤职工劳动能力鉴定管理办法》(人力资源社会保障部、国家卫生和计划生育委员会令第21号)第十一条规定:"工伤职工应当按照通知的时间、地点参加现场鉴定"。从上述规定可知，停工留薪期是《中华人民共和国社会保险法》及《工伤保险条例》规定的工伤职工暂时停止工作进行治疗并享受相应工伤保险待遇的期限，一般不超过12个月，职工的伤情严重或者情况特殊需要更长保障时间的，经设区的市级劳动能力鉴定委员会确认，可以适当延长。这种制度设计既能保工伤职工在治疗期间得到相应保障，也能够避免工伤职工"小伤大养"损害企业合法权益的情况。

本案中，因彭某不配合提交有关材料、进行现场鉴定，其未经当地市级劳动能力鉴定委员会确认延长停工留薪期，故其应当享受的停工留薪期已于2022年10月期满。因此，某城建公司不再按照停工留薪期工资标准支付其工资福利待遇的做法并无不妥，仲裁委员会对彭某的仲裁请求不予支持。

典型意义

停工留薪期是保障工伤职工权利的重要制度设计，此期间的工资福利待遇是工伤职工受伤后赖以维持自身及家庭生活的主要资金来源，能否依法享受对工伤职工非常重要。需要强调的是，停工留薪期与医疗机构认定的需脱产治疗休息的期间并不是同一概念。后者由医疗机构根据工伤职工的具体伤情判断；前者具有统一上限，能否延长应由法定专门机构按照法定程序确认。工伤职工伤情严重或者情况特殊需要延长停工留薪期的，应当严格遵守《工伤保险条例》第三十三条规定的程序向设区的市级劳动能力鉴定委员会申请确认，而不能仅凭医疗机构出具的诊断证明书自行延长。同时，用人单位也应当建立合理的请假审批制度，明确相关管理流程，确保双方及时、有效沟通。

案例 2

用人单位能否因女职工怀孕调岗降薪

基本案情

赵某于2022年1月入职某科技公司任工程师，双方订立的劳动合同约定：工作期间分为参与具体项目期间与等待项目期间，其中参与具体项目期间赵某的月工资构成为基本工资3000元（高于当地最低工资标准）加项目岗位津贴14000元；等待项目期间赵某仅领取基本工资。2023年2月，赵某告知某科技公司其怀孕事实，某科技公司未与赵某沟通协商便直接向赵某所在的项目组宣布"赵某退出所在项目组"，赵某反对无果后未再上班。此后，某科技公司主张赵某未参与项目并按照3000元/月的标准支付赵某孕期工资。赵某向仲裁委员会申请仲裁。

申请人请求

请求裁决某科技公司按照 17000 元/月的标准补齐孕期工资差额。

处理结果

仲裁委员会裁决:某科技公司按照 17000 元/月的标准补齐赵某孕期工资差额。

案例分析

本案的争议焦点是用人单位能否因为女职工怀孕调岗降薪。《中华人民共和国妇女权益保障法》第四十八条第一款、《女职工劳动保护特别规定》(中华人民共和国国务院令第 619 号)第五条明确规定用人单位不得因怀孕降低女职工的工资和福利待遇。《女职工劳动保护特别规定》第六条规定:"女职工在孕期不能适应原劳动的,用人单位应当根据医疗机构的证明,予以减轻劳动量或者安排其他能够适应的劳动",明确"减轻劳动量或者安排其他能够适应的劳动"的前提是"女职工在孕期不能适应原劳动"。因此,如果孕期女职工能够适应原劳动的,用人单位应当尊重并保护女职工的劳动权利。

本案中,某科技公司要求赵某退出所在项目的行为,既不符合双方劳动合同约定的等待项目期间的情形,也未征求赵某本人的同意,更未经医疗机构证明赵某存在"不能适应原劳动"的情形,属于违反《女职工劳动保护特别规定》第六条规定,变相调整孕期女职工岗位的情形。该公司以赵某未参与项目为由降低赵某孕期工资标准,违反了《中华人民共和国妇女权益保障法》第四十八条第一款、《女职工劳动保护特别规定》第五条的规定,因此仲裁委员会依法裁决某科技公司按照赵某原工资待遇 17000 元/月的标准补齐赵某的孕期工资差额。

典型意义

党的二十大报告提出完善劳动者权益保障制度、保障妇女儿童合法权益等要求,我国多部法律法规对保护女职工劳动权利与身心健康作出了特别规定。实践中,用人单位在开展日常用工管理时应注意依法保护女职工尤其是孕期、产期、哺乳期(以下简称"三期")女职工的合法权益,不能通过变相调整工作岗位、提升工作强度等方式侵害"三期"女职工的劳动权利,也不能违法降低"三期"女职工的工资及福利待遇。同时,女职工也应科学评估自身身体状况,正确看待不能适应原劳动等特殊情形,积极与用人单位沟通,合理维护自身合法权益。

案例 3

病亡职工的遗属能否以未依法缴纳社会保险费为由要求用人单位补足抚恤金

基本案情

2016年6月,刘某松入职某出租车公司,双方劳动合同约定刘某松工作岗位为司机,劳动合同期限自2016年6月2日至2022年3月31日。2021年8月20日,刘某松因病死亡。经查询,刘某松基本养老保险累计实际缴费年限为4年2个月,个人缴费金额合计13766.64元。2017年5月至2018年5月期间,某出租车公司未按照《中华人民共和国社会保险法》规定为刘某松缴纳社会保险费。因该期间社会保险断缴导致刘某松遗属张某欣、张某颖、张某萍无法领取的抚恤金差额为36633.36元。张某欣、张某颖、张某萍向仲裁委员会申请仲裁,请求:某出租车公司支付非因工死亡抚恤金差额36633.36元。后张某欣、张某颖、张某萍不服仲裁委员会裁决,向人民法院提起诉讼。

原告请求

张某欣、张某颖、张某萍起诉请求某出租车公司支付非因工死亡抚恤金差额36633.36元。

处理结果

人民法院判决:某出租车公司向张某欣、张某颖、张某萍支付非因工死亡的抚恤金差额36633.36元。

案例分析

《中华人民共和国社会保险法》第十七条规定"参加基本养老保险的个人,因病或者非因工死亡的,其遗属可以领取丧葬补助金和抚恤金"。当地规定,根据本人的缴费年限确定抚恤金的发放月数,缴费年限满5年不满10年的,发放月数为6个月;累计缴费年限不满5年的,其遗属待遇标准不得超过其个人缴费之和。本案中,某出租车公司未依法为刘某松缴纳2017年5月至2018年5月期间的社会保险费,致使张某欣、张某颖、张某萍无法按照缴费年限满5年领取6个月的抚恤金,只能领取刘某松个人缴费的13766.64元,因此,某出租车公司应支付抚恤金差额部分。

典型意义

国家建立社会保险制度,保障公民在年老、疾病、工伤、失业、生育等情况下依法从国家和社会获得物质帮助的权利。用人单位依法为劳动者缴纳社会保险费,是劳动者享受社会保险待遇的前提条件之一。劳动者因病或者非因工死亡,因用人单位未依法缴纳社会保险费导致劳动者遗属少领取抚恤金等待遇的,用人单位应依法赔偿差额损失。

案例 4

劳动者自行承担用人单位应缴未缴的
社会保险费的,用人单位应否承担赔偿责任

基本案情

李某与某公司存在劳动关系。劳动关系存续期间内,某公司仅为李某缴纳了工伤保险费,李某自行承担了用人单位应缴未缴的社会保险费用。李某向仲裁委员会申请仲裁,请求某公司支付用人单位应负担的社会保险费。后李某不服仲裁裁决,向人民法院提起诉讼。

原告请求

李某起诉请求某公司赔偿用人单位应负担部分的社会保险费损失。

处理结果

人民法院判决:某公司支付李某社会保险费损失。

案例分析

用人单位应当按照《中华人民共和国社会保险法》相关规定为劳动者缴纳社会保险费。用人单位未按照国家规定为劳动者缴纳社会保险费,劳动者自行代用人单位承担部分系劳动者的损失,可向用人单位主张损失赔偿。本案中,某公司应赔偿李某劳动关系存续期间用人单位应缴未缴的社会保险费损失。

典型意义

社会保险费是社会保险基金的主要来源,用人单位能否按时足额缴纳社会保险费,关系到社会保险基金的安全和有效运行,关系到劳动者的劳动权益保障。《中华人民共和国社会保险法》第六十条第一款规定:"用人单位应当自行申报、按时足额缴纳社会保险费,非因不可抗力等法定事由不得缓缴、减免。职工应当缴纳的社会保险费由用人单位代扣代缴,用人单位应当按月将缴纳社会保险费的明细情况告知本人。"用人单位不依法为劳动者缴纳社会保险费属于违法行为,应当承担相应的法律责任。

案例 5

主体不适格，竞业限制条款是否有效

基本案情

某保安公司主营业务是给商业楼宇、居民小区提供安全保卫等服务。2019年3月，某保安公司招聘李某担任保安，双方订立期限为2年的劳动合同，工资为3500元/月。劳动合同约定保安的主要职责为每日到某商业楼宇街区开展日常巡逻安保工作，同时内附竞业限制条款，约定"职工与某保安公司解除或终止劳动合同后1年内不得到与该公司有竞争关系的单位就职，职工离职后某保安公司按月支付当地最低月工资标准的30%作为竞业限制经济补偿。职工若不履行上述义务，应当承担违约赔偿责任，违约金为20万元"。2021年3月，双方劳动合同到期终止，李某未续订劳动合同并入职另一家保安公司担任保安。某保安公司认为李某去其他保安公司担任保安违反竞业限制约定；李某认为自己作为保安，不了解也不掌握公司的商业秘密，自己不是履行竞业限制义务的适格主体。某保安公司向仲裁委员会申请仲裁。

申请人请求

请求裁决李某支付竞业限制违约金。

处理结果

仲裁委员会裁决：驳回某保安公司的仲裁请求。

案例分析

本案的争议焦点是李某是否为履行竞业限制义务的适格主体。

《中华人民共和国劳动合同法》第二十三条第一款规定："用人单位与劳动者可以在劳动合同中约定保守用人单位的商业秘密和与知识产权相关的保密事项"，第二款规定："对负有保密义务的劳动者，用人单位可以在劳动合同或者保密协议中与劳动者约定竞业限制条款，并约定在解除或者终止劳动合同后，在竞业限制期限内按月给予劳动者经济补偿。劳动者违反竞业限制约定的，应当按照约定向用人单位支付违约金"，第二十四条第一款规定："竞业限制的人员限于用人单位的高级管理人员、高级技术人员和其他负有保密义务的人员"。前两条款正向规定用人单位有权利与"负有保密义务的劳动者"约定离职后竞业限制条款，后一条款反向限定竞业限制的人员范围仅限于"高级管理人员、高级技术人员和其他负有保密义务的人员"。因此，用人单位与"高级管理人员、高级技术人员"以外的其他劳动者约定竞业限制条款，应当以该劳动者负有保密义务为前提，即劳动者在用人单位的职务或岗位足以使他们知悉用人单位的商业秘密和与知识产权相关的保密事项。

本案中，李某的主要职责为每日到商业楼宇街区开展日常巡逻安保工作，其所在的保安岗位明显难以知悉某保安公司的商业秘密和与知识产权相关的保密事项，某保安公司亦无证据证明李某具有接触公司商业秘密等保密事项的可能，因此李某不是竞业限制义务的适格主体。某保安公司与李某约定竞业限制条款，不符合《中华人民共和国劳动合同法》第二十三条、第二十四条关于竞业限制义务适格主体的规定。因此，竞业限制条款对双方不具有约束力，对某保安公司要求李某支付竞业限制违约金的请求，仲裁委员会不予支持。

典型意义

竞业限制是在劳动立法中保护用人单位商业秘密的一项制度安排，本意是通过适度限制劳动者自由择业权以预防保护用人单位的商业秘密，进而维护市场主体的公平竞争环境。但当前一些行业、企业出现了用人单位滥用竞业限制条款限制劳动者就业权利的情况，侵害了劳动者合法权益，影响了人力资源合理流动，损害了正常的营商环境。各级裁审机构在处理竞业限制争议时应当坚持统筹处理好促进企业发展和维护职工权益关系的原则，对竞业限制条款进行实质性审查，既要保护用人单位的商业秘密等合法权益，又要防止因不适当扩大竞业限制范围而妨碍劳动者的择业自由；既要注重平衡市场主体的利益关系，又要维护公平竞争的市场经济秩序，最大限度地实现竞业限制制度的设立初衷。

依法惩治恶意欠薪犯罪典型案例

案例一

任某拒不支付劳动报酬案
——依法惩治重点领域恶意欠薪犯罪

【基本案情】

2021年8月，被告人任某挂靠新疆某建业公司承接某商用车市场玻璃幕墙及外墙装饰工程。施工过程中，发包方按照工程进度向任某拨付工程款910万余元。任某采用制作虚假农民工工资表的方式，将应当支付的工资用于支付工程款和个人开销。截至2022年1月，任某拖欠13名农民工工资共计30万余元,造成多名劳务人员聚集讨薪。

2022年1月14日,新疆生产建设兵团十二师人力资源社会保障局(以下简称十二师人社局)接到农民工赵某、班某等人投诉,立即收集证据材料,对各方当事人开展调查询问,并在核查后依法予以立案。同月29日,十二师人社局责令被告人任某足额支付工资,其拒接电话并藏匿,未在期限内支付。另查明,截至2024年2月28日,任某已向13名被害人支付全部拖欠工资,并取得谅解。

【裁判结果】

新疆生产建设兵团三坪垦区人民法院判决认为,被告人任某采用制作虚假农民工工资表的方式,将应当支付给农民工的工资挪作他用,并以逃匿方式逃避支付劳动者的劳动报酬,数额较大,经政府有关部门责令支付仍不支付,其行为已构成拒不支付劳动报酬罪。综合考虑被告人任某坦白、认罪认罚及足额支付劳动者劳动报酬等情节,判处其有期徒刑一年,缓刑二年,并处罚金人民币二万元。宣判后,没有上诉、抗诉,判决已发生法律效力。

【典型意义】

建筑行业属于传统的劳动密集型行业,对于稳定就业容量、增加就业岗位具有重要作用。但是受各种因素影响,建设工程领域恶意欠薪事件时有出现,损害劳动者合法权益,影响建筑行业的高质量发展,社会反映强烈。本案即是发生在建设工程施工领域的拒不支付劳动报酬案件。被告人制作虚假工资名册,挪用农民工工资,在人力资源社会保障部门调查过程中拒接电话并藏匿,属于"以逃匿方法逃避支付劳动者的劳动报酬",其行为造成多名劳动者聚集讨薪,影响社会和谐稳定。人力资源社会保障部门及时调查取证,为后续侦查、起诉和审判奠定了良好基础;人民法院充分发挥刑法的震慑和教育功能,促使被告人足额支付所欠劳动报酬,有效救济被害人权利,及时化解矛盾风险,切实维护社会稳定,实现良好办案效果。

案例二

某信息公司、冯某拒不支付劳动报酬案
——依法惩治恶意欠薪单位犯罪

【基本案情】

被告人冯某系被告单位江苏省常州市某信息科技有限公司(以下简称某信息公司)实际经营人,全面负责该公司日常经营。经营期间,某信息公司累计拖

欠赵某等4名员工劳动报酬42万余元，冯某于2023年6月停用原手机号码并逃匿。经上述员工投诉，常州经济开发区社会保障局于2023年9月7日在某信息公司经营场所张贴《劳动保障监察限期改正指令书》，并向冯某户籍地邮寄，责令该公司限期足额支付所欠劳动报酬。某信息公司、冯某在指定期限内未予支付。冯某归案后，如实供述了上述犯罪事实。

【裁判结果】

江苏省常州经济开发区人民法院判决认为，被告单位某信息公司、被告人冯某以逃匿方法逃避支付劳动者的劳动报酬，数额较大，经政府有关部门责令支付仍不支付，其行为已构成拒不支付劳动报酬罪。综合考虑某信息公司、冯某犯罪事实、性质及坦白等情节，判处被告单位某信息公司罚金人民币六万元；被告人冯某有期徒刑一年，并处罚金人民币四万元；责令被告单位某信息公司支付所欠劳动报酬合计人民币四十二万余元。宣判后，没有上诉、抗诉，判决已发生法律效力。

【典型意义】

根据刑法第二百七十六条之一第二款的规定，单位可以成为拒不支付劳动报酬罪的主体。《最高人民法院关于审理拒不支付劳动报酬刑事案件适用法律若干问题的解释》(法释〔2013〕3号)第九条进一步明确："单位拒不支付劳动报酬，构成犯罪的，依照本解释规定的相应个人犯罪的定罪量刑标准，对直接负责的主管人员和其他直接责任人员定罪处罚，并对单位判处罚金。"

本案即是单位犯拒不支付劳动报酬罪的典型案例。被告单位拒不支付员工劳动报酬多达42万余元，且直至裁判生效仍未支付。人民法院在对被告单位判处罚金的同时，依法对直接负责的主管人员判处有期徒刑一年，并责令被告单位支付所欠劳动报酬，切实发挥司法职能作用，有力震慑拒不支付劳动报酬单位犯罪。

案例三

邓某拒不执行判决、裁定案

——从重处罚执行领域恶意欠薪犯罪

【基本案情】

深圳市某检测股份有限公司(以下简称某检测公司)系30余宗劳动争议案件和70余宗商事合同纠纷案件的被执行人，被告人邓某系该公司总经理和股东。在上述案件执行期间，邓某擅自决定使用他人银行账户收支某检测公司及其分公司、子公司、各控股公司款项;经审计,自2020年11月至2023年3月,邓某共以上述方式转移资金234万余元。其间,2021年1月13日,执行法院向某检测公司发出报告财产令,邓某未如实申报上述转移资金的情况。2024年4月17日,邓某归案,并于当月支付8万余元拖欠工资,获得3宗劳动争议案件申请执行人的谅解;同时,通过家属向执行法院汇入121万余元用于清偿在相关劳动争议案件中拖欠的劳动报酬。

【裁判结果】

广东省深圳市盐田区人民法院判决认为,被告人邓某作为被执行公司的总经理,为逃避执行义务,擅自决定转移公司财产,属于对人民法院判决有能力执行而拒不执行,且情节严重,其行为构成拒不执行判决、裁定罪。邓某拒不执行支付劳动报酬的判决、裁定,依法从重处罚。综合考虑家属代为清偿所欠劳动报酬等情节,判处被告人邓某有期徒刑七个月。宣判后,没有上诉、抗诉,判决已发生法律效力。

【典型意义】

劳动报酬是基本的民生保障费用,按时足额获得劳动报酬是劳动者最关心的权益。拒不执行支付劳动报酬的判决、裁定,既严重影响司法权威,又损害人民群众民生权益,依法严惩拒不执行支付劳动报酬判决犯罪、强化民生司法保障是人民法院践行以人民为中心发展思想的内在要求。

本案即是人民法院依法惩治拒不执行支付劳动报酬判决犯罪的案例。被告人作为被执行公司的总经理,为逃避公司执行义务,擅自转移公司财产,致使众多劳动者的胜诉权益无法及时兑现,人民法院依法从重处罚,并促使被告人家属代为清偿所欠工资,有效维护司法权威,有力捍卫劳动者民生权益,彰显依法严惩恶意欠薪犯罪的鲜明政策导向。

案例四

翁某拒不支付劳动报酬案
——依法适用从宽处罚规定

【基本案情】

被告人翁某在广东省海丰县经营某美食城,经营期间拖欠工人洪某等3人自2020年9月至2021年2月间的工资共计3.3万元。后翁某出具欠条,但一直不予支付。2021年3月18日,翁某以50万元价格出售名下房产一套。同月

23日，海丰县人力资源社会保障局责令翁某限期支付上述工资，翁某在规定期限内仍未支付。同年12月26日，翁某主动向公安机关投案，如实供述自己的罪行，并付清所欠劳动报酬，取得被害人谅解。2022年1月25日，海丰县人民检察院以拒不支付劳动报酬罪对翁某提起公诉。

【裁判结果】

广东省海丰县人民法院判决认为，被告人翁某有能力支付而不支付劳动者的劳动报酬，数额较大，经政府有关部门责令支付仍不支付，其行为已构成拒不支付劳动报酬罪。综合考虑被告人翁某自首、认罪认罚，在提起公诉前付清所欠劳动报酬并取得被害人谅解的情况，认定其犯罪情节轻微，免予刑事处罚。宣判后，没有上诉、抗诉，判决已发生法律效力。

【典型意义】

为促使行为人尽早支付拖欠的劳动报酬，最大限度维护劳动者合法权益，刑法第二百七十六条之一第三款规定，拒不支付劳动者的劳动报酬，尚未造成严重后果，在提起公诉前支付劳动者的劳动报酬，并依法承担相应赔偿责任的，可以减轻或者免除处罚。《最高人民法院关于审理拒不支付劳动报酬刑事案件适用法律若干问题的解释》（法释〔2013〕3号）第六条第一款对在刑事立案前、提起公诉前、一审宣判前支付劳动者劳动报酬，并承担相应赔偿责任能够适用的从宽处罚规则作了进一步区分。实践中，应当注意严格依照刑法和司法解释的相关规定，依法准确把握拒不支付劳动报酬罪从宽处罚的条件，全面准确贯彻宽严相济刑事政策要求，切实做到该宽则宽，当严则严，宽严相济，罚当其罪。

本案即是依法对被告人从宽处罚的拒不支付劳动报酬案件。被告人欠薪的数额、人数超过拒不支付劳动报酬罪的入罪标准相对较少，其在检察机关提起公诉前足额支付所欠劳动报酬，并获得被害人谅解，结合其自首、认罪认罚等情节，人民法院依法认定其犯罪情节轻微，免予刑事处罚，符合宽严相济刑事政策要求，有力维护了劳动者合法权益。

案例五

某旅游公司、王某拒不支付劳动报酬案
——促进欠薪矛盾实质化解

【基本案情】

被告人王某系被告单位浙江省某旅游发展有限公司（以下简称某旅游公

司)的法定代表人和实际负责人。经营期间,该公司拖欠赖某等9名劳动者劳动报酬共计41万余元。经劳动者投诉,浙江省绍兴市柯桥区人力资源社会保障局(以下简称柯桥区人社局)通知某旅游公司于2022年11月25日派员到指定地点配合解决问题,该公司无正当理由未派员配合。同年12月7日,柯桥区人社局责令该公司限期支付所欠上述劳动报酬,该公司仍不支付;12月22日,该局将案件移送至当地公安机关。经公安机关电话通知,王某投案后如实供述主要犯罪事实,并缴纳5万元用于支付拖欠的劳动报酬。2024年4月9日,绍兴市柯桥区人民检察院以拒不支付劳动报酬罪对某旅游公司、王某提起公诉。案件审理期间,经人民法院协调,王某家属代为足额支付所欠劳动报酬。

【裁判结果】

浙江省绍兴市柯桥区人民法院判决认为,被告单位某旅游公司以逃匿方法逃避支付劳动者的劳动报酬,数额较大,经政府有关部门责令支付仍不支付,其行为已构成拒不支付劳动报酬罪;被告人王某系公司直接负责的主管人员,其行为亦构成拒不支付劳动报酬罪。综合考虑某旅游公司及王某自首、认罪认罚、一审宣判前已足额支付所欠劳动报酬等情节,判处被告单位某旅游公司罚金人民币四万元;被告人王某有期徒刑十个月,缓刑一年四个月,并处罚金人民币二万元。宣判后,没有上诉、抗诉,判决已发生法律效力。

【典型意义】

劳动者权益保障与用人单位健康发展相辅相成,强化劳动者权益保障,就是优化企业发展环境。人力资源社会保障部门、司法机关加强行刑衔接,完善工资支付保障机制,推动欠薪矛盾实质化解,对持续提升劳动者的获得感、幸福感、安全感,以及切实服务保障高质量发展具有重要意义。

本案即是实质化解欠薪矛盾的典型案例。被告单位实施拒不支付劳动报酬行为,人民法院切实履职尽责,在审理期间积极协调被告单位足额支付所欠劳动报酬,并依法对被告单位负责人适用缓刑,有效维护劳动者合法权益,同时促进企业恢复经营、优化发展环境。

附录三 实用模板

劳动合同[1]
（通用）

甲方(用人单位)：_____
乙方(劳 动 者)：_____
签 订 日 期：_____年___月___日

---

[1] 来源于2019年11月25日《人力资源社会保障部关于发布劳动合同示范文本的说明》。

注 意 事 项

一、本合同文本供用人单位与建立劳动关系的劳动者签订劳动合同时使用。

二、用人单位应当与招用的劳动者自用工之日起一个月内依法订立书面劳动合同,并就劳动合同的内容协商一致。

三、用人单位应当如实告知劳动者工作内容、工作条件、工作地点、职业危害、安全生产状况、劳动报酬以及劳动者要求了解的其他情况;用人单位有权了解劳动者与劳动合同直接相关的基本情况,劳动者应当如实说明。

四、依法签订的劳动合同具有法律效力,双方应按照劳动合同的约定全面履行各自的义务。

五、劳动合同应使用蓝、黑钢笔或签字笔填写,字迹清楚,文字简练、准确,不得涂改。确需涂改的,双方应在涂改处签字或盖章确认。

六、签订劳动合同,用人单位应加盖公章,法定代表人(主要负责人)或委托代理人签字或盖章;劳动者应本人签字,不得由他人代签。劳动合同由双方各执一份,交劳动者的不得由用人单位代为保管。

甲方(用人单位):_____

统一社会信用代码:_____

法定代表人(主要负责人)或委托代理人:_____

注 册 地:_____

经 营 地:_____

联系电话:_____

乙方(劳动者):_____

居民身份证号码:_____

(或其他有效证件名称:_____证件号:_____)

户籍地址:_____

经常居住地(通讯地址):_____

联系电话:_____

根据《中华人民共和国劳动法》《中华人民共和国劳动合同法》等法律法规政策规定,甲乙双方遵循合法、公平、平等自愿、协商一致、诚实信用的原则订立本合同。

一、劳动合同期限

第一条 甲乙双方自用工之日起建立劳动关系,双方约定按下列第____种方式确定劳动合同期限:

1. 固定期限:自_____年____月____日起至_____年____月____日止,其中,试用期从用工之日起至_____年____月____日止。

2. 无固定期限:自_____年____月____日起至依法解除、终止劳动合同时止,其中,试用期从用工之日起至_____年____月____日止。

3. 以完成一定工作任务为期限:自_____年____月____日起至_____工作任务完成时止。甲方应当以书面形式通知乙方工作任务完成。

二、工作内容和工作地点

第二条 乙方工作岗位是_____,岗位职责为_____。乙方的工作地点为_____。

乙方应爱岗敬业、诚实守信,保守甲方商业秘密,遵守甲方依法制定的劳动规章制度,认真履行岗位职责,按时保质完成工作任务。乙方违反劳动纪律,甲方可依据依法制定的劳动规章制度给予相应处理。

三、工作时间和休息休假

第三条 根据乙方工作岗位的特点,甲方安排乙方执行以下第____种工时制度:

1. 标准工时工作制。每日工作时间不超过8小时,每周工作时间不超过40小时。由于生产经营需要,经依法协商后可以延长工作时间,一般每日不得超过1小时,特殊原因每日不得超过3小时,每月不得超过36小时。甲方不得强迫或者变相强迫乙方加班加点。

2. 依法实行以_____为周期的综合计算工时工作制。综合计算周期内的总实际工作时间不应超过总法定标准工作时间。甲方应采取适当方式保障乙方的休息休假权利。

3. 依法实行不定时工作制。甲方应采取适当方式保障乙方的休息休假权利。

第四条 甲方安排乙方加班的,应依法安排补休或支付加班工资。

第五条 乙方依法享有法定节假日、带薪年休假、婚丧假、产假等假期。

四、劳动报酬

第六条 甲方采用以下第____种方式向乙方以货币形式支付工资,于每月____日前足额支付:

1. 月工资_____元。

2. 计件工资。计件单价为＿＿＿＿＿＿＿＿＿＿＿＿＿＿＿＿，甲方应合理制定劳动定额，保证乙方在提供正常劳动情况下，获得合理的劳动报酬。

3. 基本工资和绩效工资相结合的工资分配办法，乙方月基本工资＿＿＿＿＿＿元，绩效工资计发办法为＿＿＿＿＿＿＿＿＿＿＿＿＿＿＿。

4. 双方约定的其他方式＿＿＿＿＿＿＿＿＿＿＿＿＿＿＿＿＿＿。

第七条 乙方在试用期期间的工资计发标准为＿＿＿＿＿＿＿＿＿＿＿或＿＿＿＿＿＿元。

第八条 甲方应合理调整乙方的工资待遇。乙方从甲方获得的工资依法承担的个人所得税由甲方从其工资中代扣代缴。

五、社会保险和福利待遇

第九条 甲乙双方依法参加社会保险，甲方为乙方办理有关社会保险手续，并承担相应社会保险义务，乙方应当缴纳的社会保险费由甲方从乙方的工资中代扣代缴。

第十条 甲方依法执行国家有关福利待遇的规定。

第十一条 乙方因工负伤或患职业病的待遇按国家有关规定执行。乙方患病或非因工负伤的，有关待遇按国家有关规定和甲方依法制定的有关规章制度执行。

六、职业培训和劳动保护

第十二条 甲方应对乙方进行工作岗位所必需的培训。乙方应主动学习，积极参加甲方组织的培训，提高职业技能。

第十三条 甲方应当严格执行劳动安全卫生相关法律法规规定，落实国家关于女职工、未成年工的特殊保护规定，建立健全劳动安全卫生制度，对乙方进行劳动安全卫生教育和操作规程培训，为乙方提供必要的安全防护设施和劳动保护用品，努力改善劳动条件，减少职业危害。乙方从事接触职业病危害作业的，甲方应依法告知乙方工作过程中可能产生的职业病危害及其后果，提供职业病防护措施，在乙方上岗前、在岗期间和离岗时对乙方进行职业健康检查。

第十四条 乙方应当严格遵守安全操作规程，不违章作业。乙方对甲方管理人员违章指挥、强令冒险作业，有权拒绝执行。

七、劳动合同的变更、解除、终止

第十五条 甲乙双方应当依法变更劳动合同，并采取书面形式。

第十六条 甲乙双方解除或终止本合同，应当按照法律法规规定执行。

第十七条 甲乙双方解除终止本合同的，乙方应当配合甲方办理工作交接手续。甲方依法应向乙方支付经济补偿的，在办结工作交接时支付。

第十八条 甲方应当在解除或终止本合同时,为乙方出具解除或者终止劳动合同的证明,并在十五日内为乙方办理档案和社会保险关系转移手续。

八、双方约定事项

第十九条 乙方工作涉及甲方商业秘密和与知识产权相关的保密事项的,甲方可以与乙方依法协商约定保守商业秘密或竞业限制的事项,并签订保守商业秘密协议或竞业限制协议。

第二十条 甲方出资对乙方进行专业技术培训,要求与乙方约定服务期的,应当征得乙方同意,并签订协议,明确双方权利义务。

第二十一条 双方约定的其它事项：＿＿＿＿＿＿＿＿＿＿＿＿＿
＿＿＿＿＿＿＿＿＿＿＿＿＿＿＿＿＿＿＿＿＿＿＿＿＿＿＿＿＿。

九、劳动争议处理

第二十二条 甲乙双方因本合同发生劳动争议时,可以按照法律法规的规定,进行协商、申请调解或仲裁。对仲裁裁决不服的,可以依法向有管辖权的人民法院提起诉讼。

十、其他

第二十三条 本合同中记载的乙方联系电话、通讯地址为劳动合同期内通知相关事项和送达书面文书的联系方式、送达地址。如发生变化,乙方应当及时告知甲方。

第二十四条 双方确认：均已详细阅读并理解本合同内容,清楚各自的权利、义务。本合同未尽事宜,按照有关法律法规和政策规定执行。

第二十五条 本合同双方各执一份,自双方签字(盖章)之日起生效,双方应严格遵照执行。

甲方(盖章) 乙方(签字)
法定代表人(主要负责人)
或委托代理人(签字或盖章)
　　　年　月　日　　　　　　　　　年　月　日

附件1

续订劳动合同

经甲乙双方协商同意,续订本合同。

一、甲乙双方按以下第____种方式确定续订合同期限：

1. 固定期限：自_____年____月____日起至_____年____月____日止。

2. 无固定期限：自_____年____月____日起至依法解除或终止劳动合同时止。

二、双方就有关事项约定如下：

1. _____；

2. _____；

3. _____。

三、除以上约定事项外，其他事项仍按照双方于_____年____月____日签订的劳动合同中的约定继续履行。

甲方(盖章)　　　　　　　　　　乙方(签字)

法定代表人(主要负责人)

或委托代理人(签字或盖章)

　　年　月　日　　　　　　　　　　年　月　日

附件2

变更劳动合同

一、经甲乙双方协商同意,自_____年____月____日起,对本合同作如下变更：

1. _____；

2. _____；

3. _____。

二、除以上约定事项外,其他事项仍按照双方于_____年____月____日签订的劳动合同中的约定继续履行。

甲方(盖章)　　　　　　　　　　乙方(签字)

法定代表人(主要负责人)

或委托代理人(签字或盖章)

　　年　月　日　　　　　　　　　　年　月　日

劳动合同
（劳务派遣）

甲方(劳务派遣单位)：_____
乙方(劳动者)：_____
签 订 日 期：_____年___月___日

---

① 来源于 2019 年 11 月 25 日《人力资源社会保障部关于发布劳动合同示范文本的说明》。

注 意 事 项

一、本合同文本供劳务派遣单位与被派遣劳动者签订劳动合同时使用。

二、劳务派遣单位应当向劳动者出具依法取得的《劳务派遣经营许可证》。

三、劳务派遣单位不得与被派遣劳动者签订以完成一定任务为期限的劳动合同，不得以非全日制用工形式招用被派遣劳动者。

四、劳务派遣单位应当将其与用工单位签订的劳务派遣协议内容告知劳动者。劳务派遣单位不得向被派遣劳动者收取费用。

五、劳动合同应使用蓝、黑钢笔或签字笔填写，字迹清楚，文字简练、准确，不得涂改。确需涂改的，双方应在涂改处签字或盖章确认。

六、签订劳动合同，劳务派遣单位应加盖公章，法定代表人（主要负责人）或委托代理人应签字或盖章；被派遣劳动者应本人签字，不得由他人代签。劳动合同交由劳动者的，劳务派遣单位、用工单位不得代为保管。

甲方（劳务派遣单位）：＿＿＿＿＿＿＿＿＿＿＿＿＿＿＿＿＿＿＿＿

统一社会信用代码：＿＿＿＿＿＿＿＿＿＿＿＿＿＿＿＿＿＿＿＿＿

劳务派遣许可证编号：＿＿＿＿＿＿＿＿＿＿＿＿＿＿＿＿＿＿＿＿

法定代表人（主要负责人）或委托代理人：＿＿＿＿＿＿＿＿＿＿＿

注 册 地：＿＿＿＿＿＿＿＿＿＿＿＿＿＿＿＿＿＿＿＿＿＿＿＿＿

经 营 地：＿＿＿＿＿＿＿＿＿＿＿＿＿＿＿＿＿＿＿＿＿＿＿＿＿

联系电话：＿＿＿＿＿＿＿＿＿＿＿＿＿＿＿＿＿＿＿＿＿＿＿＿＿

乙方（劳动者）：＿＿＿＿＿＿＿＿＿＿＿＿＿＿＿＿＿＿＿＿＿＿

居民身份证号码：＿＿＿＿＿＿＿＿＿＿＿＿＿＿＿＿＿＿＿＿＿＿

（或其他有效证件名称：＿＿＿＿＿ 证件号：＿＿＿＿＿＿＿＿＿）

户籍地址：＿＿＿＿＿＿＿＿＿＿＿＿＿＿＿＿＿＿＿＿＿＿＿＿＿

经常居住地（通讯地址）：＿＿＿＿＿＿＿＿＿＿＿＿＿＿＿＿＿＿

联系电话：＿＿＿＿＿＿＿＿＿＿＿＿＿＿＿＿＿＿＿＿＿＿＿＿＿

根据《中华人民共和国劳动法》《中华人民共和国劳动合同法》等法律法规政策规定，甲乙双方遵循合法、公平、平等自愿、协商一致、诚实信用的原则订立本合同。

一、劳动合同期限

第一条 甲乙双方约定按下列第＿＿＿种方式确定劳动合同期限：

1. 二年以上固定期限合同:自_____年___月___日起至_____年___月___日止。其中,试用期从用工之日起至_____年___月___日止。

2. 无固定期限的劳动合同:自_____年___月___日起至依法解除或终止劳动合同止。其中,试用期从用工之日起至_____年___月___日止。

试用期至多约定一次。

二、工作内容和工作地点

第二条　乙方同意由甲方派遣到_____(用工单位名称)工作,用工单位注册地_____,用工单位法定代表人或主要负责人_____。派遣期限为_____,从_____年___月___日起至_____年___月___日止。乙方的工作地点为_____。

第三条　乙方同意在用工单位_____岗位工作,属于临时性/辅助性/替代性工作岗位,岗位职责为_____。

第四条　乙方同意服从甲方和用工单位的管理,遵守甲方和用工单位依法制定的劳动规章制度,按照用工单位安排的工作内容及要求履行劳动义务,按时完成规定的工作数量,达到相应的质量要求。

三、工作时间和休息休假

第五条　乙方同意根据用工单位工作岗位执行下列第____种工时制度:

1. 标准工时工作制,每日工作时间不超过 8 小时,平均每周工作时间不超过 40 小时,每周至少休息 1 天。

2. 依法实行以____为周期的综合计算工时工作制。

3. 依法实行不定时工作制。

第六条　甲方应当要求用工单位严格遵守关于工作时间的法律规定,保证乙方的休息权利与身心健康,确因工作需要安排乙方加班加点的,经依法协商后可以延长工作时间,并依法安排乙方补休或支付加班工资。

第七条　乙方依法享有法定节假日、带薪年休假、婚丧假、产假等假期。

四、劳动报酬和福利待遇

第八条　经甲方与用工单位商定,甲方采用以下第____种方式向乙方以货币形式支付工资,于每月____日前足额支付:

1. 月工资_____元。

2. 计件工资。计件单价为_____。

3. 基本工资和绩效工资相结合的工资分配办法,乙方月基本工资_____元,绩效工资计发办法为_____。

4. 约定的其他方式_____。

第九条 乙方在试用期期间的工资计发标准为 _____ 或 _____ 元。

第十条 甲方不得克扣用工单位按照劳务派遣协议支付给被派遣劳动者的劳动报酬。乙方从甲方获得的工资依法承担的个人所得税由甲方从其工资中代扣代缴。

第十一条 甲方未能安排乙方工作或者被用工单位退回期间，甲方应按照不低于甲方所在地最低工资标准按月向乙方支付报酬。

第十二条 甲方应当要求用工单位对乙方实行与用工单位同类岗位的劳动者相同的劳动报酬分配办法，向乙方提供与工作岗位相关的福利待遇。用工单位无同类岗位劳动者的，参照用工单位所在地相同或者相近岗位劳动者的劳动报酬确定。

第十三条 甲方应当要求用工单位合理确定乙方的劳动定额。用工单位连续用工的，甲方应当要求用工单位对乙方实行正常的工资调整机制。

五、社会保险

第十四条 甲乙双方依法在用工单位所在地参加社会保险。甲方应当按月将缴纳社会保险费的情况告知乙方，并为乙方依法享受社会保险待遇提供帮助。

第十五条 如乙方发生工伤事故，甲方应当会同用工单位及时救治，并在规定时间内，向人力资源社会保障行政部门提出工伤认定申请，为乙方依法办理劳动能力鉴定，并为其享受工伤待遇履行必要的义务。甲方未按规定提出工伤认定申请的，乙方或者其近亲属、工会组织在事故伤害发生之日或者乙方被诊断、鉴定为职业病之日起 1 年内，可以直接向甲方所在地人力资源社会保障行政部门提请工伤认定申请。

六、职业培训和劳动保护

第十六条 甲方应当为乙方提供必需的职业能力培训，在乙方劳务派遣期间，督促用工单位对乙方进行工作岗位所必需的培训。乙方应主动学习，积极参加甲方和用工单位组织的培训，提高职业技能。

第十七条 甲方应当为乙方提供符合国家规定的劳动安全卫生条件和必要的劳动保护用品，落实国家有关女职工、未成年工的特殊保护规定，并在乙方劳务派遣期间督促用工单位执行国家劳动标准，提供相应的劳动条件和劳动保护。

第十八条 甲方如派遣乙方到可能产生职业危害的岗位，应当事先告知乙方。甲方应督促用工单位依法告知乙方工作过程中可能产生的职业病危害及其后果,对乙方进行劳动安全卫生教育和培训,提供必要的职业危害防护措施和待遇,预防劳动过程中的事故,减少职业危害,为劳动者建立职业健康监护档案,在乙方上岗前、派遣期间、离岗时对乙方进行职业健康检查。

第十九条　乙方应当严格遵守安全操作规程,不违章作业。乙方对用工单位管理人员违章指挥、强令冒险作业,有权拒绝执行。

七、劳动合同的变更、解除和终止

第二十条　甲乙双方应当依法变更劳动合同,并采取书面形式。

第二十一条　因乙方派遣期满或出现其他法定情形被用工单位退回甲方的,甲方可以对其重新派遣,对符合法律法规规定情形的,甲方可以依法与乙方解除劳动合同。乙方同意重新派遣的,双方应当协商派遣单位、派遣期限、工作地点、工作岗位、工作时间和劳动报酬等内容,并以书面形式变更合同相关内容;乙方不同意重新派遣的,依照法律法规有关规定执行。

第二十二条　甲乙双方解除或终止本合同,应当按照法律法规规定执行。甲方应在解除或者终止本合同时,为乙方出具解除或者终止劳动合同的证明,并在十五日内为乙方办理档案和社会保险关系转移手续。

第二十三条　甲乙双方解除终止本合同的,乙方应当配合甲方办理工作交接手续。甲方依法应向乙方支付经济补偿的,在办结工作交接时支付。

八、劳动争议处理

第二十四条　甲乙双方因本合同发生劳动争议时,可以按照法律法规的规定,进行协商、申请调解或仲裁。对仲裁裁决不服的,可以依法向有管辖权的人民法院提起诉讼。

第二十五条　用工单位给乙方造成损害的,甲方和用工单位承担连带赔偿责任。

九、其他

第二十六条　本合同中记载的乙方联系电话、通讯地址为劳动合同期内通知相关事项和送达书面文书的联系方式、送达地址。如发生变化,乙方应当及时告知甲方。

第二十七条　双方确认:均已详细阅读并理解本合同内容,清楚各自的权利、义务。本合同未尽事宜,按照有关法律法规和政策规定执行。

第二十八条　本劳动合同一式(　　)份,双方至少各执一份,自签字(盖章)之日起生效,双方应严格遵照执行。

甲方(盖章)　　　　　　　　乙方(签字)
法定代表人(主要负责人)
或委托代理人(签字或盖章)
　　年　月　日　　　　　　　　年　月　日

附件1

续订劳动合同

经甲乙双方协商同意,续订本合同。

一、甲乙双方按以下第____种方式确定续订合同期限:

1. 固定期限:自_____年____月____日起至_____年____月____日止。

2. 无固定期限:自_____年____月____日起至依法解除或终止劳动合同时止。

二、双方就有关事项约定如下:

1. _____;
2. _____;
3. _____。

三、除以上约定事项外,其他事项仍按照双方于_____年____月____日签订的劳动合同中的约定继续履行。

甲方(盖章)　　　　　　　　乙方(签字)
法定代表人(主要负责人)
或委托代理人(签字或盖章)
　　年　月　日　　　　　　　　年　月　日

附件2

变更劳动合同

一、经甲乙双方协商同意,自_____年____月____日起,对本合同作如下变更:

1._____；
2._____；
3._____。
　　二、除以上约定事项外，其他事项仍按照双方于_____年___月___日签订的劳动合同中的约定继续履行。

　　甲方（盖章）　　　　　　　　乙方（签字）
　　法定代表人（主要负责人）
　　或委托代理人（签字或盖章）
　　　年　月　日　　　　　　　　　年　月　日

劳动合同争议起诉状
（参考文本）

说明：
　　为了方便您更好地参加诉讼，保护您的合法权利，请填写本表。
　　1. 应诉时需向人民法院提交证明您身份的材料，如身份证复印件、营业执照复印件等。
　　2. 本表所列内容是您提起诉讼以及人民法院查明案件事实所需，请务必如实填写。
　　3. 本表所涉内容系针对一般劳动争议纠纷案件，有些内容可能与您的案件无关，您认为与案件无关的项目可以填"无"或不填；对于本表中勾选项可以在对应项打"√"；您认为另有重要内容需要列明的，可以在本表尾部或者另附页填写。
　　★特别提示★
　　《中华人民共和国民事诉讼法》第十三条第一款规定："民事诉讼应当遵循诚信原则。"
　　如果诉讼参加人违反上述规定，进行虚假诉讼、恶意诉讼，人民法院将视违法情形依法追究责任。

续表

当事人信息	
原告	姓名： 性别：男□ 女□ 出生日期： 年 月 日 民族： 工作单位： 职务： 联系电话： 住所地（户籍所在地）： 经常居住地：

委托诉讼代理人	有□
	    姓名：
	    单位： 职务： 联系电话：
	    代理权限：一般授权□ 特别授权□
	无□

送达地址（所填信息除书面特别声明更改外，适用于案件一审、二审、再审所有后续程序）及收件人、电话	地址： 收件人： 电话：

是否接受电子送达	是□ 方式：短信_____ 微信_____ 传真_____
	          邮箱_____
	          其他_____
	否□

被告	名称：
	住所地（主要办事机构所在地）：
	注册地/登记地：
	法定代表人/主要负责人： 职务：
	联系电话：
	统一社会信用代码：
	类型：有限责任公司□ 股份有限公司□ 上市公司□
	      其他企业法人□
	      事业单位□ 社会团体□ 基金会□ 社会服务机构□

续表

	机关法人□ 农村集体经济组织法人□ 城镇农村的合作经济组织法人□ 基层群众性自治组织法人□ 个人独资企业□ 合伙企业□ 不具有法人资格的专业服务机构□ 国有□（控股□ 参股□） 民营□
诉讼请求和依据	
1. 是否主张工资支付	是□ 否□ 明细：
2. 是否主张未签订书面劳动合同双倍工资	是□ 否□ 明细：
3. 是否主张加班费	是□ 否□ 明细：
4. 是否主张未休年休假工资	是□ 否□ 明细：
5. 是否主张未依法缴纳社会保险费造成的经济损失	是□ 否□ 明细：
6. 是否主张解除劳动合同经济补偿	是□ 否□ 明细：
7. 是否主张违法解除劳动合同赔偿金	是□ 否□ 明细：
8. 本表未列明的其他请求	
9. 诉讼费用承担	（金额及具体主张）
10. 是否已经申请诉前保全	是□ 保全法院： 保全文书： 否□

续表

事实和理由	
1. 劳动合同签订情况	(合同主体、签订时间、地点、合同名称等)
2. 劳动合同履行情况	(入职时间、用人单位、工作岗位、工作地点、合同约定的每月工资数额及工资构成、办理社会保险的时间及险种、劳动者实际领取的每月工资数额及工资构成、加班工资计算基数及计算方法、原告加班时间及加班费、年休假等)
3. 解除或终止劳动关系情况	(解除或终止劳动关系的原因、经济补偿/赔偿金数额等)
4. 工伤情况	(发生工伤时间、工伤认定情况、工伤伤残等级、工伤费用等)
5. 劳动仲裁相关情况	(申请劳动仲裁时间、仲裁请求、仲裁文书、仲裁结果等)
6. 其他相关情况	(如是否农民工)
7. 诉请依据	法律及司法解释的规定,要写明具体条文
8. 证据清单(可另附页)	附页

具状人(签字、盖章):
日期:

劳动争议处理流程图

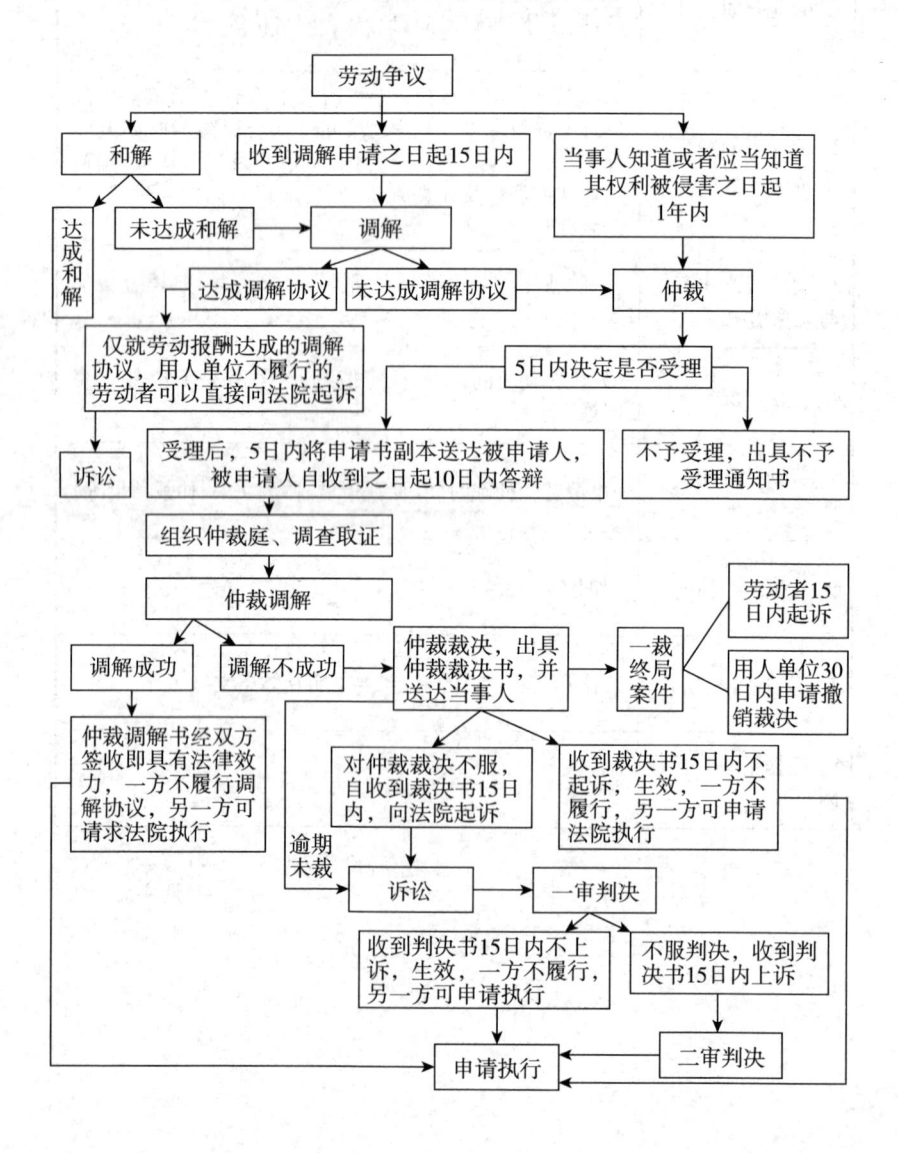

```
                        劳动争议
          ┌────────────┼──────────────┐
          ↓            ↓              ↓
        和解   收到调解申请之日起15日内  当事人知道或者应当知道
          │                             其权利被侵害之日起
    ┌─────┼─────┐                           1年内
    ↓     ↓     ↓                             ↓
  达成  未达成→调解                           仲裁
  和解  和解    │                              │
    │   ┌──────┴──────┐                5日内决定是否受理
    │   ↓             ↓                 ┌─────┴─────┐
    │ 达成调解协议  未达成调解协议        ↓           ↓
    │   │                           受理          不予受理，出具不予
    ↓   ↓                                         受理通知书
   诉讼  仅就劳动报酬达成的调解
        协议，用人单位不履行的，
        劳动者可以直接向法院起诉

        受理后，5日内将申请书副本送达被申请人，
        被申请人自收到之日起10日内答辩
                    ↓
        组织仲裁庭、调查取证
                    ↓
                仲裁调解
          ┌─────────┴─────────┐
          ↓                   ↓
       调解成功            调解不成功
          │                   ↓
          │          仲裁裁决，出具仲裁裁决书，
          │          并送达当事人
          │                   │
          │              ┌────┴────┐        一裁终局案件
          │              ↓         ↓        ┌──────────┐
          │         对仲裁裁决不服, 逾期未裁   劳动者15日内起诉
          │         自收到裁决书15            用人单位30日内
          │         日内，向法院起诉          申请撤销裁决
          │              ↓                   │
          │            诉讼            收到裁决书15日内不
          │              ↓             起诉，生效，一方不
          │           一审判决          履行，另一方可申请
          │         ┌────┴────┐        法院执行
          │         ↓         ↓
          │   收到判决书15  不服判决，收到判
          │   日内不上诉，  决书15日内上诉
          │   生效，一方不        ↓
          │   履行，另一方     二审判决
          │   可申请执行
          │         ↓
   仲裁调解书经双方    申请执行
   签收即具有法律效
   力，一方不履行调
   解协议，另一方可
   请求法院执行
```